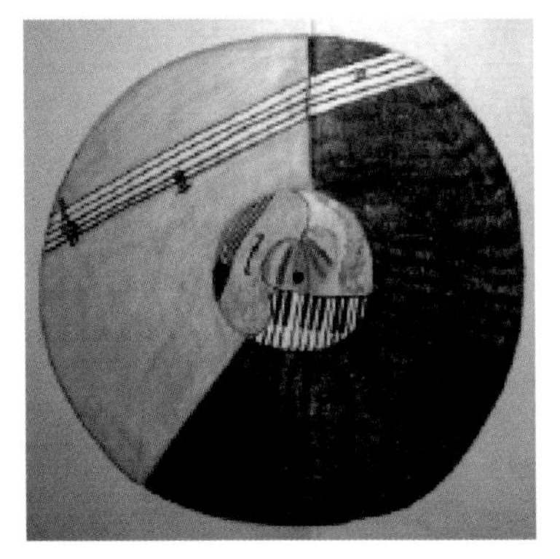

A 씨의 만다라 그림: 왼쪽은 현재의 나, 오른쪽은 과거의 나(263쪽, 266쪽 참조)

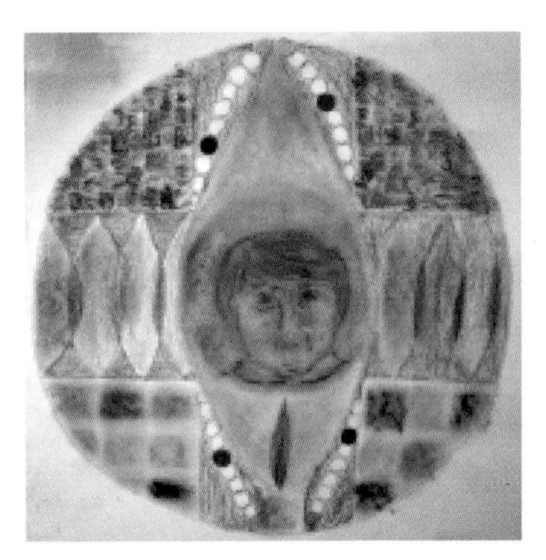

B 씨의 만다라 그림: 왼쪽은 현재의 나, 오른쪽은 과거의 나(270쪽, 277쪽 참조)

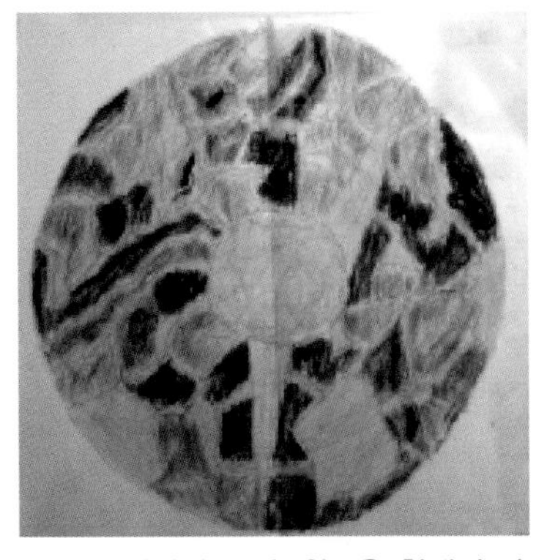
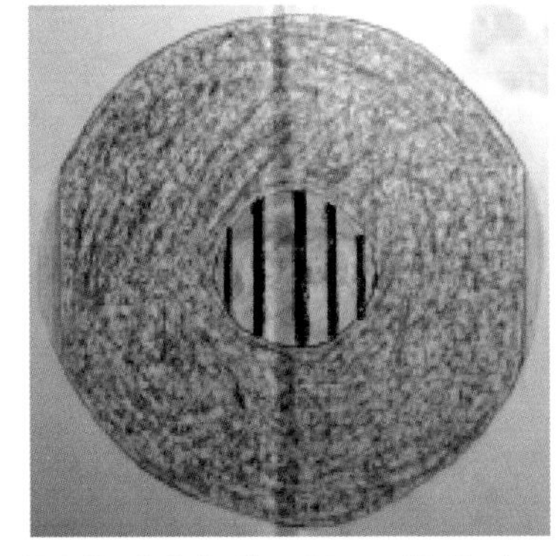

C 씨의 만다라 그림: 왼쪽은 현재의 나, 오른쪽은 과거의 나(281쪽, 288쪽 참조)

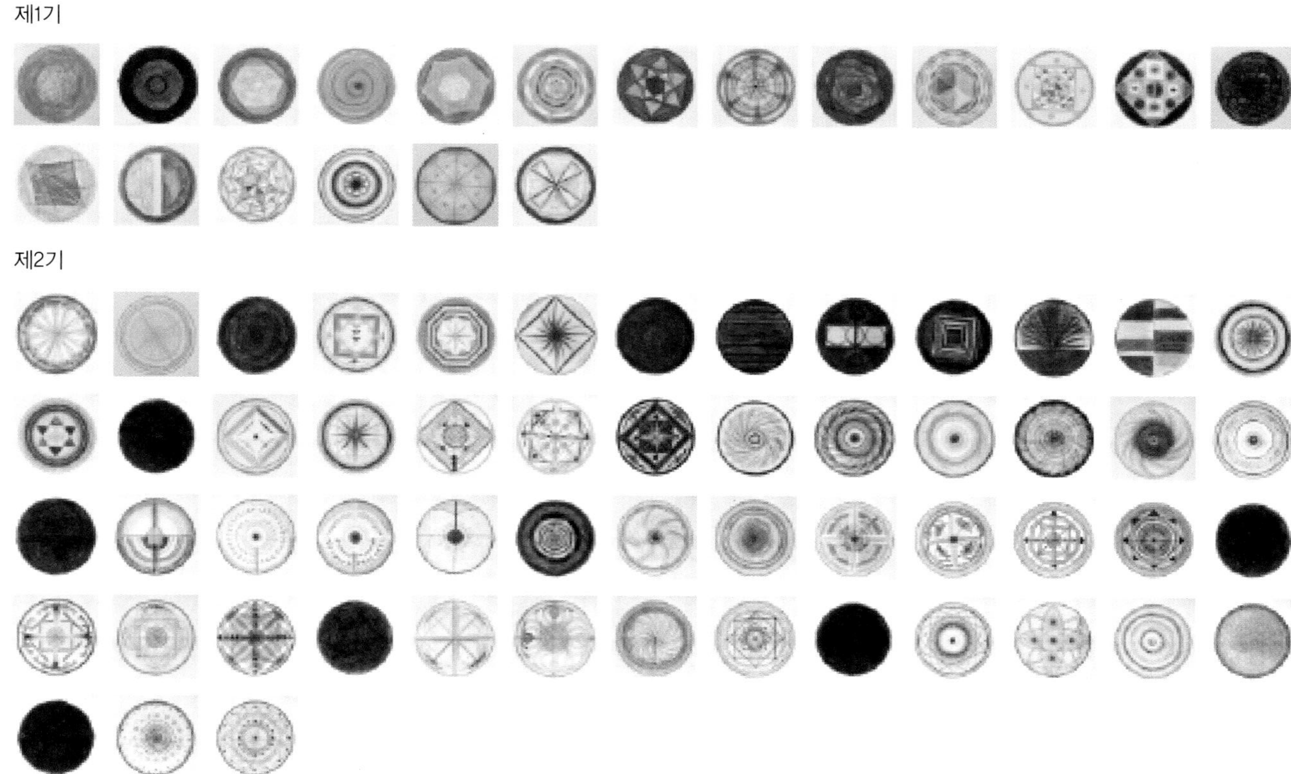
제1기
제2기

제3기

D 씨의 만다라 그림(299–330쪽 참조)

밀교와
융심리학의 만남

만다라 미술치료

쿠로키 켄이치 저
박성혜 · 윤희조 공역

MANDALA ART THERAPY

학지사

マンダラ・アートセラピー: 密教とユング心理学をつなぐ臨床技法
MANDALA・ART THERAPY: MIKKYO TO YUNGU SHINRIGAKU WO TSUNAGU RINSHO GIHO
by Kenichi Kuroki

역자 서문

불교학자로서는 드문 일이지만 본교에 미술치료 전공이 있어서 미술치료와 관련된 논문을 자주 보게 되었다. 특히 미술치료에서 불교의 만다라를 이용한 논문이 나올 때마다 관심 있게 보아 왔다. 만다라 관련 미술치료 논문을 보면서 '만다라에 대한 불교적 이해가 좀 더 있었으면 내용이 훨씬 풍부해질 텐데.' 하는 생각을 여러 번 하였다. 미술치료학회에 미술치료 전공생을 위한 만다라의 불교적 이해에 관한 논문을 투고할까도 생각해 보았다. 그리고 실제로 준비를 하고 있었다. 아마 이런 인연 때문에 불교학자로서는 드물게 미술치료 전공의 겸무교수를 맡게 되었다는 생각도 해 본다.

공역자인 박성혜 박사와 대화를 하면서 이러한 현실에 공감을 나누게 되었다. 박 박사는 인간의 깊은 내면에서 나오는 만다라를 단순히 미술로 표현하는 것뿐만 아니라 그 안에 내포된 상징을 파악할 수 있도록 하는 것이 중요하다는 것에 관심을 가졌다. 만다라에 대한 단편적인 관점만이 아닌 티베트밀교의 만다라와 심층심리학의 만다라를 함께 살펴볼 수 있는 자료가 필요하다는 것을 절감하였고, 그러던 중 쿠로키 켄이치黒木賢一 선생의 『만다라 미술치료: 밀교와 융심리학의 만남』을 만나게 되었다. 일단 좋은 책이 있으면 힘을 모아 소개해 보자고 뜻을 모았고, 박 박사는 한국융연구원 전문과정 상임연구원으로서 융Jung 공부도 겸하고 있는지라, 이번 서적은 역자들의 지향점에 딱 맞는 원서로 생각되었다. 따라서 의기투합해서 번역을 시작하게 되었다.

만다라를 심리치료에 적용하기 시작한 것은 서양의 심층심리학자인 융에 의해서이다. 융으로 인해 서구에서 만다라의 저변이 확대되었고, 치료기법으로 널리 알려지게 되었다. 융은 자신이 만다라 수행을 통해서 내면의 깊이를 경험하였기에 불교의 만다라 이해와 융의 만다라 이해가 상통하는 측면이 있고, 전통적인 만다라를 현대적으로 해석하고 활용하게 되었다. 융은 불교의 핵심교리인 공에 대한 깨달음을 지향하는 것뿐만 아니라 현대인의 심리적인 문제를 해결하는 것으로 만다라의 지평을 확대하는 데 지대한 공헌을 하였다.

그러나 심리치료에서 만다라는 분석심리학적인 입장에서만 활용되고 있을 뿐 불교와 밀교에서 온 상징성은 도외시되고 있는 실정이다. 만다라를 단순히 불교미술로 치부하거나 종교성을 띤 것이라는 선입관 때문에 기피하는 경우도 있다. 그러나 전 세계 대부분의 문화권에서 만다라 형태는 가장 오래된 상징 가운데 하나이다. 그리스도교 전통의 장미창, 불교의 산스크리트 만다라, 힌두교, 자이나교, 도교, 신도, 에스키모들이 가지고 다닌 주머니 용기와 원판, 미국 원주민들이 사용한 치료용 바퀴와 선사시대 유럽지역의 돌로 만들어진 원 등이 모두 만다라 원형의 예이다. 만다라는 인간 정신 속의 중심을 나타내는 것으로 에너지의 원천이라 할 수 있다.

이 책은 불교적 만다라에 대한 내용을 충실히 담으면서도 만다라와 관련된 미술치료 임상사례도 풍부하게 담고 있다. 일본에는 만다라와 관련된 연구가 많이 축적되어 있고, 만다라 전통이 남아 있는 두 나라 가운데 한 나라이기도 하다. 일본의 만다라 연구 전통은 세계적인 수준이라고 할 수 있다. 그리고 이 책은 최신 연구 성과까지 섭렵하고 있다는 점에서 불교적 관점으로 만다라를 소개하는 데 뛰어나다고 할 수 있다. 이 책은 전체적으로 밀교의 만다라와 융심리학의 만다라 그리고 저자가 임상장면에서 체험한 내용 등을 풍부하게 담고 있다. 만다라 심리치료에 대한 기본서로서 적합하다고 하겠다. 또한 후반부에 등장하는 임상사례에도 풍부한 도해와 함께 실습경험이 고스란히 담겨 있으므로, 만다라에 대한 이론과 실제를 겸하고 있는 서적이라고 할 수 있다.

불교, 융, 만다라, 심리치료라는 키워드를 조화롭게 다루고 있는 이 책을 통해서 만다라의 역사적 맥락이 심리치료사들에게 풍부하게 이해되기를 바란다. 만다라가 심리치료의 기법뿐만 아니라 불교의 궁극적 성취를 위한 중요한 수행법이라는 것이 알려졌으면 하는 바람이다. 나아가 심리치료사와 내담자들이 이러한 수행에 관심을 가진다면 더할 나위 없이 좋을 것이다. 또한 이 책이 담고 있는 풍부한 임상사례가 심리치료현장에서 적극 활용되기를 기대한다. 일본에서 만다라 임상을 수십 년째 하고 있는 저자의 노하우를 배울 수 있는 기회가 되기를 바란다. 이 한 권의 책으로 만다라 미술치료에 대한 모든 것을 알 수는 없지만, 현장에서 만다라를 사용할 때 보다 풍부한 개념들을 가질 수 있도록 도움을 줄 것이다.

마지막으로 서울불교대학원대학교 미술치료학 전공 주임교수인 원희랑 교수님께 감사드린다. 또한 교정을 봐 준 사소희 원생과 학지사의 박지영 선생님에게도 감사를 전한다.

2020년

역자 윤희조

저자 서문

나는 밀교학자 토가노오 쇼운梅尾 祥瑞의 논문 「융의 만다라 상징: 외국인이 본 밀교 1」에 흥미를 가졌다. 토가노오는 "왜 융은 자신의 심리학에서 만다라라는 단어를 사용한 것일까?" 그리고 "융 심리학은 어떻게 만다라에 대해서 그와 같은 해석에 도달한 것일까?"를 문제로 삼고 있었다.

토가노오는 융의 많은 문헌을 꼼꼼히 읽고, 밀교학자의 관점에서 "우리는 밀교와 가장 관계가 깊은 융의 만다라 상징을 특별히 고려할 필요가 있다."[1]라고 말했다. 그리고 "현재 융의 만다라 상징에 대한 해석은 여러 학자에 의해서 전면적으로 수용되고 있다고는 보기 어렵다. 하지만 그것은 그 자체로 가치가 있고, 개괄적으로라도 해석하는 것은 꼭 필요하며, 밀교학의 미래에 새로운 지향과 조망을 위한 단계를 형성하는 데 도움이 될 것이다."[2]라고 한다. 밀교학자 중에는 만다라가 불교이론과 실천체계에 근거하여 독자적인 해석을 행하는 전통이 있으며, 거기에는 불교적 맥락에서 만다라를 해독해야 한다고 주장하기도 한다.

토가노오는 이 논문에서 융의 만다라 상징을 이해하기 위하여 분석심리학의 기본적 입장과 요지에 대해 어느 정도 알아 둘 필요가 있다고 하면서 다음과 같이 서술하고 있다.

> 융이 말하는 '심리psyche'는 우리가 일반적으로 말하는 '혼seele'과 '마음mind'을 포괄한다. 그것보다 넓은 의미로는 의식과 무의식 양자를 포함한 심리적 과정 전체이지만, 그의 학문은 경험적인 심리 사실로서의 심리현상을 대상으로 그 분석을 하고 있다. 심리현상의 배후에 있는 것을 탐구하거나, 심리 자체를 철학적 또는 형이상학적으로 묻겠다는 것은 아니다. 이러한 의미에서 융의 입장은 '현상학적'이다. 즉, 현상만이 문제이고, 현상이 만들어 낸 것 또는 현상의 배후에 있는 것을 고려하지 않고 가치판단으로 '나타나는 것'을 '괄호 넣기'해서 그 사실만을 따지게 되는 것이다.[3]

토가노오는 상징에 관해서 '인간의 마음 최심층에 있고, 중심에 있는 무궁무진한 힘精力, 즉 생명의 원천을 자각시키며, 그 힘은 우리를 중심으로 데려오는 기능을 가지고 있다.'고 예리하게 지적하고 있다. 그리고 상징 가운데 융이 가장 중시한 '자기'와 자아의 관계에 관해서는 '자기'가 의식의 중심인 '자아'로 바뀌어서 인간의 심리 전체가 생명의 중심이 되는 과정을 '개성화의 과정'으로 이해하면서 다음과 같이 서술하고 있다.

> '개성화individuation'는 개체적individual 존재가 되는 것으로, 이는 자기 자신의 '자기self'로 이루어져 있다. 그것은 '자기실현self-realization'의 과정으로, 진언밀교적으로 말하자면 '즉신성불即身成仏' '여실지자심如実知自心' 또는 '여거如去로서 원초에 들어가는' 길이다.

그래서 이 '개성화 과정'이 달성될 경우, 즉 가장 최후의 단계에 도달할 때에 현현하는 상징이 융의 '만다라'인 것이다.[4]

융은 상징에는 두 가지 종류가 있다고 말한다. '자연적 상징'과 '문화적 상징'이다. 전자는 무의식에서 자발적으로 나오는 내용으로 근원적인 원형적 심상의 다종다양한 것이다. 그것들은 고대적 기원(가장 오래된 기록과 원시인의 사회에서 나타나는 개념과 이미지)에서 자취를 더듬을 수 있다. 후자는 영원의 진실을 표현하기 위해 생겨난 것으로 여러 종교에서 사용되고 있다. 그것들은 많은 변용과 무의식적인 발전을 포함하고, 긴 역사를 더듬어 문명사회에 받아들여지는 보편적인 이미지가 되었다. 이 문화적인 상징은 그 근원적인 누미노제(신적인 것)와 마력을 함께 가지고 있다.[5] 우메오梅尾도 이것을 받아들여 밀교의 만다라와 융의 만다라를 나누어 생각하고 있다.

그런데 토가노오가 문제로 삼았던 두 가지 질문에 대해 생각해 보자. 첫째, '왜 융은 자신의 심리학에 만다라라는 단어를 사용한 것일까?'와 둘째, '융심리학은 어떻게 만다라에 대해서 그와 같은 해석에 도달한 것일까?'라는 이 두 가지 문제에 관한 토가노오의 논술은 다음과 같이 정리할 수 있다.

첫 번째 문제인 '왜 융은 자신의 심리학에 만다라라는 단어를 사용한 것일까?'에 관해서는 먼저 전통적인 만다라의 실제를 생각해 볼 수 있다. 14년간 상징에 관한 연구를 계속한 결과, 융은 '만다라'라는 말은 동양의 티베트불교, 탄트라요가에서 얀트라 등의 형태로 명상과 의식에서 사용되고 있다는 것을 발견한다. 서양에서도 많은 수의 만다라가 중세부터 존재하고, 원의 중심에는 그리스도가, 네 방향에는 네 복음전도사 또는 그들의 상징이 그려져 있는 것이 다른 문화에서도 보이는 것을 이용한 것은 아닐까 생각된다.

둘째로 융은 1938년 다질링Darjiling 근처의 사원을 방문해 티베트 승려와 만다라에 관해서 대화를 나눌 기회가 있었다. 만다라는 '정신적 이미지'이자 티베트 승려의 상상력을 통해서만 건립되는 것으로, 동일한 만다라는 없고 하나하나가 다른 것이라는 점을 알게 되었다.

셋째로 요가의 통찰과 근대 심리학의 연구 성과와의 현저한 일치이다. 요가체험은 융이 무의식 상태라고 부르는 곳으로 침입하는 것을 의미하고 있다. 그 침입에 의해서 개인적 환상과 본능적 세계의 배후에 있는 보다 깊은 무의식층을 보게 되고, 번뇌와 혼돈의 무질서와는 다른, 질서와 조화에 의해서 채워지는 영역이 있음을 보게 된다. 이 요가체험은 근대의 의료심리학이 시도하려는 체험이기도 하다. 이 양자는 그 목표, 체험, 무의식의 심층의 존재, 무의식의 중심의 현현에 있어서 일치하고 있다. 이와 같은 세 가지 관점에서 융이 '만다라'라는 단어를 사용했다고 토가노오는 설명하고 있다.

두 번째 문제인 '융심리학은 어떻게 만다라에 대해서 그와 같은 해석에 도달한 것일까?'에 관해서는 두 가지의 대답이 있다. '실험심리학이 더듬어 온 길'과 '역사적 길'이다.

실험심리학이 더듬어 온 길은, 마음이란 무엇인지에 대해 알려지지 않은 것을 탐구하는 것이다. 그 방법으로서 융은 네 가지 방법을 보여 주고 있다고 한다. 첫째는 어떤 선별된 자극적인 질문을 말하고 그 연상을 중시하는 '연상방법', 둘째는 최면술을 이용하여 병리학적 증상에 깊이 잠재된 기억을 재생시키는 '증상분석 방법', 셋째는 주의 깊은 회상을 통해서 병리를 재구성하는 '회상분석', 넷째는 '무의식의 분석'이다. 이 넷째 방법에서 가장 중요한 점은 의사와 환자의 '개인적 영혼의 교류personal rapport'이다. 이 개인적 영혼의 교류를 형성하는 것은 교육분석을 받고, 자신의 꿈, 공상 등의 무의식의 내용을 분석해서 이해할 필요가 있다. 이것은 '비밀불교(밀교)적으로 말하면, 자신이 스승(구루) 또는 아사리로 있을 때에 한해서 제자의 지도가 가능한 것이다.'[6]라고 파악하고 있다.

역사적인 길에서는 융이 환자의 꿈속에서 자발적으로 나타나는 만다라의 상징symbolism을 역사 속에서 찾아내고자 한 것이다. 융은 동서의 역사적 상징연구를 통해 '근대적 만다라'의 의미를 탐구함으로써 중세의 '연금술'에 다다랐다. '연금술과 개성화 과정은 정신적 지향, 시대와 환경의 조건 때문에 달라져 있지만, 양자 모두 인간을 자기실현으로 이끌고자 하는 시도이다. 융이 말하는 "초월기능transcending function"은 상징을 형성하는 과정에서 끊임없이 변화를 만들어 내는 마음의 훌륭한 포용력에 이름을 붙인 것이다.'[7] 연금술에서 찾고자 했던 '금'은 '눈에 보이지 않는 돌'로서 동서에 걸쳐서 많은 이름으로 불리고 있었으며, 도교에서는 '황금꽃', 밀교에서는 '금강체'라고 한다. '"밀교"와 연금술은 대단히 밀접한 관계가 있는 것으로서, 7세기 중엽의 비밀불교의 대아사리였던 용수Nāgārjuna도 연금술의 달인이었다고 전해지고 있는 것은 대단히 흥미롭다.'[8]

토가노오는 융의 만다라가 그 종류라고 말한다. '전통적 · 역사적 만다라'와 '근대적 · 개인적 만다라'이다. 전자는 불교와 그리스도교의 역사적 만다라 상징, 후자는 근대인의 꿈, 환상, 공상 등 자발적으로 눈앞에 나타나는 상징을 의미한다. 그리고 불교 등의 전통적 · 역사적 만다라는 일찍이 생생한 상징이었지만, 단순히 역사적인 의의만을 가지고 있어 죽어 없어진 상징에 지나지 않는다. 그것은 현대에서 의미의 다양성을 가지지 않기 때문이다. 반면, 근대적 만다라는 근대인의 꿈, 판타지, 환상 등에서 보이는 생생한 상징으로, '적극적 상상active imagination'이라는 방법론을 가지고 행해진다. 전통적 만다라에서는 중심의 형상이 중요시되고, 그 중심에 신과 붓다가 그려져 있다. 그러나 근대적 만다라의 중심에는 한 번도 신과 붓다가 자리한 적이 없다. 거기에 있는 것은, 예를 들면 태양, 한 송이의 꽃, 십자가 등이다. 그것은 그들이 스스로 체험한 많은 내적인 에피소드이다. 그 내용은 '진언밀교적으로 말한다면 "여실지자심(身)"의 말 그대로의 체험으로, 중심은 "밀교장엄"을 의미하는 것이다.'[9] 따라서 '근대적 만다라는 특별한 정신상태의 비임의적인 표명으로, 거기에는 신도 없고, 신을 대신하는 어떠한 굴복도 화해도 존재하지 않으며, 신의 자리는 인간의 전체성wholeness of man에 의해서 점유된 것 같다.'[10]라고 융의 말을 인용해서 서술하고 있다.

나는 토가노오의 논문을 만나고, 만다라가 가진 상징의 역사성에 관해서 생각해 보게 되었다. 붓다가 살던 시대부터 현재까지 2,600년의 역사가 있다. 이 시공의 변화 속에서 만다라의 상징의 형태는 변화하고 있지만 본래의 상징의 힘은 잃어버리지 않았다고 생각한다.

농업을 중심으로 한 전통사회는 집단적으로 함께 살아가는 형태로, 한 사람 한 사람의 자아는 공동체 안에 포함되어 있다. 이 집단적 공동체에서 발달해 온 것이 전통적 만다라이고, 여러 지역에 흩어져 있다. 불교의 만다라는 불교이론과 실천체계에 근거하여 해석하는 전통이 있고, 힌두교의 '얀트라'만다라는 성스러운 상징으로서 신과 우주를 연결하기 위해서 명상을 이용하고 있다. 그리스도교의 교회와 성당에 있는 스테인드글라스의 장미창은 신과의 일체감을 가져오고, 그것은 의식의 변용으로 연결되어 그것을 보는 사람의 일상 의식차원을 영적 의식차원으로 변성시키는 요소가 있다.

산업혁명 이후 산업을 중심으로 하는 근대사회는 집단적인 공동체의 자아we에서 개인의 자아me로 바뀌는 커다란 패러다임의 변화를 겪었다. 이 시대에는 개인의 자아가 주장되기 시작하고 공동체는 붕괴되지 않지만 자아를 주장하는 만큼 개개인이 확산되었기 때문에, 자신의 자아를 제어할 필요성이 중시되기 시작했다. 인간의 마음과 영혼의 구원은 신과 붓다에서 근대과학의 의료와 심리치료로 대치되었다. 우리가 자아를 추구하는 동안 근대과학에 의해서 신의 자리가 없어진 것은 사실이다. 그 와중에 전통적인 만다라의 상징을 계승하고 있는 것이 융의 상징주의이다.

근대는 종언으로 향하고, 현대사회는 '탈근대' 또는 '초근대'라는 단어로 표현되고 있다. 현재 진행 중인 IT혁명에 의한 '정보사회'인 것이다. 이 사회에서 자아의 존재는 '바꿀 수 있는 자아' '문맥에 의해서 변화하는 자아' '왕복운동이 가능한 자아'라는 '움직임을 수반한 타자와의 연결이 소중한 자아'의 존재로 변화해 가고 있는 것처럼 생각된다. 여기에서 '연결' '순환' '여성성' '글로벌' '초월하다' '넘다' '인터넷' '환경' '다름' '허용' '마음챙김' 등과 같은 단어에 깊숙이 잠재하고 있는 의미는 상반된 가치관을 융합하는 것과 같은 상징이라고 할 수 있다. 확실히 융의 만다라 상징주의는 근대라는 시대의 산물이다. 그러나 융의 상징을 파악하는 방법은 보편성이 높다는 이유로 현재 진행 중인 '탈근대'에 있어서 중요한 위치를 점한다. 그 이유는 전통적인 만다라의 상징이 집단적 무의식 속에 면면히 유전되고 있기 때문이다.

이 책의 제1장은 밀교의 만다라를 정리하고 있다. 나 자신이 불교에 관해서 문외한이므로, 내용이 빈약할지도 모르겠다. 붓다의 입멸 이후부터 초기불교, 상좌부불교, 대승불교 그리고 밀교의 시대로 들어가 초기, 중기, 후기로 시대가 변환하는 가운데 '만다라'가 형성된 것을 이해하고자 한다. 다음으로 중기밀교에서 쿠카이空海가 일본에 가지고 돌아온 양부만다의 구조와 명상법에 대해서 서술했다. 일본의 밀교는 중기에서 끝났지만 인도에서는 후기밀교가 13세기까지 발전했으며, 그 후 네팔, 티베트로 전파되었다. 그래서 티베트밀교의 '만다라'의 구조와 명상법에 관해서 서술했다.

제2장은 융의 무의식 탐구에서 떠오른 '만다라'를 중심으로 정리하고 있다. 융은 프로이트Freud와 결별하면서 무의식에 대한 탐구를 시작하게 되었고, 1927년 이후 내적인 불확실감에 휩싸여 방향상실의 상태가 되었다. 그리고 그 자신의 무의식과의 대결을 시작했다. 융은 스스로를 무의식의 움직임에 내맡기면서, 다른 실재의 영역을 살아가는 것으로 무의식 세계의 움직임을 체험적으로 배워서 익히게 되었다. 아니마상의 '살로메', 노현자의 '필레몬' 등과

의 대화를 통해서 다른 차원과 연결되고, 필레몬과의 대화를 통해서『죽은 자를 위한 일곱 가지 설법』을 집필했다. 그와 같은 체험을 통해서 무의식으로부터 올라오는 원그림(만다라)을 그리게 되었다. 융이 그린 만다라, '세계의 체계' '영원의 창' '성城 그림'에 관해서 검토한다. 또 융이 쓴『개성화와 만다라』가운데「개성화 과정의 경험에 관해서」에 제시된 만다라 그림 사례의 내용에 관해서 서술했다. 이 사례에 관해서 융의 연금술과 개성화의 과정에 관련해서 설명을 했다.

제3장은 '융, 티베트밀교, 심리치료'로 제목을 정하고 우선 융심리학과 티베트밀교의 유사점을 정리했다. 그리고 융의 마음의 구조에서는 의식과 무의식의 관계, 원형과 개성화의 과정에 관해서 서술했다. 티베트밀교의 마음 상태에서는 '세속의 실재'와 '궁극의 실재'를 이해하는 것으로 '공성空性'의 의미를 묻고, 그 기제와 실천에 관해서 설명한다. 또 정신발달에서 '의식론'으로서 융심리학과 밀교가『의식의 스펙트럼론』에서는 어떤 위치에 있는지를 보여 주었다. 다음으로 동양에서 윤회와 전생을 포함한 발달론,『구사론』에서 '사유四有'와『티베트 사자의 서』를 정리하고, 융의『티베트 사자의 서』에 대한 해설을 실었다. 계속해서 심리임상에서 신체론으로서 미세신(미세한 신체)에 관해 중국어학자인 리하르트 빌헬름 Richard Wilhelm이 융에게 보낸『태을금화종지』의 텍스트를 다루면서 융의 '쿤달리니 요가론'도 다루었다. 마지막으로 의식의 변용을 촉구하는 '장'으로서 심리임상의 장과 밀교의 관정灌頂에서의 장을 비교해서 검토한다.

제4장은 만다라 기법을 이용한 미술치료의 네 가지 기법을 제

시하고 있다. 첫째는 콜라주를 이용한 사례로, 콜라주 작성과정에 있어서 '시간과 공간'에서의 알아차림과 사각형과 원형의 도화지가 가지는 심리적 의미에 관해서 고찰하고 있다. 둘째는 반구조화(2분할, 4분할, 12분할, 원과 사각형, 유동적인 원)된 만다라 그림에 자유롭게 그려 나가는 그리기 방법으로, 분할에 의한 이미지의 반응에 관해서 조사한 내용이다. 셋째는 도화지에 커다란 원을 그리고 그 원 가운데 작은 원을 그려 자신의 주제를 발견하는 '만다라 중심 그리기 기법'이라는 그리기 방법으로 12명의 피험자 중에서 3명을 선정해 그림 분석을 실행했다. 넷째는 필자가 20년 전에 심리치료에서 다루었던 '만다라 그리기 기법'을 이용한 사례를 제시하고 있다. 1년간 약 300장의 만다라를 그리고 종결한 사례이다.

∈ 미주 ∋

1. 梅尾, 1975, p. 54.
2. 梅尾, 1975, p. 54.
3. 梅尾, 1975, p. 55.
4. 梅尾, 1975, p. 59.
5. ユングほか, 1975, p. 141.
6. 梅尾, 1975, p. 65.
7. 梅尾, 1975, p. 70.
8. 梅尾, 1975, p. 70.
9. 梅尾, 1975, p. 73.
10. 梅尾, 1975, p. 73.

차례

제 2 장

융의 만다라 · 65

제 3 장

융, 티베트밀교, 심리치료 · 141

제 4 장

제1장 밀교의 만다라

1. 만다라는 무엇인가

밀교에서 '만다라'는 고대 인도어인 산스크리트어로 '바퀴輪' '원' '원만' 등을 의미한다. 『대일경소』에서는 '만다라는 윤원輪圓이란 의미이다.'라고 설명하고 있다. '만다라'라는 단어는 두 부분으로 나누어 볼 수 있다. 우선 전반의 '만다manda'는 중심, 본질, 진수라는 의미이고, 후반의 '라la'는 소유, 성취를 의미한다. 따라서 '만다라'는 '본질을 소유한 것'이라는 의미가 된다. 그리고 만다라는 붓다의 깨달음을 상징한 것으로 생각할 수 있다.

토가노오梅尾에 의하면 붓다가 성불, 즉 깨달음을 얻는 장場은 '보리만다라bodhi-mandala'라고 불리고 있고, '밀교의 만다라는 보리의 본질이 되는 붓다의 자증自証의 경지로 그것이 곧 신성한 도량이 되는 단壇이다.'[1]라고 말하고 있다. 또 토가노오는 붓다구히야의 『법만다라 약전略詮』을 인용하면서, 성격상의 차이로 ① 자성, ② 관상, ③ 형상의 3종류 만다라가 있다고 한다. '자성'만다라는 본질을 나타내며, 언어와 형태를 초월한 현상세계의 불변의 진리, 여래의 깨달음인 지혜, 삼라만상과 우주 그 자체라고 해도 좋다. '관상'만다라는 그림으로 볼 수 있는 것과 같은 구체적인 이미지로 명상하는 사람이 자신의 마음속에서 이미지를 만들어 가는 것이다. '형상'만다라는 붓다들이 형태尊形로서 실제로 그려진 그림을 말한다. 관정灌頂과 같은 의례와 관상법에서 실제로 이용되고 있다.

다치카와立川는 '유리를 올린 쟁반'의 예를 들어서 만다라의 세 가지 요소에 대해 설명하고 있다.[2] 즉, 하나의 유리를 붓다의 조각으로 간주하고 쟁반 위에 둔다.

첫 번째 요소는 '성스러운 것'으로서 존격尊格의 조상彫像 또는 상징이 하나의 장에 존재하도록 배치되어 있다.

두 번째 요소로 유리는 붓다이고, 쟁반은 '붓다가 나타나는 장'이다. 말하자면 붓다와 보살 등이 '성스러운 것'으로 현현하는 장基体이 반드시 존재한다.

세 번째 요소는 유리를 놓아 둔 쟁반, 즉 만다라를 향하여 실천자가 어떤 '의례' 또는 '실천'이다. 이를 실천하지 않으면, 만다라는 그 기능을 하지 않는다는 것이다. 의례는 제물을 바치고 붓다 등에 예경하는 행위이고, 실천은 만다라에 등장하는 붓다와 하나가 되고자 명상을 하는 것이다. 이것은 만다라에 참여하는 사람이 있다는 것을 나타내고 있다.

다치카와는 계속해서 '만다라는 실천 또는 의례를 행하는 자가 그 속으로 들어갈 수 있는 "심적 공간"이 되는 것'이라고 말한다. 그리고 만다라 안에서 행하는 실천 또는 의례의 방법은 여러 가지라고 한다. 실천자가 만다라에 들어가고, 주변에 있는 붓다와 보살들을 하나씩 돌면서 걷는 방법이 있다. 벽에 걸린 만다라를 대면하고 명상하는 경우 실천자를 포함한 하나의 공간이 생기고, 또 만다라의 '입구'에서 잠시 멈춰 서 있는 것이 가능하다. 이러한 경우 자신과 제존諸尊의 차이는 명확하게 의식된다. 또 실천자가 만다라의 가운데中尊에 있는 것처럼 마음을 정하는 경우가 있고, 주변에 있는 붓다들을 자신이 만들어 냈다고 생각하는 명상도 있다고 한다.

2. 밀교에서 만다라의 변천과 실천

1) 만다라의 원형

붓다의 입멸入滅 후 붓다의 유골을 담은 불탑이 붓다와 그 가르침을 상징하는 것이 되고 예경의 대상이 되었다. 불탑 그 자체를 하나의 '입체 만다라'로 보게 되었다. 수많은 불탑의 벽에 그려진 조각에서 제자들은 사람의 모습으로 표현되어 있다. 하지만 석가모니는 보리수, 법륜, 발바닥 등과 같이 상징화된 것으로 그려져 있으며, 결코 사람의 모습으로는 그려져 있지 않았다. 그것은 붓다가 살아 있을 때부터 우상숭배를 부정하였기 때문이다. 또 붓다에게 제물을 바쳐 예배하는 의례(뿌쟈)가 일반화되어 있었다. 이 공양에는 꽃, 물, 음식 등이 봉헌되었다. 그리고 1세기경에는 예배의 대상으로서 불상이 만들어지기 시작하였고, 불탑과 마찬가지로 불상에 대해서도 제물을 바치는 것이 공덕을 쌓는 것으로 여겨졌다. 불상에 투영된 '인격신'이라는 이미지가 출현하고 수행자 모델인 '석존'에서 우리를 구제하는 '아미타불'로 변화하였다. 이것은 붓다를 인격신으로 받아들여 경배하는 것으로 현재에도 여전히 가르침을 설하고 있는 붓다에게 가까워지기를 바라는 신앙이다.

2세기경에는 『아미타경』『무량수경』과 같은 정토경전이 활발하게 읽혔다. 붓다는 사후에 어디로 가는지에 대한 질문에 대답하지 않았지만, 정토경전에 나오는 아미타여래는 자신의 이름을 부르면 극락정토에 태어날 것을 약속하는 방식으로 사후의 일을 문제 삼고 있다. 『법화경』은 불탑과 사리 예경을 중시하고 있으며, 보살이 다양한 붓다로 등장한다. 이같이 법(이하 '다르마'로 표기)을 중시하는 상좌부불교에서 대승불교로 넘어가면서 보살신앙과 함께 수행의 방법에도 변화가 일어나게 된다.

상좌부불교는 인간의 번뇌를 없애기 위한 금욕적인 수행을 중시하고, 대승불교는 육바라밀(보시, 지계持戒, 인욕忍辱, 정진, 선정, 지혜)이라는 붓다가 되기 위한 보살행을 중시하고 있다. 보살은 '깨달음을 추구하는 사람'이라는 뜻으로 깨달음을 얻기 이전의 붓다에 대한 경칭이었지만 수행 중인 과거불과 미래불인 미륵에게 전용되어 미륵보살이라는 개념이 되었다. 그리고 관음보살, 보현보살, 문수보살 등 여러 보살이 신앙이 되었고, 보살의 수행의 단계를 나타낸 『화엄경』이 편찬되며 보현보살의 행이 언급되기 시작했다.

『화엄경』은 붓다가야에서 깨달음을 얻어 다르마와 일체화한 세존을 빛나는 붓다, 즉 '비로자나불'이라고 표현하며, 우주적인 붓다로 이해하였다. 거기에서 밀교의 '대일여래'로 변화한 것이다.[3] 이러한 시공을 초월한 붓다는 무엇인가라는 논쟁이 일어나고 붓다의 신체와 그 근거가 논의되었다. 그래서 '삼신설'을 상정하게 되었다. 붓다의 다르마를 인격화한 '법신', 이 세상에 태어나서 수행을 하여 실제로 중생을 구원한 붓다를 '응신', 수행을 계속해서 보살이 깨달음을 얻어서 붓다가 된 '보신'이 있다.

이러한 '삼신설'의 사고방법이 추가됨으로써 예경의 대상으로서 세존의 불상이 만들어졌지만 나중에는 석가, 미륵, 관음의 삼존 형태로 많이 만들어지게 되었다.

[그림 1-1] 마투라붓다 삼존상

출처: 田中(2004).

[그림 1-1]의 마투라붓다 삼존상은 좌측에 관음, 중앙에 석가, 우측에 금강수金剛手가 앉아 있다. 이 삼존 형태는 그대로 원초적인 만다라로 발전해 나간다.[4]

초기 만다라의 원형은 중앙의 석가여래를 중심으로 하는 집단, 좌측의 관음 집단, 우측의 금강수 집단으로 나뉘어 있었고, 혈연관계에 있는 붓다의 일족에 의해서 '부部'가 만들어지게 되었다. 이와 같은 석가, 관음, 금강수의 삼존 형태가 발전해서 붓다부, 연화부, 금강부의 삼부三部가 초기의 만다라에서 성립되었다. 이 삼부는 이후에 『대일경』에 근거해서 수행할 때 '신身' '구口' '의意'의 삼밀三密로 바꾸어 행법行法에 도입되었다.

2) 밀교의 발전과정

4세기 무렵이 되면서 대승불교는 이론체계의 정리를 끝내고, 힌두교와의 대립이 임박하게 된다. 불교 본래의 구제救濟는 번뇌를 끊어 내어 열반에 들어가는 것이었지만 세속에 사는 대중의 소원을 이루기 위해서 의례, 주문, 토착신들을 도입하고 변화할 수밖에 없었다. 세존이 태어나기 이전에는 베다경전에 근거한 '호마'라는 의례가 성행했다. 호마는 제물을 불 속에 바치는 의식이며, 질병치료 등 현세의 이익을 기원하였다. 이러한 의식이 부활한 것이다. 또 주술적인 방법으로 기우제와 질병치료를 하고 붓다와의 일체감을 통해서 공덕을 쌓는다고 하는 실천체계가 불교에 가미됨으로써 큰 변화를 이루어 간다.

'탄트리즘'의 시대로 들어가면서 불탑과 불상에 공양을 드리는 제사가 더욱 활발하게 되었다. 그 결과 만다라는 이미지를 수반하는 명상법을 사용하여 정신집중의 과정에서 발생하는 이미지를 조작하고, 그 상징적인 의미를 몸에 '배게 하는' 것이 된다. 구체적으로는 눈앞에 나타난 붓다와 보살을, 마치 실재하는 것처럼 출현시키고자 '성성현현聖性顯現' 비전을 보기 위한 관상법으로 개발되었다.[5]

일본의 홍법대사弘法大師 쿠카이公海(774~835)에 의해 일본으로 전해진 『대일경』과 『금강정경』을 중심으로 한 밀교는 '순밀純密'이라고 부른다. 그 이전에 성립된 조직적이지 않은 초기밀교는 '잡밀雜密'이라고 관습적으로 불러 왔다. 일본에서는 중기밀교를 중심으로 번성했고, 그 전통이 오늘날까지 이어지고 있다. 쿠카이가 입적

한 해는 835년이지만, 중국에 소개된 밀교의 전통도 800년 정도에서 끊겨 그 이후 800년부터 1200년까지 밀교의 전통은 중국, 일본에서는 남겨진 그대로 남아 있다.

티베트, 네팔에 대승불교가 전해진 것은 600년에서 700년경이다. 그 후 800년부터 1200년까지의 인도 후기밀교 전통이 짙게 계승되면서 티베트밀교가 발전했다. 티베트밀교 학자 부톤Butön이 『티베트 대장경』의 편찬에 관계하면서 인도밀교의 경전이 소작所作, 행行, 유가瑜伽, 무상유가無上瑜伽의 네 가지로 나누어졌다. 이것이 '탄트라 사분설'[6]이다. 따라서 만다라를 이해하려면 소의所依, 즉 전거典據가 되는 밀교경전을 아는 것이 필요하다. 11세기 초에 시작된 이슬람교의 북인도 침입과 파괴행위는 불교교단에 커다란 타격을 주었고, 마침내 불교는 인도역사의 무대에서 사라졌다. 〈표 1-1〉은 인도밀교의 발전과정을 일본과 티베트의 비교를 통해 보여 주고 있다.

〈표 1-1〉 일본밀교와 티베트밀교 경전[7]

구분	일본밀교	티베트밀교
초기	잡밀경전	소작탄트라
중기	『대일경』(태장)계 행탄트라 『금강정경』(금강계)	행탄트라 유가탄트라
후기		무상유가탄트라(① 부父, ② 모母, ③ 불이不二)

소작부所作部(잡밀) 경전에서는 약사여래, 관자재보살이 활약하였으며 인印(무드라), 진언(만트라)을 설하고, 붓다와 보살에 대한 공양법, 예배법, 결계법 등을 중심으로 행해졌다.

행부行部(대일계) 경전은 대승불교를 사상적인 뒷받침으로 두고 소작의 경전을 심화시켜, 불교 탄트리즘을 확립시켰다. 명상법을 중심으로 하는 수행법에 관한 이론이 정비된 것이다.

다음으로 유가부瑜伽部(금강정계)의 경전은 대승불교의 경전을 배경으로 내면적인 관법을 구성하고 있다. 또한 유가는 산스크리트어로 요가라는 단어의 음을 번역한 것이다. 요가는 호흡법과 신체운동을 통한 건강법으로 널리 퍼져 있으며 여러 유파가 있다. 두 가지의 것을 묶는다는 의미를 포함하고 있으며 유가부에서는 삼밀(몸, 말, 뜻)을 통해서 '수행자와 본존' '소우주와 대우주' '마음과 신체' 등의 합일이 행해지고 있다.

티베트에서는 인도에서 이미 사라진 밀교가 지금도 살아 있고, 스승으로부터 제자에게 구전으로 설해진 수행체험이 있다. 그 수행을 전하는 장이야말로 밀교 특유의 의례와 실천체험이다.

3. 일본의 만다라

홍법대사 쿠카이가 중국에서 일본으로 가져온 중기밀교의 만다라에는 '태장'만다라와 '금강계'만다라가 있고, 이들을 '양부만다라'라고 한다. 또한 금강계만다라의 '계'와 맞게 태장계界라고 이름을 붙여서 '양계만다라'라고도 불리고 있다. 태장만다라의 경전은 『대일경』으로, 7세기경에 등장했으며 단일 경전으로 이루어져 있다. 금강계만다라는 몇 개의 경전으로 이루어져 있는 『금강정경』이다. 『대일경』과 『금강정경』은 성립된 시기가 달라서 양부만다라로 나란히 열거하는 양식은 쿠카이의 스승인 혜과惠果에 의한 것으로 알려져 있다.

1) 태장(계)만다라

태장만다라의 정식 명칭은 '대비태장 생 만다라大悲胎藏 生 曼荼羅'이다. 여기에서 태장의 원뜻은 '자궁' 또는 '모체母體'이다. 태아가 어머니의 몸속에서 안전하게 자라는 모습에 비유하여, 우리가 태어날 때부터 가지고 있는 불성의 씨앗이 붓다의 큰 자비에 의해 눈뜨고 결국 깨달음으로 열매를 맺게 하는 만다라이다. 이 만다라는 『대일경』을 따라서 그려졌으며, 인도 스님인 선무외삼장善無畏三藏에 의해 번역되었다. 경전의 의미는 대비로자나여래, 즉 대일여래는 성불한 여래가 불가사의한 변화와 가지加持를 통해 드러난다는 것이다. 불교는 전통적으로 세존의 설說을 전제로 하고 있지만 『대일경』에서는 대일여래가 법을 설한다. 세존의 '응신応身'이 아니라 진리를 인격화한 '법신'으로 대일여래를 파악하고 있다.

일본에 전해져 있는 태장만다라는 '12대원大院'으로 불리는 12구획으로 되어 있고, '보살심' '대비' '방편'의 3구句에 따른 삼중구조(초중, 이중, 삼중)로 되어 있다. 대승불교에서 밀교시대로 나아갈 때 많은 새로운 붓다가 등장하며, 붓다들의 기원과 성격, 기능 등에 따라서 분류되었다.

가장 안쪽 중심, 즉 초중初重은 중앙의 '중대팔엽원中台八葉院'에 해당되고, 대일여래를 중심으로 보당宝幢여래(동), 개부화왕여래(남), 무량수(아미타)여래(서), 천고뇌음여래(북)라는 네 붓다와 보현보

[그림 1-2] 태장만다라

출처: 頼富(2004).

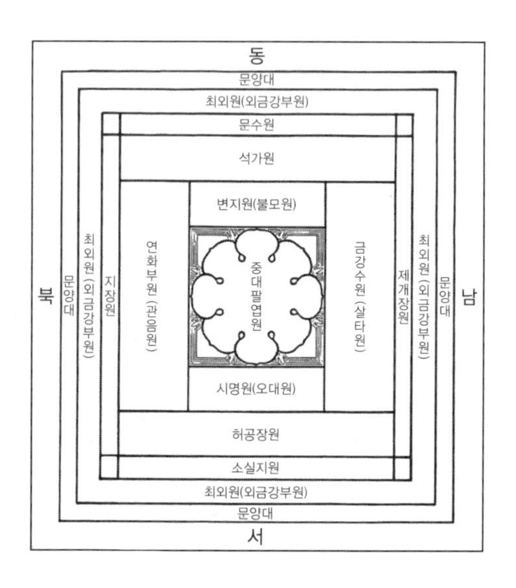

[그림 1-3] 태장만다라의 명칭

출처: 染川(2013).

살(동남), 문수보살(남서), 관자재보살(서북), 미륵보살(북동)이라는 네 보살이 앉아 있다. 그리고 중대팔엽원을 둘러싸고 변지원, 시명원, 관음원(연화부원), 금강수원이 있다. 이중二重에는 석가원, 허공장원, 문수원, 지장원, 소실지원, 제개장원이 있다. 삼중三重은 외금강부원(별칭은 최외원)이라고 하며, 힌두교에서 들어온 대흑천, 변재천 등 서민의 붓다가 앉아 있고, 동방 39존, 남방 62존, 서방 48존, 북방 53존으로 총 202존이 앉아 있다. 태장만다라는 모두 410존의 붓다, 보살, 천신으로 구성되어 있다.

『대일경』 제2권부터는 구체적으로 만다라의 작도법, 관상법, 호마법護摩法 등이 기록되어 있다. 『대일경』 제5권에서는 대우주의 5대 요소인 '지地, 수水, 화火, 풍風, 공空'을 소우주인 인간의 신체부위에 배치하고 있다. 이처럼 밀교에 신체론을 처음으로 도입한 것은 『대일경』이다.

> 진언행자는 원단円壇을 우선 자신의 몸에 두고, 다리부터 배꼽까지 대금강륜을 이루고, 배꼽부터 가슴까지는 마땅히 수륜水輪으로 사유思惟한다. 수륜 위에 화륜이 있고 화륜 위에 풍륜이 있다. 마땅히 이를 생각하면서 여러 가지 형상을 그려야 한다.[8]

이와 같이 수행승은 자신의 신체에 만다라를 관상하고, 다리부터 배꼽에 이르는 부위에 대금강륜(지륜)의 이미지를 가지고, 배꼽에서 가슴에 이르는 부위에 수륜의 이미지를 가지며, 그 위쪽으로는 화륜, 풍륜의 이미지를 가지면서 신체 내의 에너지를 움직여 가는 것이다.

관상법으로는 대일여래의 5대 종자인 (A지), (Vi수), (Ra화), (Hūm풍), (Kham공)을 자신의 허리 아래, 배꼽, 심장, 미간, 정수리의 다섯 부위에 적용해 관상하는 '오자엄신관'이 있다. 또 '아阿'자에만 집중하는 아자관阿字觀도 행법의 하나이다. 이들 오자五字는 태장만다라를 구성하는 다섯 붓다의 종자이다. 자신들의 신체에 오자를 이미지화하여 대일여래를 상징하는 오륜탑이 되는 것으로, 붓다의 신체로 변용한다고 생각했다([그림 1-4] 참조). 그 방법론은 손으로 수인을 하고, 입으로 진언을 부르고, 마음을 삼매(실제는 만다라)에 집중하는 삼밀행을 통해서 특정한 붓다와 일체화(입아아입入我我入)하고자 하는 본존유가本尊瑜伽이다.

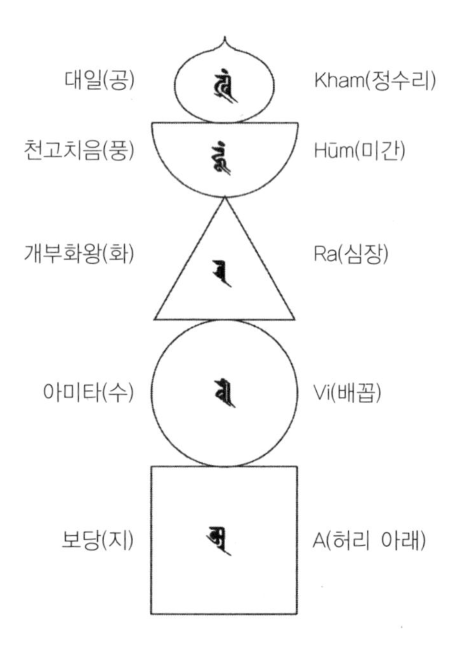

[그림 1-4] 오륜탑과 오자엄신관

출처: 田中(1997).

후기밀교에서는 이 다섯 가지 부위가 '차크라', 즉 '륜輪'이라고 불리게 되었다. 『대일경』의 단계에서는 생리학적인 요가가 아직 발달하지 않았지만 후기밀교의 차크라는 오륜설에서 발전했다고 전해지고 있다.[9] 중기밀교에서는 초기 인도밀교에 도입된 주술법이 대승불교의 사상에 동화되어, 관상법으로서 심화되었다. 이와 같이 수행자는 태장계만다라의 다섯 붓다 종자를 요가의 기법을 이용해서 신체에 합일시키면서 석가가 행했던 깨달음의 길에 다가가는 수행을 행한다.

2) 금강계만다라

인도밀교에서 금강계만다라는 7세기 후반 중기밀교의 대표적인 경전인 『금강정경』에 따라서 그려진 만다라이다. 이는 일본뿐만 아니라 중국, 티베트, 네팔에서도 중요시되고 있다. 『금강정경』은 18개의 경전으로 이루어진 방대한 경전군이며, 가장 중요한 내용이 적혀 있는 것은 『진실섭경』(『초회初会의 금강정경』)이다.

일본에서는 불공삼장不空三蔵이 번역한 『진실섭경』이 중요시되고 있다. 이것은 초회제일初会第一 「금강계품」의 대大만다라 부분을 번역한 것으로, 다이아몬드를 의미하는 금강석과 무기인 금강저 같은 가장 견고한 최고의 경전으로서 받아들여지고 있다. 『금강정경』에서 가르침을 설하는 '비로자나여래 또는 대일여래'는 '세존'의 화신이다. 세존은 역사적으로 현존했던 인물로 깨달음을 얻어서 '붓다'가 되었다. 불교신자는 세존이 얻은 '깨달음의 실제'가 무엇인지를 문제 삼아 왔다. 그것에 대답하고 있는 것이 『진실섭경』의 초회제일「금강계품」이다.

홍법대사 쿠카이가 일본으로 가져온 '현도現図만다라'는 태장만다라와 금강계만다라가 한 벌처럼 사랑받고 있다. 현도금강계만다라는『금강정경』과『반야이취경』에 근거해서 만들어졌고, 전체가 아홉 개의 부분으로 이루어진 '구회九会만다라'라 불리고 있다. 이와 같은 구조를 가지고 있는 것은 일본에만 있고, 중앙 부분(성신회成身会)만이 그려져 있는 것이 일반적이다. 금강계만다라는 성신회를 기본으로 하고 있으므로 성신회를 '근본회'라고 한다. [그림 1-5]에서 보는 바와 같이 금강계만다라의 구조는 아홉 개의 방으로 나누어져 있고 [그림 1-6]에서 그 명칭을 볼 수 있다.

중앙에 성신회, 그 아래에 있는 삼마야회, 반대편 그 왼쪽에 있는 것이 미세회, 그 위가 공양회, 그 너머가 사인회, 일인회, 이취회, 강삼세회, 강삼세삼마야회이다.

이 구회만다라의 성신회를 출발점으로 해서 아래 삼마야회의 아래에 오른쪽 방향(시계 방향)으로 미세회, 공양회, 사인회, 일인회, 이취회, 강삼세회 그리고 강삼세삼마야회를 향하는 것을 '향하문向下門'이라고 한다. 붓다(여래) → 보살 → 중생(명왕明王)으로 향하며, 붓다에 의한 구제론을 나타내고 있다. 그 반대 방향으로 향하는 것을 '향상문向上門'이라고 한다. 향상문은 중생 → 보살 → 붓다로 가고자 하는 수행법을 나타내고 있다. 유아사湯浅[10]는 '향상문과 향하문의 관계는 종교체험에 의한 나와 붓다를 나타내고 있고, 나로부터 붓다로 나아가는 초월적 상승과 붓다로부터 나에게로 나아가는 내재적 하강의 체험과정을 나타내고 있다.'고 서술하고 있다.

[그림 1-7]은 금강계만다라의 중추인 '성신회'이고, 대일여래 등

[그림 1-5] 금강계만다라

출처: 頼富(2004).

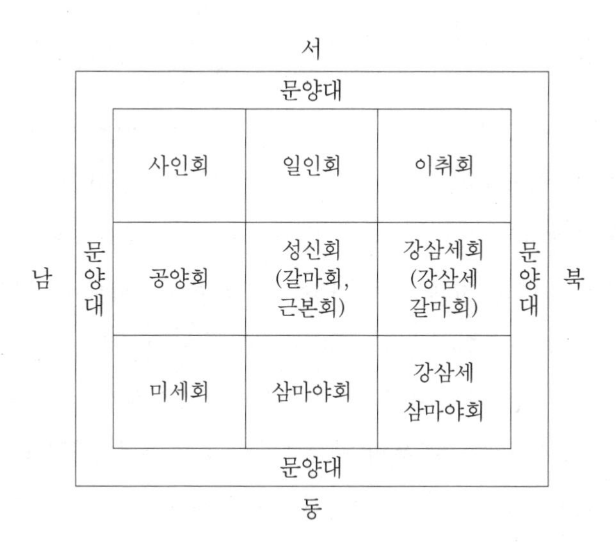

[그림 1-6] 금강계만다라의 명칭

출처: 染川(2013).

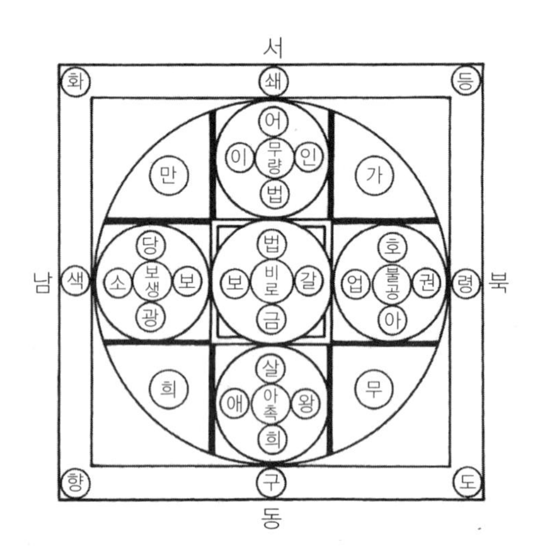

[그림 1-7] 성신회

출처: 染川(2013).

의 다섯 붓다와 보살들의 삼십이존을 중심으로 구성되어 있다. 거기에는 세 개의 틀이 있고, 초중에는 대원륜, 중원륜, 소원륜이 있다. 대원륜 안에 다섯 개의 중원륜이 있고, 중원륜 안에 소원륜이 다섯 개 있고 존상尊像이 그려져 있다. 중원륜의 다섯 개는 다섯 부족을 형성하고 있고, 그 중심에 '다섯 붓다'의 여래가 앉아 있다.

중앙의 원에는 여래부(붓다부)가 있고, 비로자나여래(대일여래)가 진좌하고 있으며, 그 주변을 여존女尊인 '사바라밀보살'이 에워싸고 있다. 그 아래(동쪽)의 금강부에는 아촉여래가, 남쪽의 보부宝部에는 보생여래가, 서쪽의 연화부에는 무량수(아미타)여래가, 북쪽의 갈마부羯磨部에는 불공성취여래가 앉아 있다. 네 부분의 여래 주변에는 십육 보살이 앉아 있다. 대원륜 안쪽의 네 모퉁이에는 금강희, 금강발, 금강가, 금강무의 보살이 그려져 있다. 대원륜의 바깥에는 지천, 수천, 화천, 풍천의 4대 신이 배치되어 있다. 그 주변을 금강저가 둘러싸고 있다. 제이중第二重에는 현겁천불이라는 천체불千体仏이 빼곡히 그려져 있고, 네 모서리에는 금강향, 금강화, 금강등, 금강도의 네 보살(외부의 사공양)이 배치되어 있으며, 사방(동남북서)에는 금강구, 금강색, 금강쇄, 금강령의 사섭보살이 배치되어 있다. 제삼중第三重, 즉 외연外緣은 동서남북의 이십천二十天으로 되어 있다. 성신회의 구성은 오불, 사바라밀, 십육대보살, 내사공양, 사섭보살, 외사공양, 사대신, 이십천이 된다. 이 중 사대신과 이십천을 제외한 제존을 '삼십칠존'이라 부르고 있다. 또한 이 사대신은 현도만다라에는 그려져 있지만 『금강정경』에는 설해지지 않고 있다. 성신회는 천육십일존으로 구성되어 있다.[11]

수행자는 대일여래와 사불과의 에너지 교류를 명상을 통해 신체화함으로써 체득한다. 그리고 수행자는 스스로 체득한 성화된 실재와 세속화된 실재를 왕래하는 것으로 밀교를 이해할 수 있다. 밀교는 '삼밀유가'를 중요시하고 있다. 삼밀은 붓다의 몸(신체), 입(말), 뜻(마음)의 움직임을 말한다. 현교顯教에서 일체의 행위karma, 즉 업에는 몸(신체), 입(말), 뜻(마음)의 세 종류가 있으며, 그것을 '삼업'이라고 한다. 우리 범부의 삼업 세계에서 붓다의 삼밀 세계라는 실재로 옮겨 가는 것을 '삼밀유가'라고 한다.

삼밀유가를 행한다는 것은 신체활동으로 '수인印'을 하고身密, 입으로 진언을 외우고口密, 마음속에서는 붓다의 경지에 들어가는 '삼마지意密'를 행하는 것이다. 이 삼밀유가를 행함으로써 수행자의 몸(신체), 입(말), 뜻(마음)의 움직임이 붓다와 같은 상태가 되었다면 '즉신성불'이라고 한다.

다나카田中는 금강계만다라의 생성에 대하여 다음과 같이 말하고 있다. 만다라는 세존의 깨달음을 상징하는 것으로 파악되고 있는데, 이 생각을『금강정경』은 극단적으로 표현하기 위해서 세존이 붓다가야에서 깨달은 역사적인 보리의 도량을 금강보좌로 설정했다. 월륜과 금강저를 중심으로 한 유가관법인 '오상성신관五相成身觀'을 제시하면서 밀교의 입장을 나타내고 있다. 오상성신관에 의해서 깨달음을 얻은 세존(일체의 성취=붓다가 되기 이전의 이름인 싯타르타에서 유래)은 세계의 중심에 우뚝 솟은 수미산의 정상에 있는 금강마니보봉누각에 가서 사방에 사불을 거느린 비로자나여래가 되고, 거기에서 삼십이 보살이 출생하여 금강계만다라가 출현했다.[12]

이 오상성신관[13] 수행법은 다섯 단계로 나누어져 있으며 순차적으로 이루어진다.

① 통달보리심

통달보리심通達菩提心은 자신의 마음을 하나하나 관찰하는 것이다. 실제 삼매三昧에서 '옴, 치타브라티베다움, 가로미(옴, 우리는 자기 마음의 근원에 통달하지 않았다.)'라는 진언을 수없이 외우면서 '월륜'을 관상한다.

② 수보리심

수보리심修菩提心은 보리심菩提心 그 자체이다. 자신의 마음이 청정광명인 것을 체득하기 위해서 '옴, 보디치타무, 우드파다야미(옴, 나는 보리심을 발산한다.)'와 일체의 성취보살에 대해 진언을 하며, '월륜'을 관상하면서 보리심을 일으킨다.

③ 성금강심

성금강심은 월륜의 중앙에 일체여래의 핵심인 금강저를 관상하고 '옴, 테이슈다, 바쥬라(옴, 서서, 금강저)'라고 외우며 견고한 부동이 되었다고 스스로 확신한다.

④ 증금강신

증금강신은 '옴, 바쥬라아트마코, 아하무(옴, 우리는 본성에 있어서 이 금강저와 다르지 않다.)'라고 외우며 자신의 월륜 가운데 있는 금강저를 관상하고, 그들과 심신일체가 되는 것을 체득한다.

⑤ 불신원만

네 단계의 관상을 순차적으로 습득하여 최종 단계에 들어간다. 불신원만은 '옴, 야다, 사루바다다가다스, 타타, 아하무(옴, 일체 여래들이 있는 바와 같이 우리는 있다.)'라고 외우며 심신이 함께 붓다와 일체가 되고, 자신의 신체가 일체 가운데 가장 뛰어난 붓다의 신체라고 인식한다.

4. 티베트의 만다라

인도는 8세기 이후에 『금강정경』과 『이취경』 계통의 유가탄트라에서 후기밀교(무상유가탄트라)의 시대로 접어든다. '무상'이란 더 이상의 탄트라는 없다는 의미이다. 무상유가탄트라는 아버지탄트라, 어머니탄트라, 불이탄트라의 세 가지로 분류되고 있다. 이러한 아버지탄트라와 어머니탄트라는 서로 영향을 주고받으면서 다양하게 전개되고 있다. 『비밀집회탄트라』에서 발전한 아버지탄트라와 『헤바즈라』를 중심으로 하는 어머니탄트라는 구경차제의 실제 수행에 있어서 아버지탄트라계의 '공'은 불교의 죽음이론을 주제로 하고, 어머니탄트라계의 '락樂'은 불교의 성性이론을 주제로 하고 있는 것으로 알려져 있다. '공'과 '락'의 실천은 윤회전생 이론과 결합되어, 우리가 이번 생 동안 성불할 수 있는 비법이 되었다.[14] 인도에서 불교가 멸망하기 직전에 성립한 『칼라차크라(시륜時輪, 이하 '시륜'으로 표기)탄트라』는 아버지탄트라와 어머니탄트라를 통합하는 불이不二탄트라로서 나타난다. 이 시륜탄트라는 티베트를 중심으로 발전했지만 후기밀교 자체가 중국과 일본에 전승되지는 않았다.

1) 비밀집회만다라

『비밀집회탄트라』는 후기밀교를 대표하는 아버지탄트라계의 대표적인 경전 가운데 하나이다. 무상유가탄트라 가운데 가장 먼저 성립된 탄트라로 후기밀교를 대표하는 것으로 자리매김하고 있다. 『비밀집회탄트라』는 『금강정경』(『진실섭경』)을 이어받아 발전한 것이다. 『비밀집회탄트라』는 후기밀교 시대를 거치면서 널리 유포되었으며, 비밀집회탄트라계의 만다라에는 '성자류' '즈냐나빠다류' '인드라쁘티류' 등의 유파가 있다. [그림 1-8]은 성자류의 비밀집회탄트라의 만다라이다.

만다라의 중심이 되는 5불의 구성요소는 금강계만다라의 5불[비

[그림 1-8] 성자류의 비밀집회탄트라의 만다라

출처: 田中(1997).

로자나(대일)여래, 아촉여래, 보생여래, 무량수(아미타)여래, 불공성취여래]과 같다. 5불은 다섯 가지 지혜 또는 색, 수, 상, 행, 식의 오온을 상징하고 있다.

이 네 모퉁이에는 사불모四仏母가 그려져 있고 지, 수, 화, 풍의 4대大를 상징하고 있다. 오금강녀五金剛女는 우리의 오감의 대상을 상징하는 여신이고, 팔대보살은 팔식을 상징하며, 십대명왕은 분노존이라고 한다. 이들 삼십이존의 만다라를 이용하고 있다.

금강계만다라까지는 중심에 우주의 진리를 구현한 비로자나(대일)여래가 앉아 있지만, 비밀집회만다라에서는 동쪽에 배치되어 있던 아촉여래가 중심에 앉아 있고 비로자나(대일)여래가 동쪽으로 이동해 있는 것이 가장 큰 변화이다. 이것은 비로자나가 색온(물질을 상징)을 의미하고, 아촉여래가 식온(의식을 상징)이 되기 때

[그림 1-9] 비밀집회문수금강부모불

출처: 田中(1997).

문에 '비밀집회'는 물질보다 의식을 근원적인 존재로 인식하고 있는 것이다. 한편, 오불이 오온을 상징하는 것에 대해서는 네 모서리에 그려진 사불모가 지수화풍의 4대를 상징하고 있다.[15] [그림 1-9]는 '비밀집회문수금강부모불'이라고 불리며 커플인 남녀존이 합체해서 포옹하고 있는 그림이다.

불교의 근저에 흐르는 가르침은 석가모니의 깨달음에서 시작된다. 석가모니는 인간이 타고나면서부터 가지고 있는 욕망이 괴로움의 원인이 된다고 보고, 그 욕망을 멸해서 바른 수행을 하는 것으로 인해서 열반에 이른다고 가르쳤다. '탐(탐욕)' '진(분노)' '치(어리석음)'는 삼독의 번뇌라고 불리며, 열반에 이르는 마음의 움직임을 방해하는 부정적인 것으로 여겨져 왔다. 그런데 석가모니가 입멸하고 1,200년이 흐른 뒤 8세기에 들어서면서 석가모니의 가르침과 정반대의 사고방식, 즉 욕망의 충족이야말로 해탈에 이르는 길이라고 하는 후기밀교가 나타났다. 인간이 이 세상에서 살아가는(생존) 가운데 '~하고 싶다'는 '욕망'에서 벗어날 수 없다면 그 에너지를 이용해서 깨달음에 이르는 방법은 없을까 하고 생각한 것이다. 바로 발상의 전환이다. 교조주의적으로 욕망을 부정하는 출가수행자를 조롱하고, 욕망을 가진 채 열반을 구하고자 했다. 또 공사상을 설하는 『반야경』에서도 인간의 욕망을 적극적으로 긍정하는 사상이 서술되어 있다.[16]

그것은 욕망의 부정에서 모든 타고난 욕망은 물론 성욕을 포함한 욕구를 긍정하는 것으로, 해탈로 나아가는 전환이다. 성에 대한 이러한 사고방식에는 인도의 여신신앙, 남성 성기와 여성 성기를 묘사한 돌 등을 예배하는 민간토착의 종교적인 배경이 있다. 성이 가져오는 에너지와 성행위에 의한 상징적인 의미는 농작물의 풍작, 절대적인 존재의 합일 등을 의미하는 것과 커다란 관계가 있다.

『비밀집회탄트라』의 제1분 서두는 다음과 같이 시작된다.

> 이와 같이 나는 들었다. 한때 세존은 일체여래들의 몸, 말, 마음의 심장이 되는 제반 금강여음에 머물고 계셨다.[17]

'여음에 머물다'라는 것은 세존이 그 왕비와 성적결합의 상태로 있는 것을 의미하고, 이 '여음'은 복수형으로 되어 있다고 한다. 또 '이와 같이 나는 들었다. 한때 세존은……'이라는 문장은 '세존이신 석가모니여래가 이제 진리를 설할 때'를 나타내는 문장이다. 『비밀집회탄트라』에서 그때 세존은 복수의 여성과 동시적인 성적결합의 상태에 들어갔다. 츠다津田는 이것을 말대로 이해한다면 기괴한 표현이라고 말한다.[18] 이 탄트라는 틀림없이 처음부터 성적인 생성이론과 관계가 있다고 할 수 있다.

후기밀교에서는 대담한 성의 행법을 도입한 요가를 설하게 되었다. 당시 사람들에게는 남녀의 성관계부터 모태에 태아가 잉태되고, 출산하여 성장하고, 점점 사람이 되어 가는 것이 우주의 신비 그 자체였기 때문이다. 이와 같이 '성'에서 '생'이 생산되고, '성聖'이 되는 영역으로 이어지는 실제를 발전시켜 나간 것이다.

탄트리즘에서는 당시의 상식적인 윤리관에 반해서 반사회적으로 일상의 규범을 일탈하는 사상과 의례가 많이 존재하고 있었다. 이러한 것은 일반 사람들의 혐오감을 불러일으켜 빈축을 사는 원인이 되었다. 그러나 그 근저에 흐르는 사상은 '공'으로, 모든 실제를 뛰어 넘는 것이었다. 『비밀집회탄트라』를 일역한 마츠죠松長에 따르면 성에 얽힌 사건 이외에 다음과 같은 내용이 언급되어 있다고 한다.[19]

탄트라에 의한 성취에 가장 적합한 사람은 하찮은 직업에 종사하는 최하층의 사람들, 큰 죄를 저지른 자, 살인자, 사기꾼, 도둑, 애욕에 빠진 자, 분뇨를 먹는 사람들이라는 세존의 뜻밖의 말에 보살들은 기겁을 하지만, 그 깊은 의미를 이해하면서 자신의 의식에 각성을 일으키게 된다.

또 '윤리성이 결여된 음식의 섭취' '살인의 긍정' '흑마술' 등 극단적인 반사회성과 빈축을 사는 내용이 기재되어 있다. 집착의 대상으로 불교에서 기피하는 색, 성, 향, 미, 촉의 다섯 가지를 역으로 이용해 깨달음의 수단으로 하는 '오욕경五欲境', 오육의 대大(인육),

소, 개, 코끼리, 말을 먹으며, 오감로인 배설물, 소변, 정액, 경혈, 기름 등을 먹는 것이 성불의 길이라고 한다.

'살생'에 대한 용인의 문제에는 세 가지 경향이 있다고 말했다. 첫째는 살생의 의미에 대한 해석, 둘째는 살인행위들에 대한 불교적인 의미, 셋째는 살생에 사용되는 주법呪法이다. "비밀금강으로 일체 중생을 죽여야 한다. 살해당한 그 사람들은 아촉불국토에서 불자가 될 것이다." 이 과격한 말은 '주살'의 전거가 된다. 이 문맥은 사람을 죽이는 것이 증오에 의해서가 아니라는 의미이다. 상대방에 대한 자비의 마음이 그 근저에 있어야만 한다. 자신의 명예욕, 금전욕, 증오에 의한 살인은 명백하게 살인죄에 해당한다.

그리고 살인의 주법에는 주살법, 경직법, 공갈법, 분쇄법 등 무섭게 들리는 나쁜 주법이 있다. 그중에는 치병법, 해독법, 은신법 등의 가벼운 주법도 있다. 시림(묘지)의 재와 유골 등을 사용해서 적대시하는 상대의 '상'을 만들고 독초와 분뇨로 더럽혀진 옷을 입히고 분노를 드러낸 수법에 당하면 그 상대는 죽음에 이른다고 한다. 또한 적의 육체를 먹고 찢는 명상을 하는 것으로 상대에게 해를 끼쳐서 죽음에 이르게 하는 등의 주법이 기재되어 있다.

이처럼 본래의 불교에는 존재하지 않는 여러 주법은 재야의 수행자 집단의 주법을 불교 측에서 도입한 것으로 생각되고 있다.

중세 인도에서는 불교뿐만 아니라 힌두교, 자이나교 등 종교의 경계를 뛰어넘어 '성性'이 중요한 주제가 되고 있었다. 중세 인도는 힌두교 샥타파의 융성이 극에 달하게 되었고 인도 토착신앙에서 살아남은 피의 의례나 남녀의 성적 의례를 도입했다. 어머니탄트라에 자주 출현하는 불교답지 않은 추잡한 표현은 그 대항 수단으로서, 이러한 토착신앙의 요소를 불교적으로 해석함으로써 불교를 확대하고자 하는 의도가 있었다.[20] 이 무렵의 토착종교를 받아들인 것을 '시림종교'[21]라고 부른다. '시림'은 고대 인도의 화장터로, 죽은 자의 유해를 시림으로 옮겨 방치해 두고 새와 짐승의 먹이가 되도록 하는 것이다. 또한 시림은 형장을 겸하고 있으며, 죄인의 유해와 본보기를 보여 주기 위한 것도 있다. 시림은 도깨비의 세계였다. 불교의 승려들은 육체에 대한 집착을 버리기 위해 시림으로 가서 유해가 썩어 문드러지는 모습을 관찰했다고 전해지고 있다. 또 시림에서 무녀는 여신을 모셨으며, 그녀들은 성유가性瑜伽 기법을 가지고 있어서 요기니(유가녀)로 불렸고, 흑마술적인 비의에 관계하므로 다키니(나길비구니)로 불렸다. 『헤바즈라탄트라』에서도 『비밀집회탄트라』에 언급되어 있는 '윤리성이 결여된 음식의 섭취' '살인의 긍정' '살인의 주법' 등 극단적인 반사회적 · 반윤리적인 내용이 나온다. 오물과 인육을 먹는 것, 사람의 물건을 훔치는 것, 타인의 아내와 간음하는 것, 한밤중에(자정에) 공개적으로 성교하는 것, 사람을 죽이는 것 등의 반사회적이고 반윤리적인 악행을 행한다. 이와 같은 내용은 현대인인 우리의 혐오감을 불러일으키지만, 여기에서의 반사회적 · 반윤리적인 행동은 그 행위에 얽매이지 않고, 자비를 가지고 행하는 것이다. 속세의 현상으로서 일어나는 것은 선악 없이 모두 환영이라는 '공'의 실제를 체감하는 것으로, 거기에는 아무것도 존재하지 않는다고 하는 실재를 획득하는 방법이 있었다.

후기밀교의 명상법 가운데 첫 번째 단계는 경전에 쓰인 존격을 시각적으로 관상하는 '생기차제'이고, 두 번째 단계는 요가의 기법을 사용해서 생리학적인 변화와 함께 종교적인 체험을 얻는 '구경차제'가 기본적인 수행법이 된다. 무엇보다 중요한 점은 '공성관'을 획득하기 위한 것이다. 『비밀집회탄트라』의 관정과 그 구조에 관해서는 히라오카平岡의 체험적인 설명[22]을 참고해서 기술할 것이다.

밀교의 수행은 관정을 중심으로 모든 실지(비법을 수련해서 성취한 경지)로 나가는 것을 목적으로 하고 있다. 무상유가탄트라의 '생기차제' 과정은 다음과 같이 되어 있다.

첫 번째 단계는 생기차제의 '관상의 존신尊身'이다. 수행자 자신을 붓다라고 관상하는 명상이다. 스스로를 붓다라고 관상하는 방법으로서 자신을 붓다라고 믿는 것을 '만慢'이라고 한다. 이 확신(만)은 이미지를 사용한 자아 차원의 아집이 아니다. 마치 자신이 본존이 되는 것처럼 심신으로 이해하는 관상화의 경지를 의미한다. 동양의 신체론에서 말하면 자아 차원의 생각이라는 의식 상태의 신체는 거친 신체gross body의 상태이다. 그러나 생각이 심신으로 받아들여질 때의 의식 상태는 미세한 신체subtle body(미세신)에 보다 가까워진다. 이 단계에서는 '병甁의 관정' 자격을 얻는다. 이 자격을 얻는 것은 다음의 수행으로 들어가는 것이 가능한 입문(의식)이 된다.

두 번째 단계는 구경차제로서 '환신幻身'이다. 자아 차원의 관상은 거친 신체가 본존유가에서 관상한 것으로 사체의 상호(붓다의 신체에 갖추어진 특징-얼굴과 표정, '32종의 상과 80종의 호'의 총칭)가 변하지 않으므로 다음 단계에서는 특별한 본존유가가 필요하게 된다. 그것은 풍(동양의학에서는 '기'의 의미)에서 환신을 성취하는 방법이다. 히라오카는 총카파의 『오차제를 밝게 하는 등불』을 인용해서 '그때 광명을 현출하는 것은 죽을 때의 순서와 같다. (마음의 다양한 광경이 나타나) 마지막 오래되고 거친 온(원래의 육체)으로부터(몸 밖으로) 이탈한 풍과 의식에서만 중유中有를 성취하는 것처럼 광명의 최후에 풍과 의식만으로 환신을 성취하지 않으면 안 되는 것을 알 것이다.' 이 의식 상태는『티베트 사자의 서』에 나오는 죽음의 순간, 즉 '죽음의 광명'을 의미하고 있다. 이 두 번째 단계에서는 '비밀관정'의 자격을 얻게 된다. 그러나 히라오카는 이 두 단계의 의식 상태를 잡초에 비유하면서 눈에 보이는 잡초(오염된 것)를 제거했을 뿐이라고 한다.

세 번째 단계는 구경차제로서 '광명'이다. 승의勝義(가장 뛰어난 도리란 의미로, 열반, 진여, 법계, 실상 등과 동의어)의 광명을 얻으려면, 가장 미세한(번뇌, 소지) 장애障를 버릴 수 있는 승의의 광명을 실현해야 하기 때문에 그 훈련을 위해 '반야지관정'의 자격을 얻지 않으면 안 된다.

네 번째 단계는 깨달음과 가장 가까운 방법인 '쌍입双入'으로 '언어의 관정' 자격을 얻는다.

비밀집회탄트라는 독학으로 배울 수 없는 시스템으로 되어 있다. 근본 탄트라의 생기차제 대부분은 스승으로부터 배우기 때문에 문맥을 감추고 의도적으로 불명료하게 되어 있다. 탄트라의 동일한 부분에는 표시하지 않고, 전후를 일부러 산란시켜서 끼워 넣는 퍼즐 형식으로 되어 있으며, 퍼즐의 한 조각이 훌륭하게 들어맞는 것으로 모습이 드러나게 되어 있다. 그러므로 밀교의 정수는 스승에 의한 구전으로만 배울 수 있다고 한다.

2) 시륜만다라

10세기부터 11세기에 걸친 아버지탄트라와 어머니탄트라의 두 가지 조류가 『시륜탄트라』로 통합되었다. 『시륜탄트라』의 특징은 밀교 역사의 흐름을 모두 포함한 것으로, 인도불교의 역사 중 최후에 성립된 경전이다. 그중 어머니탄트라의 영향을 받은 '시륜대 샴발라만다라'와 부모양父母兩탄트라를 통합한 '신구의구족시륜身口意具足時輪만다라'가 있다.

일본에서 『시륜탄트라』 연구의 선구자인 하네다羽田가 있었지만 산스크리트어 원전조차도 입수가 곤란한 시대를 거쳐, 현재 시륜탄트라의 연구는 다나카의 연구에 의존하는 경우가 많다. 다나카는 시륜탄트라에 대해 다음과 같이 서술하고 있다.[23] 『시륜탄트라』의 존재는 이름만 알려져 있었으며, 그 내용도 비밀의 베일에 싸여 있다. 전체가 매우 난해하고 그 체계에 통달한 학자가 적었다. 1959년 티베트동란 이후 인도로 망명한 달라이 라마 14세 텐진가쵸가 세계 각지에 분산된 망명 티베트인을 위한 '시륜대관정'을 행함으로써 이 미지의 밀교체계가 서양인의 주목을 받게 되었다. 현재는 티베트불교에 새로 입문한 서구인들과 동양인을 위해서도 행해지고 있으며, 서구의 학계에서는 『시륜탄트라』에 대한 관심이 점점 높아지고 있다. 다나카가 1994년에 『초밀교시륜탄트라』(동방출판)을 간행한 시점에는 매뉴얼을 제외하고는 종합적인 개설서가 서구에서도 한 권도 없었다고 한다.

『시륜탄트라』의 교리 가운데 하나로서 샴발라 전설이 있다. 샴발라는 중앙아시아의 모처에 있다고 여겨지는 이상향에 관한 이야기이다. 샴발라의 왕 스챤드라는 세존이 남인도의 다냐카타카에서 '시륜'의 근본 탄트라로 여기는 『길상최승본초불탄트라』를 설하고 있을 때 이것을 듣고 본국으로 돌아가 그 내용을 백성들에게 전했다고 알려져 있으며, 부톤 등에 의한 연구가 『티베트대장경』에 수록되어 있다.

주석서인 『위말라쁘라빠』에서는 5장으로 구성된 『시륜탄트라』를 수행의 차제에 준해 다음과 같이 설명하고 있다.

> 미진이 결합하는 것으로 세간이 되고, 세간이 있으므로 중생이 있다. 중생이 있으므로 세간, 출세간의 관정이 있다. 관정이 있기 때문에 복덕의 자량資糧이 있고, 만다라론의 관상을 성취하는 것으로부터 최고천(색구경천)에 다다르기까지의 세간 실지悉地의 성취법이 있다. 세간 실지가 있으므로 복덕과 지혜의 자량에 의해서 전생의 공성과 자비에 의해서, 생긴 세속과 습기習氣를 떨쳐내는 힘으로 미진의 집적을 벗어나고, 만다라 등의 분별을 떠난 대인大印의 지혜를 성취하는 성취법이 있다.[24]

이와 같은 교리의 체계에 대하여 요약을 하면 〈표 1-2〉에서 볼 수 있는 것처럼[25] 『시륜탄트라』는 '외外, 내內, 별別'의 세 가지 시륜으로 구성된다. '외'라는 것은 제1장의 「세간품」에서 설하고 있는 불교의 전통적인 우주관이다. '내'라 함은 제2장의 「내품」에서 금강체를 얻기 위해서 요가에서 말하는 차크라, 풍(기気), 적, 맥관 등의 신체생리학으로 내면의 신체우주를 파악하는 것이다.

〈표 1-2〉『시륜탄트라』의 구성

장제章題	산스크리트명	주요한 내용	세 가지의 시륜
① 세간품世間品	lokadhātupaṭala	우주론, 천문역학	외시륜
② 내품內品	adhyātmapaṭala	중생의 신체구조와 생리학	내시륜
③ 관정품灌頂品	adhiṣekapaṭala	관정과 신구의구족만다라	별시륜
④ 성취품成就品	sādhanapaṭala	생기차제와 구경차제	
⑤ 지혜품知慧品	pañcamapaṭala		

출처: 田中(1994).

'외시륜'은 거시우주를 나타내며, '내시륜'은 인체의 미시우주를 나타내고 있다. 불교가 탄생하기 전의 인도에서는 우주(대우주)와 자기(소우주)가 동일하다고 생각했다. 초기 우파니샤드들은 우주의 근본원리인 브라만(범梵)과 우리 개개인에게 내재하는 아트만個我은 본래 동일하고, 그것을 '범아일여'로 파악하였다. 이 대우주의 거시우주와 미세한 신체의 미시우주가 대응하고, 중생이기 때문에 '관정'이 필요하다고 제3장 이하에서 설명하고 있다.

'별別시륜'은 제3장 이하에서 서술하고 있는 '신구의구족시륜만다라'의 내용과『시륜탄트라』의 독특한 생기, 구경의 두 가지의 체계를 나타내고 있다. 제3장「관정품」에서는 어린이의 발달단계를 다시 체험하는 일곱 관정을 추적하는 의궤 등이 설명되어 있다. 제4장의「성취품」에는 제3장에서 수행을 통해 얻은 것을 행하는 수행법이 구체적으로 적혀 있으며, '생기차제'와 '구경차제'가 있다. 생기차제는 밀교경전에 설명되어 있는 존격을 관상해 일체화하는 것으로, 그 연장선상에서 구경차제가 연결되고 요가를 사용해서 생리적으로 붓다가 체험한 의식의 상태를 만들어 내는, 즉 신체변화를 촉구하는 수행이다. 제5장의 「지혜품」은 대락大樂과 공空이 불이의 경지에 다다르는 시륜의 깨달음의 세계를 설명하고 있다. 구경차제는 속세와 자신의 행동과 사고를 분쇄하고, 심신의 차원을 넘어서 미세하게 되는 것에서 해탈하며, 대인大印의 지혜를 얻는 것이다. 하지만 그 내용은 '다양한 암호와 은어적 표현이 산재해 있어서 탄트라 본문뿐만 아니라 내용을 파악하는 것은 어렵다.'[26]고 알려져 있다.

[그림 1-10]은 '시륜만다라'이며, 그 구조를 나타낸 것이 [그림 1-11]이다. [그림 1-11]에서 외시륜은 우주를 나타내고 있고, '화염륜' '공륜' '풍륜' '화륜' '수륜' '지륜'으로 나타나고 있다. 우주는 허공에 생긴다. 이 허공의 균열에서 물질의 구성요소인 '땅地' '물水'

[그림 1-10] 시륜만다라

출처: 田中(1994).

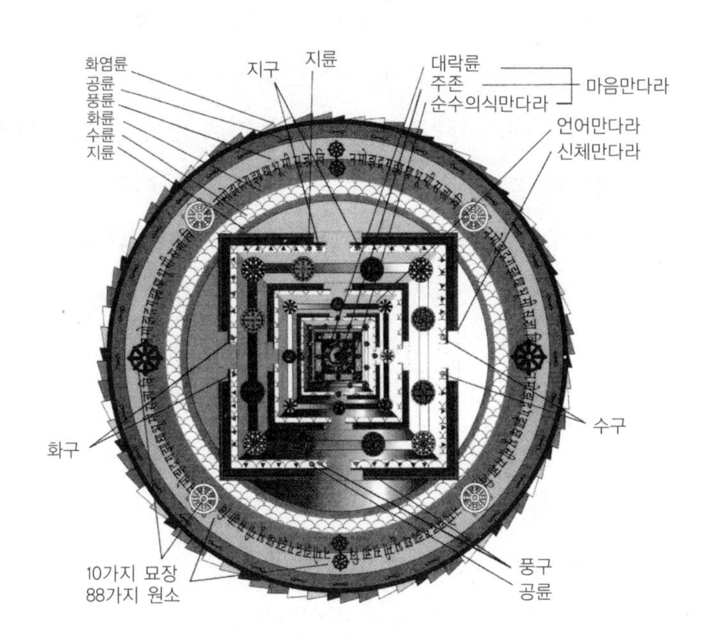

[그림 1-11] 시륜만다라의 구조

출처: Dalai-Lama XIV, 石浜訳(1995).

'불火' '바람風' '공간空'의 미세한 다섯 원소가 에너지화하여 시간이 지나면서 집적됨으로써 수미산과 그곳을 회전하는 천제의 움직임이 형성된 것이다. 아비다르마 불교의 전통을 계승한 세친의 『구사론』에서는 이러한 우주론을 기세간과 유정세간으로 나누어 설명하고 있다. 기세간에서는 세계의 중앙에 수미산이 솟아 있고 그 사방에 사대륙(사대주)이 있으며, 우리가 사는 지역은 수미산의 남쪽 지방에 있고, 달과 태양이 수미산의 중턱을 돌고 있다고 한다. 유정세간은 우리 인간을 포함한 살아 있는 것들의 발달과정에 대해서도 언급하고 있다. 이것은 우주관을 표현한 것이다. 또한 『금강정경』 초회에서는 세존이 부다가야에서 깨달음을 연 후에 색구경천에 올라가 성불하고, 수미산의 정상으로 올라가 금강계만다라를 화현했다. 대일여래의 자리는 수미산의 누각에 놓여 있고, 사불의 자리는 사대륙에 놓여 있는 것으로 설명되고 있다. 이와 같이 세상이 형성된 뒤 '중생'인 인간도 에너지체뿐인 '미세한 신체'에서 물질로 된 '조대한 신체'로 생성되었다. 그 생리학적인 내용이 제2장의 「내품」에 서술되어 있다. 시륜탄트라에서는 『구사론』의 '기세계'와 '유정세계'가 외측의 원환인 '외시륜'과 내측의 사각형인 '내시륜'에 대응한다. 현재의 시륜탄트라는 722존으로 된 신구의만다라를 설하고 있다.[27]

'신구의구족시륜만다라'라고 불리는 만다라는 바깥에서부터 신밀만다라, 구밀만다라, 의밀만다라, 대락륜으로 나누어져 있다([그림 1-12] 참조). 이 구조는 가운데 대각선이 그려져 있는 네 영역과 중심에 해당되는 원을 포함하면 다섯 영역이 된다. 〈표 1-3〉에 표시되어 있는 다섯 영역은 방위, 색, 오대, 오불이 배치되어 있다. [그림 1-12]의 방위는 아래가 동, 위가 서, 왼쪽이 북, 오른쪽이 남으로 표시되어 있다. 이러한 배치는 시륜만다라의 우주론적 세계

〈표 1-3〉 다섯 영역의 배치

방위	색	오대	오불
중앙	청	공	아촉阿閦
동	흑	풍	불공성취
남	적	화	보생宝生
북	백	수	아미타阿弥陀
서	황	지	비로자나

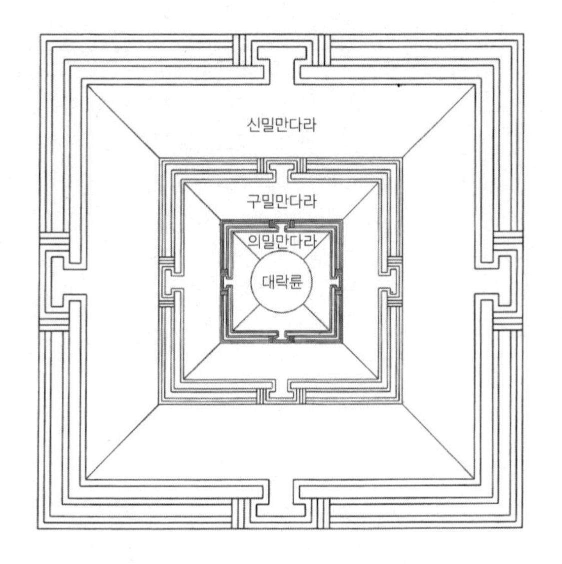

[그림 1-12] 신구의구족시륜만다라

출처: 田中(1994).

를 나타내고 있다.

[그림 1-13]에서는 신구의구족만다라의 각 존격이 배치되어 있다.[28] 외측의 '신밀만다라' 부분에는 육대보살(허공장, 보현, 지장, 금강수, 제개장, 세자재), 육금강녀(촉, 미, 법계, 향, 성, 색), 사분노(아티바라, 쟌바가, 스탄바가, 마나카)가 그려져 있다.

'구밀만다라' 부분에는 동쪽에 불공성취보살, 남쪽에 보생보살, 북쪽에 아미타불보살, 서쪽에 비로자나보살의 사불四仏이 그려져 있다. 이 사불의 방위에 따라서 서쪽이 황, 북쪽이 백, 남쪽이 적, 동쪽이 흑으로 채색되어 나누어져 있다. 동남의 타라, 서남의 백의, 동북의 마마키, 서북에 불안仏眼의 사불모가 그려져 있다.

[그림 1-13]의 가장 안쪽에 있는 것이 '의밀만다라'이다. 그 중심

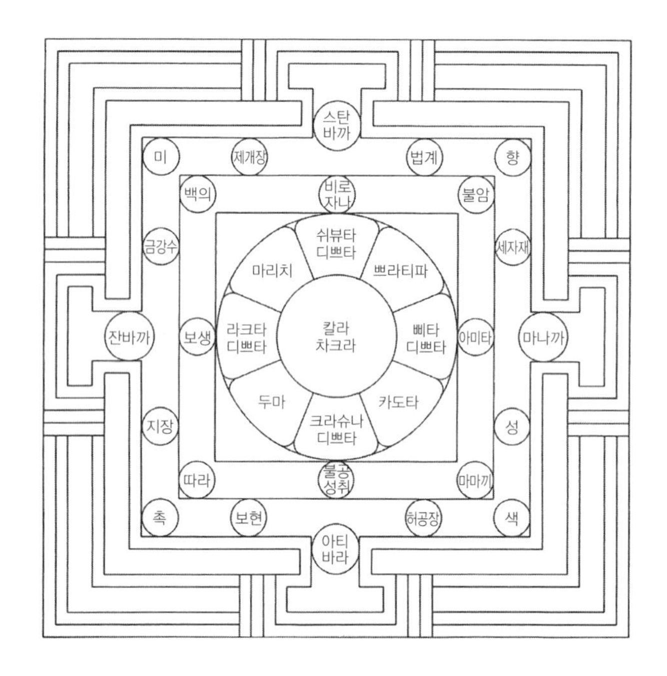

[그림 1-13] 신구의구족시륜만다라의 각 존격

출처: 田中(1994).

에 원형의 대락륜이 그려져 있다. 대락륜에는 팔엽연화가 있고, 그 중심에 주존인 칼라차크라(아촉여래)와 신의 왕비인 비슈바마타(금강살타의 화신)가 남녀합체존으로 앉아 있다. 팔엽연화의 가장자리에는 동쪽(그림에서는 아래)에 크라슈나 디쁘타, 남쪽(그림에서는 왼쪽)에 라크타 디쁘타, 북쪽(그림에서는 오른쪽)에 삐타 디쁘타, 서쪽(그림에서는 위)에 쉬뷰타 디쁘타, 동남에 두마, 서남에 마리치, 동북에 카도타, 서북에 쁘라티파와 팔존의 여신들이 그려져 있다.

3) 시륜탄트라에서 '7종의 관정' 과정

밀교의 가르침을 받기 전에 반드시 그 가르침의 관정(입문, 통과의례)을 받아야 한다. 시륜탄트라는 다른 탄트라에 비해서 관정을 받을 때 규제가 적은 것으로 알려져 있다. 때문에 달라이 라마 14세는 세계를 돌며 많은 사람에게 시륜탄트라의 관정을 주고 있다. 시륜탄트라의 본질은 '다른 존재들의 행복을 위해 깨달음을 목표로 하는 마음(보살심)과 공을 인식하는 의식(지혜)'[29]인 것으로 알려져 있다. 시륜탄트라에는 세 종류의 관정이 있다. '어린 시절을 모방하는 일곱 가지 관정' 다음에 '높은 수준의 관정'이 수여되며, 마지막으로 '매우 높은 수준의 관정'의 단계가 있다.

최초의 관정인 '어린 시절을 모방하는 일곱 가지 관정'은 〈표 1-4〉에 제시하였다. 관정에는 단계적인 과정이 있다. ① 물의 관정, ② 보관의 관정, ③ 포백의 관정, ④ 금강저와 금강령의 관정, ⑤ 행위의 관정, ⑥ 이름의 관정, ⑦ 허가의 관정 일곱 가지로 나누어져 있다. 이 일곱 가지의 관정은 영유아기를 다시 체험하는 것으로 비유되고 있다.[30]

이 관정은 스승인 아사리가 제자(수행자)를 보살의 경지로 인도하기 위해 행한다. 스승이 관정에서 도구를 사용하여 제자의 심신을 다양한 붓다로 바꾸어 정화해 나간다. 스승과 제자는 기원문, 진언, 공양문을 외우고, 이미지를 이용해서 붓다와 일체가 되는 관상을 사용하며 수행한다.

〈표 1-4〉 어린 시절을 모방하는 일곱 가지 관정[31]

	관정	관정의 도구	정화로 모습을 바꾸는 것	어린 시절의 발달단계
1	물의 관정	물	오대五大-오불모五佛母	신생아의 목욕
2	보관의 관정	보석으로 꾸민 관	오온五蘊-오五	처음 산발散髮
3	포백의 관정	비단 리본	10의 풍(気, 息)	귀걸이를 하다
4	금강저와 금강령의 관정	금강저와 요령	맥관	웃는 것 말하는 것
5	행위의 관정	반지	여섯 가지의 감각 기관과 대상	감각을 느낌
6	이름의 관정	팔찌	여섯 가지 활동기관과 그 움직임	이름 붙이기
7	허가의 관정	오불五仏이 가진 물건		읽고 쓰기를 함

출처: Brauen (1992).

① 물의 관정과 ② 보관宝冠의 관정은 신체를 정화하기 위한 것이다. 물의 관정에서는 어머니가 욕조에서 갓 태어난 아기를 씻기는 것처럼 제자의 다섯 가지 구성요소(오온[32]=색온, 수온, 상온, 행온, 식온)의 더러움을 씻는 것이다. 보관의 관정은 아이의 머리카락을 묶어서 올려 주는 동작에 해당하는 것으로, 심신을 나타내는 다섯 가지 구성요소의 더러움을 정화한다. 이것은 오불을 통해서 실지를 얻는 힘을 부여한다.

③ 포백布帛의 관정과 ④ 금강저金剛杵와 금강령金剛鈴의 관정은 언어의 근본을 정화하기 위한 것으로 언어의 근본은 '바람(기 에너지)'

이며, 신체 내부를 정화한다. 포백의 관정은 아이의 귀에 구멍을 뚫어 귀걸이도 장식하는 것에 해당한다. 열 가지 바람의 오염을 제거하고 사용하기 쉽게 한다. ④ 칼라차크라존의 '금강의 언어불'과 아사리에게 '금강저와 금강령'을 드리기 위해서 만다라를 공양한다. 신체 내부의 척추선 좌우에 있는 두 개의 바람이 통하는 길을 정화한다. ⑤ 행위의 관정과 ⑥ 이름의 관정은 마음을 정화하는 것이다. 행위의 관정은 아이가 다섯 가지 욕망(오욕=색, 성, 향, 미, 촉)을 누리고 있는 상태에서 다섯 가지 감각기관을 정화한다. 이름의 관정은 행동기능의 움직임 그 자체를 정화한다. ⑦ 허가의 관정은 다양한 붓다의 일족에 속하는 사람들에게 각각에 맞는 가르침을 설한다.[33]

이와 같이 '어린 시절을 모방하는 일곱 가지 관정'은 '생기차제'를 향하고, 정신의 연속성을 성숙시키며, 보살의 첫 번째부터 일곱 번째까지의 경지를 얻을 수 있는 잠재력을 가져다준다. 그러나 본래 보살의 경지는 다음에 행해지는 '구경차제'의 수행에서 달성된다고 말하고 있다. 보살은 '공'을 직접 인식한 것을 보기 때문에 수행자가 일곱 번째의 허가관정까지를 끝냈다고 해도 보살이라고 불리지 않는다. 하지만 공덕을 쌓는다는 관점으로 받아들이면 일곱 번째 과정을 거친 수행자도 보살의 경지와 동일하다고 말할 수 있다.

달라이 라마 14세는 '당신의 의식을 공간의 성질에 일체화하는 것으로 현상의 최고의 성질이 모든 점에서 분명하게 된다.'[34]라고 하며, 다음의 시에서 하나의 현상에 관한 공성이 이해된다면 모든 현상의 공성이 이해될 것이라고 한다.

모든 것은 허공의 성질을 갖춘다.

허공 또한 고유한 실체가 존재하지 않는다.

허공과 같은 요가의 수행을 통해서

모든 것 가운데에서도 지고의 것이 똑같이 밝혀지게 된다.

가르침의 바퀴를 돌리려는 의지를 일으킨 오늘의 순간부터

완전히 모든 점에서 가득 차게 되고

탁월한 가르침의 나팔도

가르침의 바퀴를 돌린다.

모든 생명 있는 것을 구하기 위해서

모든 세계에서 모든 방법으로

가르침의 바퀴를 돌린다.

다양하게 존재하는 것에 적합한 다양한 방식으로

지금, 살아 있는 것에 행복을 가져다준다.

지혜와 수단의 본질을 가진 가르침을 통해서

'모든 소망을 이루어 주는 보석(여의보주)'처럼

게으르지 말고 방임하지 말고 두려움 없이.[35]

∈ 미주 ∋

1. 栂尾, 1927, p, 4.
2. 立川, 2015, pp. 63-64.
3. 田中, 2004, pp. 31-32.
4. 본존은 중심에 석가, 바라볼 때 오른쪽에 연화를 가진 관음, 왼쪽에 금강저를 가진 금강수의 삼종 형식의 조형이다.
5. 立川, 1996a, p. 25.

6. 田中, 2012, p. 178.
7. この表は、田中, 2012, p. 100에 게재된 표를 필자가 수정하여 사용한 것이다.
8. 宮坂, 1992, pp. 9-10.
9. 田中, 1997, p. 110.
10. 湯浅, 1980, p. 207.
11. 染川, 2013, pp. 247-248.
12. 田中, 1994, pp. 16-17.
13. 津田, 1995, pp. 38-39, 佐和, 1995, p. 216, 染川, 1995, p. 244.
14. 田中, 1997, p. ii.
15. 立川, 1996b, p. 185.
16. 松長, 2005, pp. 38-39.
17. 津田, 2008, p. 206.
18. 津田, 2008, pp. 206-207.
19. 松長, 2005, pp. 64-72.
20. 田中, 2012, p. 114.
21. 田中, 1997, p. 75, 津田, 2008, p. 281.
22. 2016년 6월 25일, 히라오카 코우이치平岡宏一의 「밀교집회탄트라-관정과 그 구조」의 강연회가 주지위원회의 주최로 오사카 대륭사에서 열렸다. 그때의 강연내용과 이력서에서 발췌하였다.
23. 田中, 1994, pp. 6-9.
24. 田中, 1994, pp. 4-5.
25. 田中, 1994, p. 6.
26. 田中, 1994, p. 4.
27. 田中, 1994, p. 151.
28. 田中, 1994, pp. 150-161.
29. ダライ・ラマ, 石浜訳, 1995, p. 4.
30. ブラウエン, 森訳, 2002, p. 200, ダライ・ラマ, 石浜訳, 1995, p. 162, p. 199.
31. ブラウエン, 森訳, 2002, p. 200.『일곱 관정과 성법과의 관계』의

표를 필자가 단순하게 정리하였다.

32. 오온五蘊은 현존세계, 즉 몸과 마음이 되는 현상세계를 다섯 가지로 분류한 것으로 그 내용은 다음과 같다. 색온은 형태와 성질을 가지고 변화하며 다른 사람을 지원하는 것, 수온은 쾌, 불쾌 등의 감정감각, 상온은 표상, 관념처럼 마음에 띄우는 감각, 행온은 의지와 같은 마음의 작용, 식온은 인식작용, 의식 그 자체이다(佐和, 1975, p. 201).

33. ダライ・ラマ, 石浜訳, 1995, pp. 180-256.

34. ダライ・ラマ, 石浜訳, 1995, p. 256.

35. ダライ・ラマ, 石浜訳, 1995, p. 257.

제2장 융의 만다라

1. 융의 '무의식' 탐구

1) 융에게 있어서 '프로이트와 슈필라인'

1900년 융Jung은 바젤 대학교 의학부를 졸업하고 25세에 취리히의 부르크횔츨리병원에 부임했다. 그는 정신과의사가 되어 환자를 관찰하면서 그 마음의 과정에 매혹되어 갔다. 융은 스승인 블로일러Bleuler의 권유로 1900년에 출판된 프로이트Freud의 『꿈의 해석』을 읽었지만, 당시에는 잘 이해가 되지 않았기 때문에 중도에 포기했다고 한다.

그 후 융은 프로이트의 꿈분석과 꿈해석이라는 기법을 임상적으로 가치 있는 방법론으로 생각하게 되었고, 프로이트의 생각을 받아들여 학회에서 발표도 하게 되었다. 당시 프로이트의 입장은 학계에서 거부되어 화제가 되지 않았다. 그와 같은 프로이트를 옹호하는 것은 학계에서 융의 입장을 위태롭게 하는 것이었다. 융은 실제로 주위의 사람들로부터 프로이트와 접촉하는 위험성에 대해 몇 번이나 충고를 받게 되었다.

프로이트와 편지 왕래를 시작하고, 1907년 빈에 있는 프로이트의 자택을 방문했다. 융은 32세, 프로이트는 51세로 아버지와 아들 정도의 나이 차가 있었지만, 13시간에 걸쳐 이야기를 계속할 정도로 의기투합이 되었다. 프로이트는 융에게 중요한 인물이고 서로에게 호감을 가졌다. 그러나 융은 프로이트의 성이론에 깊은 감명을 받았음에도 불구하고 주저함과 의혹을 없애지 못했다. 그는 곧 프로이트에게 있어서 성욕은 일종의 누미노제라고 직관하게 되었다. 프로이트가 "친애하는 융, 결코 성이론을 버리지 않겠다고 나에게 약속해 주세요. 그것은 가장 본질적인 것입니다. 우리는 그것에 관한 교의를 흔들림 없는 요새로 만들지 않으면 안 됩니다."[1] 라고 말할 때 융은 잘 몰랐었다고 하지만 '나는 프로이트의 속에서 무의식적인 종교적 요인이 솟아오르는 것을 관찰했다. 분명히 그는 이러한 위협적인 무의식의 내용에 대해서 장벽을 쌓고 나의 도움을 구하고 있다.'라는 것을 느꼈다고 한다.[2] 스스로 비종교성을 주장하고 있던 프로이트가 리비도를 성욕으로 대체한 것은 심리적으로 보다 강한 힘이 '신적' 또는 '악마적'인 속성을 부여하는 것과 마찬가지로 '성적 리비도'가 비밀스러운 역할을 대신했다. 그리고 프로이트가 말하는 '성욕'은 누미노제였지만, 프로이트의 용법과 이론은 전적으로 생물학적인 것에 한정되어 있다고 융은 생각하고 있었다. 두 사람의 우정은 '성이론'에 관해서 근본적인 차이를 안으로 숨긴 채 계속되었다.

1908년 제1회 국제분석학회가 개최되었다. 1909년 프로이트와 융은 페렌치와 함께 초청받아 7주간 미국을 여행하였다. 미국으로 향하는 배 안에서 3명은 서로의 꿈을 분석하였다. 융은 '나는 프로이트를 연상의, 보다 성숙하고, 경험이 풍부한 인격으로 간주하며 그 점에서는 아들처럼 느끼고 있었다.'[3]라고 했다. 그러나 서로의 꿈분석을 통해서 입장의 차이가 명확해져 버렸다. 융의 꿈을 프로이트는 불완전하게 이해하거나 또는 전혀 이해하지 못했다. 그것은 집단적인 내용을 수반하는 꿈으로, 많은 상징적인 소재를 포함하고 있었지만 프로이트의 무의식에 대한 관점이 달랐기 때문이다. 이것을 통해서 융은 '집단적 무의식'의 개념을 명확히 하게 되었고, 그 결과는 저서 『리비도의 변환과 상징』으로 이어지게 되었다.

취리히로 돌아온 융은 서로의 꿈분석에서 신화에 대한 관심을 가지면서 프리드리히 크로이처Friedrich Creuzer의 『고대인의 상징과 신화』에 열중했다고 한다. 신화소를 소재로 하는 책 다음에는 그노시스gnosis파의 책을 계속해서 읽었다고 한다. '내가 마음의 정신병적 상태의 의미를 이해하고자 시도했을 때 이미 대학병원에서 경험한 것과 비슷한 혼란 상태에 자기 자신이 빠져 있는 것을 알아차렸다. 그것은 마치 내가 상상 속에서 정신병원에 있고, 내가 환자들을 대하는 것처럼 크로이처의 책에 나오는 모든 반인반마의 괴물과 요정, 신, 여신 등을 다루면서 분석하기 시작했다.'[4] 융은 자신의 환상을 통해 고대신화와 원시인의 심리학이 긴밀한 관계를 가지고 있는 것을 발견했다.

융이 집필하고 있던 『리비도의 변환과 상징』이 마지막에 가까워질 무렵, 그는 이 책의 내용 때문에 프로이트와의 우정을 희생해야 한다는 것을 느꼈다고 한다. 그것은 근친상간의 사고방식과 리비도의 개념을 파악하는 방법이 달랐기 때문이다. 근친상간에 관한 이 주제는 모든 우주진화론과 다수의 신화 속에서 역할을 하고 있지만, 융은 프로이트가 문자 그대로의 해석에 사로잡혀 있어서 근친상간의 영적인 의의를 파악하는 것이 불가능했다고 생각했다.

그해 뉴른베르그에서 제2회 국제분석학회가 개최되었고, 융이 초대회장이 되면서 취리히 대학교의 교수로서 장래를 약속받게 되었다. 이때 융과 프로이트의 결별이 명백해지면서 프로이트파의 사람들로부터 맹렬한 공격을 받게 되었다. 융은 지금까지 함께 연구한 친구들을 잃었고 학계로부터 물러나게 되었으며 이후로는 집에서 개인임상만 하게 되었다.

융이 방향 상실의 상태에 빠진 것은 37세 때였다. 그 직접적인 원인은 프로이트와의 결별이었지만, 또 하나의 원인으로서 융을 고민에 빠뜨린 것은 사비나 슈필라인Sabina Spielrein과의 남녀관계였다.

사비나 슈필라인은 1885년에 러시아 로스토프의 부유한 유대인 집안에서 태어났다. 아버지는 사업가이며, 어머니는 대학교육을 받은 주부였고, 조부와 증조부도 랍비로서 현지에서 존경받는 집안이었다. 사비나는 장녀로, 여동생은 죽고 3명의 남동생이 있었다. 사비나는 어려서부터 상상력이 풍부하였으며 자신만의 내면세계를 만들어 냈다. 자신을 여신이라고 생각하고 무엇이든 할 수 있다고 상상했다. 또 3~4세 때 배변을 참지 못할 때까지 쭈그리고 앉아 발꿈치로 항문을 눌러 2주간 배변을 참기도 했다. 7세가 되면서 이와 같은 행위는 없어졌지만 그 대신 자위에 심취하게 되었다. 그리고 누구를 보든지 배변을 하고 있는 모습을 상상했고, 또 특별하다고 생각하는 아버지의 손을 보는 것만으로도 성적으로 흥분했다. 그러던 어느 날 화장대 위에 고양이 두 마리가 있는 환상을 보았다. 그때부터 그녀는 불안해졌고, 야경증 발작을 일으키게 되었다. 이 발작이 일어날 때면 동물에 대한 공포와 난치병이 될 것 같은 질병 공포에 시달렸다. 사춘기 시절에 증상은 더욱 악화되어 18세가 될 무렵에는 사람의 얼굴을 바로 보는 것이 불가능한 대인공포증이 되었다. 좀처럼 감정이 안정되지 않았으며, 우울상태가 지속되었다.

1904년 8월 사비나는 부모에게 이끌려서 부르크횔츨리병원에

진찰을 받으러 왔다. 그때 융이 그녀를 진찰하고 치료를 담당했다. 그녀는 1905년 4월 취리히 대학교 의학부에 입학했다. 치료는 1906년 정도까지 이어졌고, 퇴원 후에는 융에게 개인분석을 받을 수 있을 정도로 회복되었다. 그리고 융의 도움을 받아 「분열병의 한 사례의 심리적 내용」을 써서 학위를 취득한다.

융과 사비나는 치료사와 환자, 스승과 제자관계를 넘어 연인관계로 발전해 갔다. 그것은 결혼한 융과 사비나의 인생에 엄청난 파문을 일으키게 되었다. 이것은 사비나의 일기, 융과 프로이트와의 편지를 모은 『비밀의 대칭』에 상세하게 설명되어 있다.

막 정신과의사가 된 융이 사비나와의 관계에서 전이상태에 휘말리면서 그것이 연애관계로 발전한 것이다. 자크 칼로Jacques Callot는 두 사람의 전이와 역전이 관계의 시작을 다음과 같이 설명하고 있다.[5] 신생 정신과의사의 눈앞에 있는 그녀는 정신적으로 파괴되어 있었고, 융은 그녀를 지옥과 같은 세계에서 구하고 싶어 했다. 그는 무의식에서 자신이 그녀에게 중요한 존재라고 느끼게 되었다. 사비나의 젊음, 지성, 감수성, 교양을 갖춘 여성적인 매력(게다가 자신 속에 데몬이 있다고 말하는 여성)이 모두 그 앞에 펼쳐지게 된다. 이와 같은 분석상황 속에서 사비나는 융에게 전형적인 아니마 이미지를 환기시킨 것이 틀림없다. 그것은 '끌어당겨짐과 동시에 거절당하는 것, 멋진 것과 동시에 악마적인 것, 사람을 고양함과 동시에 우울하게 만드는 것'이다. 그러나 당시의 융은 그것을 알 리가 없었고, 그가 자각할 수 있었던 것은 자신의 '최대 헌신'뿐이었다.

융은 프로이트에게 편지로 두 사람의 관계를 전하고, 프로이트는 융을 지원했다. 그리고 사비나는 융과의 관계가 견디기 어려워지자 프로이트에게 도움을 청하는 복잡한 관계가 일어났다. 1911년 후반 그녀는 융의 허락을 받아 비엔나로 가서 정신분석가협회에 가입하고, 프로이트파의 분석가가 되었다. 그러나 융의 영향하에서 그녀가 쓴 논문은「분열병과 죽음 본능에 관해서」였다.

2) 무의식과의 대결

프로이트와 결별한 1921년 이후 융은 내적인 불확실성 상태에 빠져 '방향 상실의 상태'에 이르렀고, 자신의 입장을 찾지 못한 채 '내적'인 문제와 '외적'인 문제가 발생하게 되었다. 외적인 문제는 사회적으로 블로일러 박사의 제자라는 미래가 약속되어 있는 취리히 대학교 의학부의 교수를 사직하고 개인 개업의 분석가로서 전념하게 된 것과 국제정신분석협회를 그만두고 학술적인 분야에서의 경력을 포기한 것이다. 개인적으로는 사비나와 헤어진 뒤, 토니 볼프Toni Wolff와 연인관계를 가지게 되었다.

융은 집단적 무의식이라는 아무도 탐색한 적이 없는 영역으로 들어가는 것을 스스로 선택했다. 융은 '너는 이제 신화의 문을 여는 열쇠를 손에 쥐었고, 무의식으로의 모든 입구를 여는 것이 가능하다.' '왜 모든 문을 여는 걸까?'라고 물었다. 또 '오늘날 사람들은 어떠한 신화를 살아가고 있는 것인가?' '너 자신은 그 속에서 살아가고 있는가?'라고 물었다. 그리고 자신이 할 수 있는 것은 단지 기다리는 것으로, 자신의 인생을 걸어가면서 자신의 공상에 단단히 주의를 기울이면서 가는 것이었다고 말한다. 1913년 10월 융은 혼자 여행을 할 때 다음과 같은 압도적인 환각에 사로잡히게 되었다고 한다.

'나는 무서운 홍수가 북해와 알프스 사이의 북쪽 저지대 지방을 모두 덮어 버리는 것을 보았다. 그 홍수가 스위스 쪽으로 진행되어 오자, 우리나라를 지키기 위해 산은 점점 더 높아져 갔다.' 융은 이 환각이 전쟁이라고는 전혀 생각하지 못한 채 자신의 개인적인 일에 관계되는 것이라고 생각하며 정신병에 위협을 받고 있다는 결론을 내렸다.[6]

이처럼 융의 무의식은 굉장한 기세로 움직이기 시작했고 융은 기괴한 비전(환상)과 꿈에 습격을 당해 스스로 정신병이 되는 것은 아닐까 하는 의심을 하게 되었다. 얼마 지나지 않아서는 한여름에 북구의 한파가 내려와 땅을 얼려 버리는 꿈을, 다음 해의 봄과 초여름경에도 반복하여 꾸었다.

1913년 12월 강림절 무렵에 '나는 결정적인 한 걸음을 내디뎠다. 나는 책상에 앉아 다시 나의 공포에 관해서 생각해 보았다. 그리고 꾸벅꾸벅 졸았다. 갑자기 내 발 주변의 바닥이 문자 그대로 길을 연 것 같았다. 나는 어둡고 깊은 안쪽으로 뛰어 내려갔다. 나는 공포감을 줄이는 것이 불가능했다.'[7]라고 말하고 있다. 공포를 무릅쓴 무의식의 탐구가 시작된 것이다.

융은 영국 의학협회의 초청으로 1914년 7월 말부터 에버딘에서 강연을 시작했고, 8월 들어 제1차 세계대전이 발발했다. 그리고 자신에게 일어난 경험이 얼마나 인류 일반에게 일치하고 있는지를 자신의 공상을 가능한 한 정리해서 거기서부터 생겨난 비전으로 자기분석을 했다고 한다.

'나는 도대체 무슨 일이 일어나고 있는지 알 수 없었으므로, 무의식 자신이 선택한 방법에 따라서 모든 것을 기록해 두는 것 이외에는 다른 방법이 없었다. 때로는 나는 그것이 자신의 귀로 듣는 것과 같았고, 자신의 혀가 단어를 표출하고 있는 것 같은 느낌을 입으로 느끼는 것이었다. 때때로 나는 자신이 소리 내어 중얼거리고 있는 것을 들었다. 의식의 영역 아래에서 모든 것이 들끓었다.'[8] 라고 고백한다.

샤머니즘적 측면에서 말하자면 이와 같은 융의 상태는 '미디엄(영매형)'의 영역에 가깝다고 생각된다. 미디엄은 변성의식 상태에서 영靈, 정신 등을 자신의 신체로 들어오게 해서 사자死者의 이야기를 전하는 샤먼으로 일본 동북지역에서는 '이타코(무녀)', 오키나와 지역에서는 '유타'로 불리고 있다. 융은 어린 시절에 이상한 경험을 많이 했다. 예를 들면, 2~3세 때의 기억을 선명하게 기억하고, 3~4세에는 '식인'의 꿈과 '지하의 거대한 파로스Paros'의 꿈, 7세 때에는 돌과의 대화, 11세에는 자신 안에 또 하나의 권위자가 있다고 체험하는 등 특이한 성질과 능력이 있었다. 이와 같은 능력은 정신적인 위기에서 부활된 것이었다. 또한 1902년 융이 27세 때 「심령현상의 심리와 병리」라는 주제로 학위논문을 작성했다. 그 내용은 사례를 중심으로 한 '유전적으로 부정적인 요인이 있는 여성 몽유병 환자의 예-심령현상의 영매'를 다루고 있다. 이 사례의 환자(S.W.)는 융의 어머니 쪽 동생이었으므로 가계가 가진 무의식의 흐름이 면면히 흐르고 있지 않았을까 생각된다.

융은 무의미하다고 생각되는 공상을 작성할 때에는 강한 저항을 느낄 때가 있었다고 한다. 공상의 의미를 이해하지 않는 이상, 그와 같은 공상은 '탁월한 것'과 '바보 같은 악마적인 것'이 혼합되어 있다. 그와 관련된 것은 많은 희생을 요구했다. 그것은 운명의 도전이고, 최고의 노력에 의해서만 그 미궁에서 벗어날 수 있다고 생각했지만 마음속 깊숙한 '지하'에서 꿈틀거리는 공상을 파악하는 것은 그 안에 들어가지 않으면 안 되었고, 그것에 관해서 강한 저항감과 함께 공포를 느끼고 있었다.

> 나는 자기 자신에 대한 지배력을 잃고 공상의 희생물이 되는 것을 두려워했다. 왜냐하면 정신과의사로서 그것이 무엇을 의미하는지 너무나 잘 알고 있었기 때문이다. 하지만 오랫동안 주저한 후에 나는 다른 방법이 없다는 것을 알아차렸다. 나는 흥하든 망하든 모험을 하지 않으면 안 되었고, 그들보다 우세한 힘을 획득하기 위해 노력을 하지 않으면 안 되었다. 내가 그렇게 하지 않으면 무의식 속의 공상이 나보다 힘이 강해지는 위험을 무릅쓰게 될 것이라는 것을 알고 있었기 때문이다. 이러한 시도를 하려고 하는 나의 강한 동기는, 나 스스로 할 수 없는 것을 환자가 하도록 기대할 수 없다는 점이다. 환자 쪽에는 조력자가 있다는 변명은 성립되지 않는다.[9]

이렇게 생각한 융은 자신의 자아인 의식의 힘을 포기하고 무의식의 움직임에 맡기겠다고 결심했다. 그의 이미지와 꿈이 요동치는 힘으로 밀려왔다. 이런 정신상태 가운데서 그는 요가명상을 했다.

> 나는 종종 너무 흥분했으므로 나의 격정을 견제하기 위해서 얼마간 요가를 하지 않으면 안 되었다. 그러나 나의 목적은 자신 속에 어떤 일이 생기고 있는지를 아는 것이었기 때문에 요가수행은 내가 무의식에 관한 일을 다시 계속하기에 충분할 만큼 자신을 진정시키는 것이 가능할 정도에서 제동을 걸었다. 자신이 다시 원래로 돌아갔다고 느낄 때, 나는 자신의 정동에 대한 제어를 풀고 이미지와 내면의 목소리가 새로운 말을 거는 것을 허용했다.[10]

융은 공상 중 가파르게 하강하거나 텅 빈 공간 속을 이동했으며, 간혹은 예전 크레타의 이미지가 나타나 죽은 자의 나라에 있는 것은 아닌가 하고 느끼곤 했다. 깎아지른 바위절벽 근처에 두 사람의 그림자가 있어 가까이 가 보니, 흰 수염을 기른 노인과 아름다운 소녀가 있었다. 그가 용기를 내서 말을 걸자 노인은 엘리야라고 이름을 대고, 맹인인 소녀는 살로메라고 말했다. 융은 그들이 기묘한 커플이라 놀랐다. 또 검은 뱀 한 마리가 있어서 융은 그것을 흥미롭게 바라보았다. 그리고 융은 엘리야와 긴 대화를 나누었는데, 이해가 되지 않았다고 말했다. 그는 자신의 공상 속에 성서의 인물이 나타난 것이 가진 의미를 찾았다. 그노시스 신화에 의하면 그노시스의 아버지라 불리는 마술사 시몬에 관한 전승이 있고, 시몬은 항상 소녀 1명을 데리고 걸었다는 것이다.

시몬은 헬레네라 불리는 소녀가 페니키아의 마을에서 창녀로 있을 때 사 왔고, 그 이후 항상 함께 걸었다. 시몬의 말에 의하면 헬레네라는 여성은 그의 마음속 최초의 생각이며, 또 만물의 어머니라고 했다.[11] 엘리야는 현명하고 연로한 예언자이며, 살로메는 '아니마상'이다. 그녀가 맹인인 것은 눈으로 의미를 보지 않기 때문이다. 융은 이 두 가지 상을 자신의 '로고스'와 '에로스'가 인격화된 것으로 파악했다. 다카하시 유타카高橋豊는 살로메에 사비나 슈필라인의 이미지가 투영되어 있는 것은 아닐까 하고 해석하고 있다. 왜냐하면 살로메는 헤롯왕의 질녀이며 젊은 유대인 여성이고, 한편으로 사비나도 같은 유대인의 딸로 연령도 비슷하기 때문이다. 또 살로메는 의붓아버지인 헤롯왕과 (근친상간적) 불륜관계를 가지는데, 이는 처자가 있는 융과 불륜관계를 지속한 사비나와의 공통점이라고 할 수 있다.[12]

이 공상 바로 다음에 엘리야상으로부터 발전한 또 하나의 상이 나타났다. 그것은 다음의 꿈속에 나타났다고 한다.

> 푸른 하늘이었다. 그것은 바다와 같았고, 구름에 덮여 있는 것이 아니라 평평한 갈색의 흙덩이로 덮여 있었다. 그것은 마치 흙덩이가 갈라져서 바다의 푸른 물이 그 사이로 비치는 것처럼 보였다. 그러나 그 물은 푸른 하늘이었다. 돌연 오른쪽에서 날개를 가진 생물이 하늘을 가로질러 질주해 왔다. 그것은 황소의 뿔을 가진 한 사람의 노인인 것을 나는 보았다. 그는 네 개의 열쇠 한 다발을 가지고 있고, 그중 하나로 그가 지금 마치 자물쇠를 열려고 하는 것처럼 쥐고 있었다. 그는 물총새와 같은 특징적인 색깔을 한 날개를 가지고 있었다.[13]

이 꿈에 나타난 노인의 상을 이해하지 못한 융은 [그림 2-1]의 그림을 그린 후 자신의 기억력에 감명했다고 한다. 또 이 그림을

[그림 2-1] 노현자 필레몬

출처: Jung (2009).

그리는 데 열중하고 있을 때 호수 근처 융의 집 정원에서 죽은 물총새를 발견하는 일이 동시적으로 일어났다고 한다. 융은 꿈속의 노현자의 상을 '필레몬'이라고 부르고, 공상 속에서 이 상像과 대화를 했던 것이다. 필레몬은 이교도로, 그노시스적 경향을 포함한 이집트적 · 헬레니즘적인 분위기를 가지고 있었다. 그는 마음의 객관성, 즉 '혼의 현실성'을 가르쳐 주었다고 한다.

> 내 공상 속의 필레몬과 그 밖의 상은 내가 마음속에서 만들어 낸 것이 아니라 이들이 자기 자신을 만들어 내고, 그 자신의 생명을 가진 것이라는 결정적인 통찰을 나에게 뼈저리게 느끼도록 하였다. …… 나는 생각을 스스로 만들어 낸 것처럼 다루었지만, 그의 관점에 따르면 생각은 숲 속의 동물, 방 안에 있는 사람들, 공

중에 있는 새와 같은 것이라고 그는 말했다. 그리고 그는 '당신은 방 안에 있는 사람들을 볼 때 당신이 그 사람들을 만들었다든가, 당신이 그들에 대해서 책임이 있다든가 하는 생각은 하지 않는다.'라고 덧붙였다. 마음의 존재의 객관성, 마음의 현실성에 관해서 가르쳐 준 것은 그였다.[14]

융이 체험한 이와 같은 존재를 인도인은 '구루'라고 부르는 존재로 설명하고 있다. 간디Gandhi의 친구이자 학식 있는 연장자였던 인도사람과의 대화에서 융은 그 사람의 구루에 관해서 질문했다고 한다.

그러자 그는 당연하다는 듯이 '네, 나의 구루는 챤 카라차르입니다.'라고 답했다. '그 사람은 수 세기도 전에 죽은 베다 주석가가 아닙니까?'라고 내가 물었다. 그러자 놀랍게도 '네, 바로 그 사람입니다.'라고 답했다.

'그럼 당신은 영적인 것을 말하고 있군요.'라고 묻자 '물론 그의 영혼입니다.'라고 동의했다.[15]

그리고 그는 대부분의 사람은 실제의 구루를 가지고 있지만, 자신의 스승으로 영적인 구루를 가지고 있는 사람도 있다고 했다. 이 이야기를 듣고 융은 필레몬의 경우와 같다는 생각을 하고 안심했다고 한다.

융은 공상을 기록하면서 '나는 도대체 무엇을 하고 있는 걸까? 이 작업은 과학과는 관계가 없다.'라고 스스로에게 질문을 던졌다.

그러면 '그것은 예술이다.'라고 자기 안의 목소리가 대답했다. 그 목소리에 대해서 자신의 무의식이 하나의 인격을 형성하고 있다고 느낌과 동시에 한 여성(정신병 환자)으로부터 온 것이라고 융은 이해했다. 그것은 1912년부터 1918년까지 관계가 있던 네덜란드인 환자 프란츠 리클린Franz Riklin의 목소리로, 그는 '무의식은 예술이다.'라고 생각하고 있었고, 후에 초기추상화의 중요한 화가가 되었다.[16] 융은 자신 속의 그 여성상에게 '아니, 예술은 아니야. 반대로 자연 그 자체야.'라고 반론하고 논쟁을 피하면서 여성상을 소위 '혼의 이미지' 개념이라고 이해했다. 이와 같이 남성의 꿈과 공상에서 여성의 역할을 하는 여성상을 '아니마'라고 이름 붙였다. 그 반대로 여성에게 있어서 남성상을 '아니무스'라고 불렀다. 아니마는 자신의 의식적인 측면과는 다른 견해를 가지고 생각지도 못한 관점에서 응답하고, 융은 '나는 유령여성에게 분석을 받고 있는 환자와 같았다.'라고 했다. 이것을 통해서 자기 자신의 생각과 내면의 목소리의 내용을 구별하는 것을 배웠다. '중요한 것은 이들의 무의식적인 내용을 인격화함으로써 자기 자신과 구별하는 것이고, 동시에 그들의 의식과 관계 맺도록 하는 것이다. 이것이 무의식적인 내용의 힘을 없애는 방법이다. 그것들은 항상 어느 정도의 자율성을 가지고, 그들 자신의 구별된 동일성을 가지고 있으므로, 인격화하는 것은 그다지 곤란한 일은 아니다.'[17] 또 아니마는 부정적인 측면과 긍정적인 측면을 가지고 있어서 무의식 속의 이미지를 의식으로 전달하는 것이 아니마이다.

아니마에 관해서 현실생활에서 융에게 영향을 준 여성은 아내 이외에 2명이다. 사비나 슈필라인과 토니 볼프가 그녀들이다.

토니 볼프는 부친의 갑작스러운 죽음으로 우울상태가 되어, 어머니에 이끌려 융에게 치료를 받으러 왔다. 그녀는 취리히의 오래된 집안 출신으로 23세였다. 융은 그녀를 진찰했고, 그녀가 대상을 상실한 상태이므로 삶에 대한 관심을 불러일으키기 위해서 새로운 목표가 필요하다고 판단하여 자신의 조사활동을 돕도록 했다. 원래 총명했던 그녀는 새로운 일에 흥미를 가지고 우울상태와 목표상실로부터 회복하고 있었다. 융은 그녀의 창조적인 재능을 발견하고 아내와 가족만큼 그녀를 필요로 하게 되었다. 이 무렵 융은 무의식과의 대결을 하고 있었으므로 무의식으로 가는 여행의 동반자로 그녀가 필요했고, 아내 이외의 여성을 동시에 사랑하는 상황에 이르렀다. 융과 볼프와 가까이 지내던 바바라 한나Barbara Hannah는 '토니 볼프는 내가 아는 한, 놀랍도록 모든 "아니마형" 여성 가운데에서 이 여성상의 투사를 담당하기에 가장 잘 어울리는 여성이었다.'라고 한다.[18] 토니와의 친분을 생활 속에 유지하려는 노력은 힘들었다. 3명의 인간관계는 아이들까지 연계되어 모든 사람에게 관심받는 고뇌에 찬 것이었다. 질투는 당연히 인간적인 감정의 움직임이며 누구나 가지고 있다. 그것에 관해서 융은 바바라 한나에게 '모든 질투의 핵심은 사랑의 결여이다.'라고 말했다고 한다.

> 이 상황을 구제한 것은 세 사람 사이에 '사랑의 결여'가 존재하지 않았던 것이다. 융은 아내와 토니, 두 사람이 만족할 만큼 애정을 표현하는 것이 가능했고, 두 여성은 진실로 그를 사랑했던 것이다. 때문에 그녀들은 오랫동안 고통스러운 질투로 몇 번이나 타격을 받았지만, 마지막에는 항상 사랑이 승리를 거두고 둘

> 사이의 파멸적인 행동이 생기는 것을 막을 수 있었던 것이다. 엠마 융Emma Jung은 그 후 몇 년이 지나고 이렇게 말하기도 했다. '네, 그는 토니에게 주기 위해서 내게 아무것도 뺐지 않았어요. 게다가 그는 그녀에게 주면 줄수록 내게 더욱 많은 것을 주는 것처럼 보였어요.' …… 토니도 나에게 말했다. 그녀는 거의 보편적이라고 할 수 있는, 여성의 본성에 굴복해서는 안 된다는 것을 배웠다는 것이 그녀의 인생에 있어서 무엇보다도 귀중한 것이었다고 한다.[19]

그녀들의 인간관계는 사람으로서 질퍽질퍽한 것은 당연한 것이고 이러한 체험을 통해서 분석가로서 대성한 것이 틀림없다.

3)『죽은 자를 위한 일곱 가지 설법』

1916년 융은『죽은 자를 위한 일곱 가지 설법』이라는 한정판 소책자를 출판했다. 이 저서의 존재가 공개되는 것은 그의 사후 출판된『융 자서전』을 기다릴 수밖에 없었다. 이 소책자에 쓰인 내용은 융이 무의식과의 대결로 체험한 실제를 아는 데 가장 중요한 글이다. 이『죽은 자를 위한 일곱 가지 설법』은『Red Book』에도 게재되어 있고,『융 자서전』보다도 상세하게 하나의 설법과 다음 설법 사이에 융과 필레몬과의 대화가 들어 있다.

이『죽은 자를 위한 일곱 가지 설법』은 2세기의 동양과 서양이 접하는 도시 알렉산드리아의 그노시스파의 교부인 바실리데스의 이름을 빌려서 썼다. 이것은 예루살렘에서 허무하게 돌아온 죽은 사람들에게 교부 바실리데스가 7일간 가르침을 설하는 형태를 취해서 서술하고 있다. 융은 이 글을 친한 사람들에게만 배포하고 외부로는 공개하지 않았다. 그 내용은 필레몬이 언급했을지도 모르는 것을 명확하게 표현하도록 내면으로부터 강제된 것처럼 보인다고 한다.

융은 당시의 일을 불길한 분위기가 자신의 주위를 둘러싸고, 공간이 영적인 존재로 넘치고, 가족은 무언가에 붙들려 있는 것 같았다고 말하고 있다.

> 일요일 오후 5시경, 현관의 초인종이 난리가 난 것처럼 울리기 시작했다. 그것은 밝은 여름날이었다. 2명의 하녀가 부엌에 있었는데, 거기에서는 문 앞의 열린 장소를 내다보는 것이 가능했다. 둘 다 누가 거기에 있는지를 바로 살펴보았다. 그러나 아무도 보이지 않았다. 나는 초인종 가까이에 앉아 있었다. 그리고 초인종이 울리는 것을 들었을 뿐만 아니라 그것이 움직이고 있는 것을 보았다. 우리는 그저 서로 얼굴을 쳐다보고 있을 뿐이었다. 무언가 답답한 느낌이 들었다. 그래서 나는 무슨 일이 생기는 것이 틀림없다고 해석했다. 집 안이 많은 영으로 가득 채워진 것처럼 군중으로 가득 찬 것 같았다. 그들은 문 앞까지 빼곡히 가득 차서 너무 답답해서 호흡하기 어려울 정도였다. 나는 '도대체 이게 뭐지?'라는 의문으로 치를 떨고 있었다. 그러자 그들은 '우리는 예루살렘에서 돌아왔다. 거기에서 우리는 찾아 나선 것을 발견하지 못했다.'라고 합창으로 외치기 시작했다.[20]

융이 '죽은 자들이 찾아 나선 것을 찾지 못하고 예루살렘에서 돌아왔다.'라고 펜을 들고 쓰기 시작하자 모든 영의 집합체가 소멸되고, 빙의된 악마는 없어졌다고 한다. 그리고 3일 동안 융은 그노시스풍의 책을 다 읽었다.

필레몬은 목소리를 내어 첫 번째 이야기로 '죽은 자의 소생'에 관해 이야기하기 시작했다.

> 들어라. 나는 무無로부터 말하기 시작했다. 무는 충만과 대등하다. 무한 속에서 충만은 무와 같다. 무는 공으로 충만이다. 무에 관해서 너희는 아무것도 말할 수 없다. 예를 들면, 그것이 흰색인가 검은색인가, 그것은 존재하지 않는가 존재하는가. 무한하고 불멸한 것은 아무런 특성도 가지지 않는다. 즉, 그것은 모든 특성을 가지고 있기 때문이다.
>
> 이 무 또는 충만을 우리는 '플레로마Pleroma'라고 부른다. 이 속에서 사고와 존재는 정지한다. 불멸하고 무한한 것은 어떠한 특성을 가지지 않기 때문이다. …… 플레로마 중에는 아무것도 없고, 또 모든 것이 있다. …… 우리는 플레로마 그 자체이다. 이는 우리가 불멸하고 무한한 것의 일부이기 때문이다. 그러므로 우리는 플레로마를 나누지 않고, 거기에서 깨달음 없이 멀리, 공간적 · 시간적이 아닌 본질적으로 멀어져 있다. 그 '본질에 대해서' 우리는 시간적 · 공간적으로 한정된 크레아투르Kreatur로서 플레로마로부터 구별되고 있다.[21]

> 변화할 수 있는 것은 크레아투르이다. …… 크레아투르는 어떻

게 해서 생기는가? 생물은 생겨난다. 그러나 크레아투르는 생겨나는 것이 아니다. 왜냐하면 크레아투르는 플레로마 그 자신의 특성이며, 영원의 죽음인 비창조가 플레로마의 특성과 같은 모양이다. 크레아투르는 모든 때와 장소에 존재하고, 죽음도 모든 때와 장소에 존재한다. 플레로마는 구별하는 것도, 구별하지 않는 것도 모두 소유하고 있다. 구별하는 것은 크레아투르이다. 그것은 구별되고 있다.[22]

죽은 자인 너희는 '자기 자신을 구별하지 않고, 어디로 가는가?'라고 물었다. 그 답은 '만약 우리가 구별하지 않으면 우리의 본질을 넘어서고, 크레아투르를 넘어서는 것이 되고, 플레로마의 다른 성질인 비구별성 속으로 떨어지고 마는 것이 된다. 우리는 플레로마 그 자신 속으로 떨어져 크레아투르로 있는 것을 그만둔다. …… 이리하여 우리는 구별하지 않을 정도에 따라 죽어 있다. 따라서 크레아투르의 자연의 지향은 구별하는 것, 원초적이고 위험한 일방성과의 싸움으로 향하게 된다. 이것은 '개성화의 원리 principium individuationis'라고 불린다.'[23]

플레로마의 '대립' 특성에 관해서 다음과 같이 구별할 수 있다.

- 활동과 정지
- 충만과 비어 있음
- 삶과 죽음
- 다름과 같음

- 밝음과 어두움
- 뜨거움과 차가움
- 에너지와 물질
- 시간과 공간
- 선과 악
- 아름다움과 추함
- 하나와 다수 등[24]

우리는 플레로마 그 자체이므로 그 특성을 자신 속에 가지고 있다. 이들 이항대립의 특성에 관해서 첫 번째는 우리 속에는 각각이 구별되어서 분리되어 활동하고 있고, 대립하는 짝의 특성이 된다. 우리 속에서 플레로마는 분열하고 있다.

두 번째로 이들 특성은 플레로마에 속해 있고, 우리는 그것을 구별하는 이름과 표시로만 소유하고 있고, 살아가는 것이 가능하다. 또 우리는 이들의 특성으로부터 구별되어야 하고, 플레로마 속에서는 그들의 특성이 상쇄되어서 평형을 이루고 있지만 우리의 속에서는 그렇지 않다고 한다. 그리고 '너희가 생각하는 것과 같이, 다름을 추구하는 것이 아닌 "너희 자신의 본질"을 구해야 하는 것이다. 더불어 근저에 존재하는 것은 유일한 지향으로, 즉 자기 자신의 본질로 지향하는 것이다.'[25]라고 한다.

인류가 잃어버린 신 위의 신을 아프락사스라 하고, 이 아프락사스는 태양 위에도 악마 위에도 존재하고, 진실과 허위의 양면성을 가지고 있다고 한다.

죽은 자들은 지고의 신에 대한 가르침을 원하며, 그에 관한 세 번째의 설교는 다음과 같이 기록되어 있다.

그것은 원초의 양성구유이다.

……

그것은 텅 비어 있음과 결합하는 충만함이다.

그것은 성스러운 교접이다.

그것은 사랑이고, 그 살인자이다.

그것은 성자이고, 그 배신자이다.

그것은 낮의 가장 빛나는 빛이고, 광기의 가장 깊은 밤이다.

그것을 보는 것은 장님을

그것을 아는 것은 병病을

그것을 예경하는 것은 죽음을

그것을 두려워하는 것은 지혜를

그것에 저항하지 않는 것은 구원을 의미한다.

신은 태양의 뒤에 머물고, 악마는 밤의 배후에 머문다. 신이 빛으로부터 가져온 것을 악마는 밤으로 끌어들인다. 그러나 아프락사스는 세계이다. 그 오고 감 그 자체이다. 태양의 신의 모든 혜택에 악마는 그 주문을 던진다.[26]

7일째 밤에 죽은 자들이 와서 '인간에 관해서' 말해 달라고 한다. 인간에 관한 일곱 번째 설교는 다음과 같다.

인간은 문이다. 그것을 통해서 너희는 신들, 데몬, 혼이 존재하는 외계에서 내부로, 보다 커다란 세계에서 보다 작은 세계로 다

> 다른다. 인간은 작고 텅 비어 있는 것이다. 너희는 그것을 이미 뒤로하고 있다. 그리고 다시 나누어지지 않은 공간, 보다 작은 또는 보다 안쪽 깊은 무한의 가운데 있다.
>
> 측정하기 어려운 먼 저편, 천정에 단 하나의 별이 있다.
>
> 이것이 한 사람 한 사람마다의 하나의 신이다. 이것은 그 사람의 세계, 그 플레로마, 그 신성이다.
>
> 이 세계에서는 사람이 아프락사스이고, 그 세계를 낳고 삼킨다.[27]

이 무의식과의 대결은 1912년 이후 융 자신이 체험한 것이다. 무의식이라는 영역을 여행한 까닭에 융은 자신의 심리학 틀을 만들 수 있었다. 또 이 경험은 자신에게만 해당되는 것이 아니라 무의식의 있는 그대로의 모습을 치료적으로 나타낸 것이라고 할 수 있다.

4) 융의 만다라

융은 1916년에 최초의 만다라 그림을 완성시키기 위해서 '세계의 체계'라 이름 붙인 [그림 2-2]의 스케치에 대한 내용을『검은 책 5』[28]에 기술했다. 이 '세계의 체계' 만다라는『죽은 자를 위한 일곱 가지 설법』우주론의 예비 단계적인 개략을 보여 준다고 말하고 있다. 이날의 기술은 '무서운 것은 신의 폭력이다. 그것을 너는 조금 더 많이 경험할 것이다.'로 시작하고 있다. '세계의 체계'를 스케치한 그림의 해설에서 '그 중심점도 또 플레로마이다. 그 가운데 신은 아프락사스이고, 데몬들의 세계가 그것을 둘러싸고 있다. 그리고 또 하나의 중심점에는 인간이 있고, 그것은 끝이면서 시작이기도 하다.'[29]라고 서술하고 있다.

융은 영지주의적인 세계상으로서 만다라('세계의 체계')에 관한 주석을 다음과 같이 기술하고 있다.

이것은 거시우주적 세계와 그 대극에 있는 미시우주의 대립을 묘사하고 있다.

이 그림의 위쪽에는 깃털에 쌓인 알의 중심에 소년의 상이 있고, 이는 오르페우스교의 신들의 영적인 상으로서 표시되어 있다. 깊은 곳에 있는 그의 어두움에 대립하는 것이 여기에서는 아프락사스로 묘사되고 있다. 아프락사스는 세계의 신으로, 물질세계의 주인이며 양가적인 본질을 가진 세계의 창조주이다. ([그림 2-2] '세계

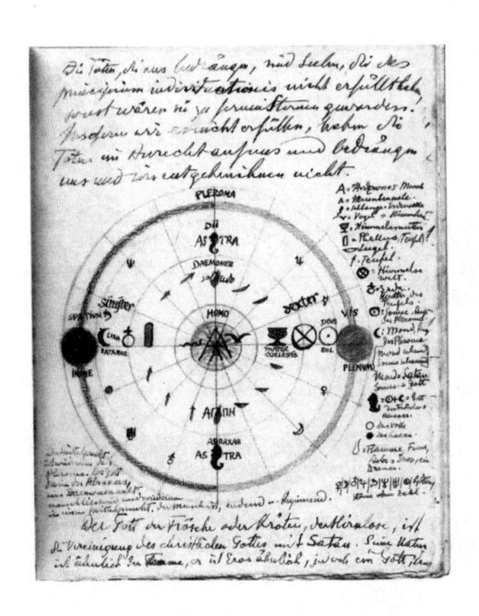

[그림 2-2] '세계의 체계'의 스케치

출처: Jung (2009).

그림의 해설

=인간

=인간의 혼

=혼=대지의 혼

=새=천상의 혼

=천상의 어머니

=남근phallus(악마)

=천사

=악마

=천상의 세계

=대지, 악마의 어머니

=태양, 플레로마의 눈

=달, 플레로마의 눈
(청안의 달)
(주시하는 태양)
달=사탄
태양=신

= + =개구리의 신=아프락사스

=충만

=공허

=불꽃, 불, 사랑=에로스, 데몬

=신들, 이름 없는 별들

[그림 2-3] 그림의 해설

출처: Jung (2009).

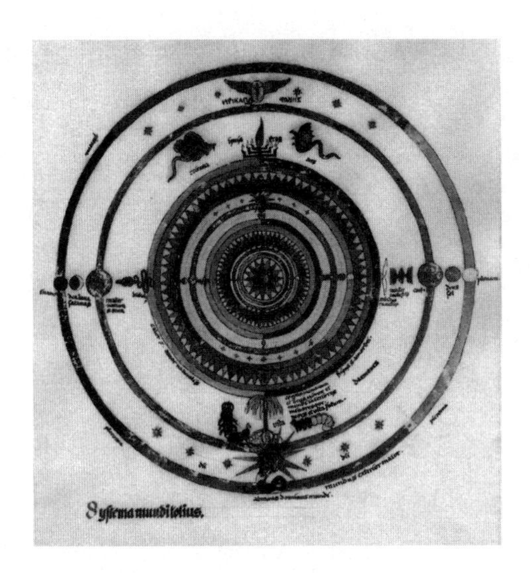

[그림 2-4] 융 최초의 만다라 '세계의 체계'

출처: Jung (2009).

의 체계' 스케치에서 아프락사스는 위와 아래에 그려져 있다.) 위에 대응하는 것에는 '불ignis'과 '사랑eros'으로 불리는 일곱 개로 나누어져 있는 촛대 모양을 한, 빛의 나무가 그려져 있다. 이 빛은 신의 아들의 영적 세계를 목표로 한다. 예술과 과학은 이 영적 세계에 속해 있으며 예술은 날개를 가진 뱀으로, 과학은 날개를 가진 쥐로 그려져 있다. 이 촛대는 영적인 숫자인 3의 원칙을 그 기반으로 하고 있고, 세 개의 불꽃이 양쪽에 있으며, 중앙에 커다란 불꽃이 있다. 아래의 아프락사스는 '생명vita'이라고 불리는 것으로부터 싹을 만들어 내는 생명의 나무가 그려져 있다. 이 세계는 자연인natural man의 숫자인 5로 특징지어지고 있으며, 자연계에 동반하는 동물들은 요괴와 땅의 벌레이다. 이것은 죽음과 재생을 의미한다.

또한 이 만다라는 수평방향으로도 분할되어 있다. 좌측에는 신체 또는 피를 나타내는 원이 있고, 거기서부터 뱀이 상승하며 생산성의 원리인 남근 주변을 감고 있다. 뱀은 어두움, 밝음, 지구, 달 그리고 우주공간의 어두운 영역(사탄이라 불리는)으로 향하고 있다. 우측에는 밝은 영역인 신의 냉기 또는 사랑으로 빛나는 원에서 정령의 비둘기가 날아올라 지혜sophia가 이중그릇의 왼쪽과 오른쪽에 머물고 있다. 이 여성성의 영역은 천상의 영역이다.

지그재그선과 광선으로 특징지어진 커다란 영역은 내적 태양이다. 이 영역의 안쪽에서는 거시우주가 반복되고 있지만, 그 상부와 하부의 영역은 거울에 비춰졌을 때와 같이 반전한다. 이들의 반복은 제한이 없는 것으로서 점점 작아져 간다고 생각되며 그 가장 깊은 중심이 본래의 미시우주에까지 이른다.[30]

융은『죽은 자를 위한 일곱 가지 설법』을 쓰고 나서 그 과정 중에 체감한 아프락사스의 신을 중심으로 대우주와 소우주의 우주론을 '세계의 체계'로 이름 붙인 만다라를 그렸다. 이때는 만다라에 대해서 이해하고 있지 않았다고 다음과 같이 말하고 있다.[31]

> [제1차 세계대전 중] 1918~1919년에 나는 영국인 수용소의 지도자로서 샤또 드외에 있었다. 거기에 있는 동안 나는 매일 아침 노트에 작은 원형의 그림, 만다라를 그렸다. …… 이들 그림의 도움으로 나는 매일매일 자신의 마음의 변화를 관찰할 수 있었다. …… [이] 만다라가 실제 무엇인지 나는 조금밖에 알 수 없었다. '형태를 만들거나 형태를 바꾸는, 즉 영원한 의미의 영원한 놀이이다.'[32]

'이때 얼마나 많은 만다라를 그렸는지는 더 이상 기억나지 않는다.'라고 할 정도로 융은 만다라를 계속 그렸다. 그것들을 그리고 있는 동안, 이 과정이 어디로 나아가고 있는지, 그 마지막은 어디에 있는지에 대한 의문이 반복해서 떠올랐다. 그리고 완성된 만다라는 '날마다 나에게 새롭게 나타난 자기상태에 대한 암호'였다고 한다. 자아가 의식계의 중심에 있는 한 전체 마음과 동일하지 않은 자아와 자기를 구별하고, 자아를 의식의 주체라고 한다면 자기는 마음의 전체 또는 무의식의 마음의 주체라고 생각했다.[33]

> 내가 그린 만다라는 매일 새로운 나를 나타낸 자기의 상태에 대한 암호였다. 그런 나는 나의 자기, 즉 나의 전全존재가 실제로 움직이고 있는 것을 보았다. 확실히 처음에는 그들을 어슴푸레하게밖에 이해하지 못했지만, 그들은 대단히 의미 깊게 생각되었고, 나는 그들을 귀중한 진주와 같이 소중하게 여겼다. 나는 그들이 무언가 중심적인 것이라는 명확한 느낌을 품었다. 그리고 시간이 지날수록 그들을 통해서 자기에 대한 생생한 개념을 획득했다. 자기는 마치 그것이 나 자신이고 나의 세계인 단자(모나드)와 같은 것이었다. 만다라는 그 단자를 표현하고 마음의 소우주적 성질에 상응하고 있었다.[34]

만다라를 그리기 시작한 뒤부터 융은 자신이 걸어 왔던 모든 길이 자기의 중심으로 인도하고 있고, 그것은 개성화의 길이라고 이해했다. 그리고 1919년부터 1920년 사이에 만다라가 '자기의 표현', 즉 인격의 전체성인 것을 발견함으로써 마음이 발전하는 목표는 자기에 있다고 확신했다. 만다라를 자기의 표현으로 발견한 것이며 자신의 심적 영역의 궁극적인 장場에 도달한 것이다. 그리고 1927년 1월에 다음과 같은 꿈을 꾸었다.

> 나는 더럽고, 낡고 찌든 마을에 있었다. 겨울밤은 어둡고 비가 내리고 있었다. 나는 몇몇 젊은 스위스인과 어두운 거리를 걷고 있었다. 토텐겐진(죽은 자의 길)을 통해 올라가 광장에 도달했다. 도로는 방사형태로 배치되어 있었고, 중앙에는 원형의 연못이 있었고, 그 중앙에 작은 섬이 있었다. 섬 위에는 한 송이 붉은 꽃이 화려하게 피어 있는 목련이 서 있었다. 그 목련이 빛의 근원이기라도 한 것처럼 그 아름다움에 마음을 빼앗겨 버렸고, 왜 그가 여기에 살게 된 것인지를 알게 되었고 잠이 깼다.[35]

[그림 2-5]의 '리버풀의 꿈'을 스케치한 지도의 글자는 왼쪽에서부터 순서대로 검은 점(•)은 '스위스인의 주거지', 그 위는 '집들', 오른쪽 아래도 '집들', 중앙부분은 위에서부터 '섬' '나무' '호수' 그리고 중앙 부분 오른쪽에서 가로로 '거리' '집들'이 적혀 있다. 꿈에 나온 거리를 기록으로 남길 정도로 융에게 있어서 중요한 꿈이었다.[36] 융은 당시 이 꿈에 나타난 지도를 근거로 1927년 [그림 2-6] '영원의 창'이라는 제목의 '자기개념'의 핵심이 되는 만다라를 그린 것이다.

이 꿈은 당시의 융 자신의 상황을 잘 표현하고 있다고 한다. 모든 것이 불쾌하고 검고 칙칙한 가운데 이 세상 같지 않은 아름다운 비전이 있고, 그 때문에 살아왔다고 말했다. 이 꿈은 나아갈 목표

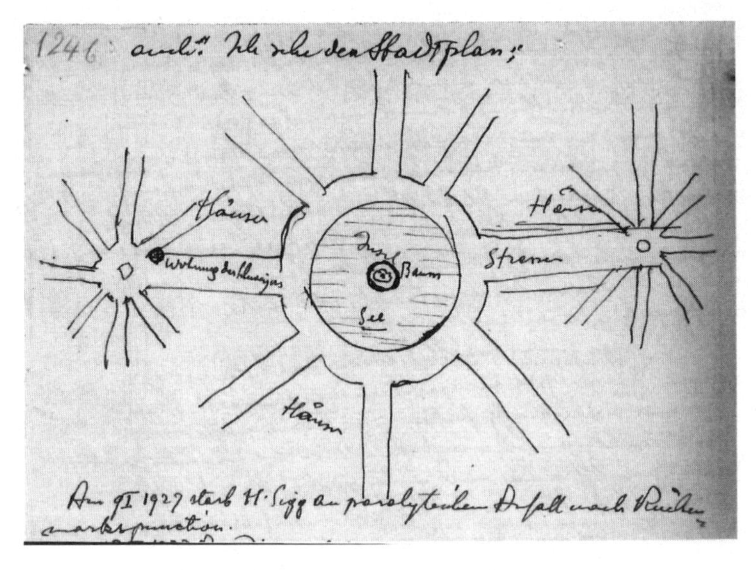

[그림 2-5] '리버풀의 꿈'에 나온 지도

출처: Jung (2009).

[그림 2-6] '영원의 창'

출처: Jung (2009).

를 나타내고 있다는 것을 알게 된 것이다. 꿈에 나타난 장소의 중심이 목표이고, 아무도 중심을 넘어갈 수는 없는 것이다. 그것은 중심이 목표이고, 모든 것이 자기의 중심으로 움직이게 한다는 것을 이 꿈에서 확신한 것이다. '우리는 자기와의 통합을 통해서 신에게 도달한다. …… 신은 우리에게 혼이 있는 상태에서 나타난다. 하지만 우리는 자기를 통해서 신에게 도달한다고 하지만 자기가 신은 아니다. 신은 자기의 맞은편에, 자기의 위쪽에 있고, 나타날 때에는 자기 자신이 된다.'[37]라고 융은 자기의 개념에 관해서 말하고 있다.

1년 뒤인 1928년에 융은 중심에 황금성이 있는 만다라를 그렸다

[그림 2-7] 중심에 황금성이 있는 만다라

출처: Jung (2009).

([그림 2-7] 참조). 그것이 완성되었을 때 '도대체 이것은 왜 이렇게까지 중국풍인 걸까?'라고 자문했다고 한다.

융은 이 만다라를 그린 지 얼마 되지 않아 리하르트 빌헬름으로부터 『황금꽃의 비밀』이라는 제목의 도교 연단술(중국의 연금술)에 관한 논평을 의뢰받았고, 자신이 그린 만다라와의 관계가 동시적으로 일어나고 있다고 파악했다. 이 만다라에 관해서 융은 '방벽과 해자로 수비를 견고하게 한 도시로서의 만다라. 안에는 넓은 해자가 열여섯 개의 탑을 갖춘 벽으로 둘러싸여 있고, 그 벽 안쪽에는 또 해자가 있다. 그 해자는 금색의 지붕을 한 중앙의 성을 둘러싸고 있고, 그 한가운데에는 금색의 사원이 있다.'[38]라고 설명하고 있다. 그리고 이 만다라를 마지막으로 융은 만다라를 그리지 않게 되었다. 그리지 않게 되었다기보다도 만다라를 그릴 필요가 없어졌다고 한다.

융은 스스로 '무의식과 대결'하는 시기를 통해서 감득한 무의식의 구조에 관해 400년 전에 같은 나라 사람인 스위스의 유명한 의사이며 연금술사인 파라셀수스가 이미 무의식층을 탐구했다. 융은 1541년에 사망한 파라셀수스 사후 400년 축제에서 기념강연을 했다. 그 강연은 1941년 10월 5일 아인지데룬의 공회당을 청중으로 채웠다. 그리고 융은 다음과 같이 말했다고 한다.

> '오늘날 무의식과 함께하는 것'이 무엇을 의미하고 있는지를 상상할 수 있는 사람이 얼마나 많이 있는지 또는 얼마나 소수인지에 대해 나는 알지 못한다. 다만 내 생각보다 너무 적은 것은 아닌지 염려하고 있다. ……

> 사람의 마음은 그 기원, 즉 원형을 마주하면서 유한한 의식은 그 원형적인 기초를 직면하게 된다. 죽을 운명의 자아는 불멸의 자기, 신인, 원시인, 자기 자신 또는 그 명칭이 무엇이든, 거기로부터 개인적인 자아가 생겨 나온 보편적인 전前의식의 상태라고 명명한 것과 만나게 된다. 동족이며 동시에 낯선 사람을 만질 수는 없지만, 실재하는 것에 다가가고 있는 모르는 동포를 인식하면서도 인정하지 않는 것이다. …… 여기에 대해서 우리의 문화가 아직 명쾌하게 밝혀낸 것은 없다. 그리고 일부에서는 완전한 무의식으로 인해서 또는 일부에서는 신성에 대한 공포로 인해서 명확하게 서술된 적이 없는 질문으로 파라셀수스와 함께 발을 들여놓지 않으면 안 된다.[39]

2. 융의 사례: X 부인의 만다라

융은 '만다라 상징주의mandala symbolism'(『개성화와 만다라』 중에서 「개성화 과정의 경험에 관해서」[40])라는 제목으로 만다라 그림의 한 사례를 들고, 개성화의 과정에 관해서 정리하고 있다. 융의 내담자였던 X 부인이 그린 만다라 그림은 1장부터 24장까지 게재되어 있지만 만다라 그림의 상세한 해설과 분석은 10회까지밖에 행하지 않았으며, 17회까지는 몇 줄의 설명으로 끝내고 있다. 이 책에서는 그림 1부터 그림 10까지와 그림 24를 싣고 있다. 열 번째의 그림은 X 부인이 취리히에서 그리기 시작했는데, 이 그림을 완성시켰던 것은 그녀가 다시 뉴욕으로 돌아갔을 때였다. 배후의 내용을 알기 어려워 코멘트가 불가능했고, 그 이후의 그림에 관해서도 융은 설명하지 않고 있다. 융의 많은 저작 중에서 만다라 그림을 이용해서 분석치료를 행한 귀중한 논문 가운데 하나이다. 다음의 내용은 일부를 발췌해서 요약한 것이다.

1) X 부인에 관해서

1920년대 융이 연구를 위해 미국을 방문했을 때 X 부인을 만났다. 그녀는 대학을 졸업하고 심리학을 9년간 공부했고, 당시의 새로운 심리학연구를 모두 아우를 정도로 열심히 하는 사람이었다. 1929년 그녀가 융의 지도를 받기 위해서 유럽으로 온 것은 55세 때이다. 거물급 아버지를 둔 그녀는 독신으로 높은 지성을 가진 활발한 여성이었다. 그녀는 아니무스[41]와 함께 살아왔다. 이 특징적인 아니무스와의 결합은 대학교육을 받은 여성에게서 많이 보이는 것이며, 그녀는 '아버지의 딸'로서 긍정적인 부성콤플렉스가 있었다. 반면, 어머니와는 좋은 관계를 가지고 있지 않았다. 그녀는 어머니와의 관계에서 많은 과제를 남기고 있음을 확실하게 자각하고 있었다.

유럽여행을 결심한 것이 자기 자신의 근원으로 돌아가는 것이라고 느끼고, 어린 시절의 자신과 어머니가 연결되어 있다는 것을 의식하게 되었다. 그녀는 취리히로 가기 전에 어머니의 고향인 덴마크로 향했다. 그곳에서 그녀의 마음을 가장 빼앗은 것은 그곳의 풍경이었다. 그녀에게는 그림을 그리는 재능이 없었지만, 풍경을 수채화로 그렸을 때 이해할 수 없는 만족감으로 충만되었던 것이다.

그녀는 '새로운 생명으로 충만한 듯하였다.'라고 융에게 말하고 취리히의 마을에 도착해서도 그림을 계속 그렸다.

2) 사례의 개요

X 부인이 융의 분석을 받기 전날, 덴마크의 풍경에 대한 기억을 더듬어 그림을 그리기 시작했을 때, 돌연 어떤 판타지(공상)가 떠올랐다. 그것은 그녀의 하반신이 땅속, 즉 바윗덩어리 속에서 꽉 끼여 있는 것이었다. 바위가 동글동글 놓여 있는 해안이었고 배경은 바다였다. 그녀는 갇혀 있어서 아무것도 할 수 없다고 느끼고 있었다. 그때 그녀는 자신의 판타지(환영) 속에서 갑자기 중세의 마법사 모습을 한 융을 보았다. 그녀가 도와 달라고 외치자 융이 다가와서 마법의 지팡이로 바위를 건드렸고, 돌은 홀연히 부서져 흩어지고 그 속에서 그녀가 풀려났다고 한다. 이 판타지를 그려서 융에게 가져간 것이 그림 1이다.

그림 1 그림을 그린다는 것은 '무의식이 의식의 배후에 있는 이미지를 쉽게 말해 화면 속으로 밀수입(몰래 가지고 오는)하는 것과 같은 것이다.' X 부인의 그림은 '커다란 바윗덩어리는 실물대로 화면에 나타나려고 하지 않고, 예상도 하지 못한 형태를 취하게 되었다. 즉, 그들의 일부는 한가운데 노른자가 있는, 둥글게 잘려진 계란과 같은 모양이었다. 다른 바위는 뾰족하게 솟은 피라미드와 같았다. 그런 바위 가운데 하나에 그녀가 갇혀 있었다.' '이 그림은 우선 그녀의 갇힌 상태를 나타내고 있지만 해방 행위는 아직이다.'

그림 1(1928년 10월)

[그림 2-8-1] X 부인의 만다라 그림

출처: Jung (1972).

그것은 어머니인 대지 속에 하반신이 꽉 끼여 있고, 어머니의 나라인 대지에 사로잡혀 있으며, 어머니와의 불충분한 관계로 인해 그녀 속에 미발달된 것이 있어, 부분적으로 어머니와 동일시하고 있기 때문이다. 그리고 그녀 자신이 해방되기 위해서는 그녀의 나이를 충분히 고려한다면 '무의식에게 길을 양보하는 것이 좋다.'라는 것을 알고 있었다. '본능적인 삶은 이 나이의 문제를 몇 번이나, 여러 번 무사히 극복해 왔기 때문에 그런 이행을 가능하게 하는 변용과정이 이미 오랫동안 무의식 속에서 준비되었고, 나머지는 해방되기를 기다릴 뿐이라는 확신을 가지고 가정을 해도 좋다.' '바윗덩어리가 몰래 계란으로 변화'하고 있는 것은 생명의 배아이며, 높은 상징적인 의미를 가지고 있다. 즉, 그것은 단순히 오르페우스교[42]의 우주창세의 상징일 뿐만 아니라 '철학적인' 상징이기도 하다. '이 "철학의 알"이라는 것은 "연금술 작업"의 마지막에 호문클로스, 즉 원인原人, 정신적 · 내적으로 완전한 사람, 중국 연금술에서 말하는 진인(문자 그대로 아주 완전한 사람)을 만들어 내는 용기容器이다.'

그림 2 '몇 개의 바윗덩어리가 그려져 있고, 둥근 모양과 뾰족한 모양을 하고 있다. 둥근 것은 더 이상 계란의 형태가 아니고 완전한 원형으로 뾰족한 모양의 것은 끝에 밝은 빛을 가지고 있다. 둥근 것의 하나는 특히 두드러져서 금색의 번개에 의해서 그 장소로부터 튕겨져 나가떨어진 것 같았다.' 이 그림에 그려져 있는 번개는 '비개인적인 자연현상'으로, 이 번개가 그녀의 무의식 상태를 꿰뚫고 있다.

계란형, 원 또는 구체에 대해서 역사적으로는 '철학의 알'이고, '영혼은 구체이다.'라고 생각되므로, 융은 1620년에 출판된 야곱 뵈메의『마음에 관한 40가지 물음』에 있는 '철학의 구체 또는 영원한 기적의 눈 또는 지혜의 거울'이라는 그림을 싣고, 많은 페이지를 할애해서 설명하고 있다. '번개의 영靈' 속에는 '위대한 전능의 생명'이 있으며, 번개는 '빛의 탄생'이다. 그림 2에서는 번개가 어둠 속, '딱딱함' 속으로 돌입하고, 어두운 '혼돈의 덩어리'에서 '원'을 분간해 내고, 동시에 그 속에서 '빛을 밝힌다.' X 부인은 '구가 인간의 개체에 어울리는 상징'이라는 생각이 번쩍 떠올랐다고 한다. 이때

그림 2(1928년 10월)

[그림 2-8-2] X 부인의 만다라 그림

출처: Jung (1972).

번쩍이는 것은 의식이 아닌 무의식으로, 자연스럽게 마음에 떠오르고 있는 것을 의미하고 있다. 융 자신에게도 원이 심리학적으로는 자기의 전체성을 나타내는 이른바 만다라라고 인식될 정도밖에 당시에는 알지 못했다고 한다.

그림 3 '구름이 떠도는 공간에 붉은 포도주 색의 테두리를 가진 어두운 청색의 구가 부드럽게 떠올라 있다. 그 중앙부의 바깥쪽에는 물결 모양의 은색 띠가 감싸고 있다.' X 부인에 의하면 그 띠는 "반대방향으로 작용하는 동일한 커다란 힘"에 의해서 구의 평형을 유지하고 있다. 구球의 오른쪽 위에 몸을 감고 있는 금색의 뱀이 떠 있고, 그 머리는 구를 노려보고 있다.

이 그림은 그림 2의 '금색의 번개에서 보다 발전한 것'으로, 바위에서 튀어나온 구는 이제 하늘까지 날아 올라와 있고, 밝은 대기를 감싸고 있으며, 어두운 대지는 사라져 버렸다. 이 빛의 증대는 '의식화'를 나타내고 있다.

은색의 띠 중앙에는 12라는 수가 적혀 있고, 은색 띠 가운데 검은 선을 그녀는 '힘의 선'이라고 표현하며, '띠는 운동을 암시하고 있다.' X 부인은 '12라는 숫자는 지금 처음으로 도달한 인생의 정오를 의미'하고 있고, 이 그림을 '인생의 정점'이라고 느꼈다. 또 그녀는 그것은 신의 사자 메르쿠리우스의 날개로, 메르쿠리우스,[43] 즉 헤르메스[44]는 누스,[45] 정신성 내지 지성으로, 은색의 것은 수은(메르쿠리우스)이라고 했다. 융은 그것은 아니무스이며, 여기에서 그

그림 3(1928년 10월)

[그림 2-8-3] X 부인의 만다라 그림

출처: Jung (1972).

것은 안에 있는 대신에 밖에 있고, 진정한 인격을 감춘 베일과 같은 것이라고 답하고 있다. 연금술사들의 경우 작업에 의해서 표현되는 개성화 과정은 세계생성으로, 작업 그 자체는 신의 창조 작업과 같은 의미를 가진 것이라고 간주되고 있다. 즉, 인간은 하나의 소우주이고 세계를 소규모화한 것이므로 대우주와 완전하게 대응하고 있는 것이다.

연금술에서 '모든 시대, 모든 장소에서 "돌" 또는 "광물"의 이미지는 "높은 사람"이나 "최대의 사람"이라는 이념, 즉 "원인原人"과 연관되어 있다. X 부인의 경우에도 바위에서 튀어나온 검은 동그란 돌이라는 이미지'가 인간 마음의 전체성이라는 매우 추상적인 이념을 나타내고 있다고 읽고 있으며, 그녀의 머릿속에서는 금속적인 수은이 아니무스(정신, 지성)를 의미하고 있다. 그리고 '자기와 아니무스를 나타내는 상징으로 말하면 공기와 영혼과 같은 것, 예를 들어 바람이나 바람과 같은 영적인 상징을 예상하는 것이 보통일 것이다. "돌이지만 돌이 아닌 것"이라는 옛날의 표현은 이 딜레마를 표현하고 있다.' 그것은 "대립물의 복합"을 의미하고 있다. 빛의 성질이 어떤 조건에서는 입자와 같이 보이고, 다른 조건에서는 파동처럼 보이는 그 자체로 명확하게 이질적인 것인 동시에 동질적인 것이므로 모순을 포함하고 있는 것이다.

그림 4는 '커다란 변화'를 보여 주고 있다. '구는 외피와 핵으로 분명히 나누어져 있다. 외피는 살색을 하고 있다.' 그림 2에서는 '희미한 붉은색을 하고 있던 핵이 여기에서는 내부가 분화해서 확실하게 삼자성三者性의 성격을 나타내고 있다. 이전에는 수은 띠에

붙어 있던 "힘의 선力線"이 이제 핵에 해당하는 부분의 전체에 붙어 있다.' 이것은 외적인 것에 머무르지 않고 안쪽 깊은 부분을 받아들이는 것을 암시하고 있다. X 부인은 이 그림으로 '대단한 내적인 활동이 시작되었다.'라고 했다. 그리고 '식물의 모양을 한 여성 성기가 수정하고 있는 곳이다. 정자가 핵막을 깨뜨리고 있다. 정자의 역할을 하고 있는 것은 "메르쿠리우스의 뱀"이다.'라고 분석했다. 융은 그림의 뱀을 정확하게 말하면, '정자라고 하기보다는 오히려 남근이다.'라고 했다. 그리고 그 원은 '합체한 두 가지 성질', 즉 정신=신체(적과 청)를 나타내고 있다. '뱀은 밝은 노란색의 후광을 가지고 있지만, 그것은 뱀의 누미노제적 성질을 나타내고 있다.' 그녀는 딜레마에 빠져 있어 뱀을 받아들일 수 없었다. 그것은 '뱀의

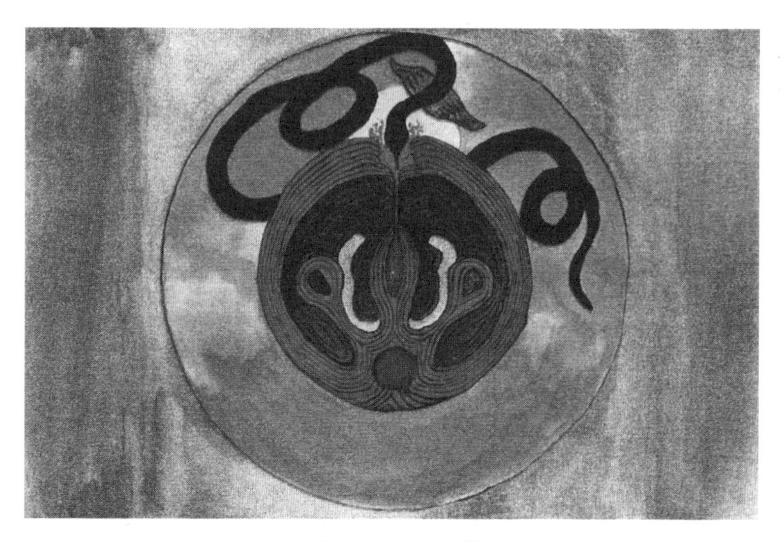

그림 4(1928년 10월)

[그림 2-8-4] X 부인의 만다라 그림

출처: Jung (1972).

성적인 의미'를 너무 잘 알고 있었기 때문이다. 갈등의 끝, 그녀는 말했다. '나는 돌연히 모든 사정을 비개인적인 모양으로 이해하고 있다는 것을 알아차렸다. 그것은 성을 따른 삶의 법칙에 대한 인식이었다.' 후에 그녀는 '그림 4가 가장 어렵고, 마치 전 과정의 결정적인 전환점인 것처럼 느꼈다.'라고 했다. 그것은 소중하게 여기고 있던 나(자아)를 가차 없이 버리는 것을 의미하고, 마음의 보다 높은 발달을 위해 필요한 것이다. '자신을 버린' 것으로, 무의식 쪽에 필요한 커다란 기회가 부여되었다.

그림 5는 그림 4의 흐름으로부터 자연스럽게 나왔다고 X 부인은 말했다. 이 그림에서 구와 뱀은 떨어지고, 원은 수태한 것을 나타나며, 핵 속은 마치 세포분열처럼 넷으로 나누어지려고 하고 있다. 네 가지의 원은 서로 미분화하고 있으며, 각각 나선을 이루었고, 왼쪽으로 감겨 있다. 왼쪽으로 감기는 것은 일반적으로 무의식의 운동을 나타낸다. 오른쪽으로(시계 방향으로) 감기는 것은 그 반대로 의식의 운동을 나타내고 있다. 4분할은 먼 옛날부터 존재하고 있다. 영지주의에서 프라우마에 의해 수태한 메트라(자궁)에서 4명의 아이온이 탄생한다. 이는 연금술의 작업에 있어서 사자성과 그 구성요소(4원소, 4성질, 4위층)이다. 그녀는 네 가지의 원이 의식의 네 기능(사고, 감정, 감각, 직관)을 나타내는 것으로 이해했으며, 네 개의 원은 서로 같다는 것을 알아차리고 있었다. 만다라의 4분할은 의식화를 나타내고 있다. 또 왼쪽으로 도는 것은 무의식의 영향이 강해지고 있고, 청색은 공기=영혼을 나타내고, 적색은 대지=감정을 나타내는 것을 강조하고 있고, 영혼에 대한 '보상'으로서 이

그림 5(1928년 10월)

[그림 2-8-5] X 부인의 만다라 그림

출처: Jung (1972).

해할 수 있다. 그림 5의 문제는 검은 뱀이 원을 상징하는 전체성의 밖에 있는 것이다. 전체성을 생각하면, 본래 뱀은 원 속에 들어 있었을 것이다. 그러나 받아들여지기 어려운 뱀은 개인적인 그림자를 넘어 악의 문제로 파악되고 있다. 악은 선의 불가결한 대립물로서, 악이 없으면 선도 있을 수 없다. 그러므로 악을 없는 것이라고 치부하는 것은 결코 불가능한 것이다. 그림 5에서 검은 뱀(=악)이 밖에 머무르고 있는 것은 악을 위험한 것으로서 자리매김하고 있는 것을 표현하고 있다.

그림 6의 배경은 음울한 회색이다. 그러나 만다라 자체는 선명한 색인 밝은 적, 녹, 청색으로 칠해져 있고, 붉은 외피가 청록색의 핵

속에 들어 있다. '가장 주목해야 할 것은 의심할 것 없이 오른쪽으로 감기고 있는 만자 무늬가 보이는 것이다.' '이 만다라에서는 적과 청, 바깥과 안이라는 대립하는 것을 결합시키고자 하는 노력'과 동시에 '오른쪽으로 도는 것으로 분명한 의식으로의 상승을 실현하고자 하고 있다.' 이 만다라를 그리기 수일 전에 X 부인은 다음과 같은 꿈을 꾸었다.

'그녀는 시골에서 휴가를 보내고 도시로 돌아오고 있다. 놀라운 것은 그녀의 서재 한가운데에 나무 한 그루가 자라났다. 그녀는 "그래, 잘됐다. 이 나무는 두꺼운 껍질을 가지고 있기 때문에 도시에 있는 집의 더위에 견딜 수 있을 거야."라고 생각했다.' 그녀는 이 나무 꿈으로부터 여러 가지를 떠올리고, '나무가 어머니로서의 의미를 가지고 있는 것'이라고 이해했다.

그녀의 꿈과 그림 6의 나무는 만다라 속의 식물 모티브로서 그 성장은 오른쪽으로 도는 것으로서 살아난 '의식' 수준의 고양, 내지는 의식의 해방을 나타내고 있다. '철학의 나무'는 개성화 과정을 나타내는 것으로 알려져 있는 '연금술의 "작업"'을 상징하기 때문이다. 또 사방으로부터 중심을 향해서 돌입하고 있는 곤봉모양을 한 붉은 물질은 남근의 상징으로, 영적인 내부로 감정이 침입하는 것을 묘사하고 있다. 이와 같이 영의 활성화가 일어나 풍성해지고 있다.

'만다라는 마음의 전체성으로서 자기를 표현하는 상징의 하나에 불과하지만, 동시에 신의 상이라고 하는 것은 중심점, 원, 사자성四者性이 예전부터 알려진 신의 상징이기 때문이다.' 경험적으로는 '자기'와 '신'은 구별할 수 없으므로, 인도에서는 개인적인 푸루샤와

그림 6(1928년 10월)

[그림 2-8-6] X 부인의 만다라 그림

출처: Jung (1972).

초개인적인 아트만을 동일시하게 되었다. 교회문서에서도 연금술서에서도 '신은 무한의 구 또는 원이고, 그 중심은 도처에 있지만 그 주변은 어디에도 없다.'라고 한다.

그림 7은 배경이 검게 칠해져 있어 밤이 된 것을 나타내고 있다. 또 빛은 모두 구球 속으로 모이고 있다. 눈에 띄는 것은 '검은색이 중심까지 스며들어 있는 것'으로, 두려워했던 일의 일부가 일어났다. 흑점의 세계가 만다라의 가장 깊은 안쪽을 동화시킴과 동시에 방사하고 있는 금색의 빛에 의해서 보상되고 있다. 그리고 중심에 그려져 있는 십자가 모양을 한 금색의 광선이 네 개의 날개를 연결

해서 모으고 있다. 이것은 아마도 중앙까지 스며든 검은 물질의 힘에 대한 방어로서 내적인 결합이 강하게 생겨난 것이다. 십자가의 상징은 우리에게 있어서 항상 고난의 의미를 포함하고 있다.

'곤봉의 끝부분에 있는 금색 선은 이전의 정자 모티브(남근)의 재현이며, 따라서 수정하는 것이라는 의미를 가지고 있고, 그것은 아마 사자성이 더욱 명확한 형태로 재수정되고 있다는 것을 암시하고 있는 것이다. 사자성이 의식성과 관계가 있다는 의미는 의식이 강화되는 징후인 것으로 추론해도 좋다.'

그림 7이 완성되기 2일 전에 X 부인은 다음과 같은 꿈을 꾸었다. '나는 별장의 아버지 방에 있었다. 그런데 어머니는 나의 침대를 벽으로부터 떨어뜨려 방의 중앙으로 옮기고, 그 속에서 자고 있었다. 나는 화가 나서 침대를 원래의 위치로 돌려놓았다. 꿈속에서 침대 커버는 붉은색이었다. 그 색은 그림 속에서 재현한 색과 똑같은 것이었다.'

그녀에게 아니무스의 의미는 아버지 방으로 표현되어 있다. 또 어머니가 방 한가운데에서 자고 있는 것은 괘씸하게도 어머니가 그녀의 영역에 침입했으며, 그것도 그 중심에 들어온 것이다. 즉, '어머니는 정신과 대립하는 육체를, 말하자면 여성적인 자연의 존재를 나타내고 있다.'

그림 7의 만다라에 검은 침입이 중심까지 스며들어 있지만 금색의 빛이 나타나고 있다. 빛은 어둠에서만 나타나는 것으로, '아버지의 원리(정신)와 어머니의 원리(자연)의 충돌은 충격으로 작용한다.' 이 그림을 그린 뒤, 그녀는 '나는 "폼"을 재고, 머리 좋고, 사물에 대한 이해력이 좋은 (융의) 제자를 자처하고 있다(정신적인 것처

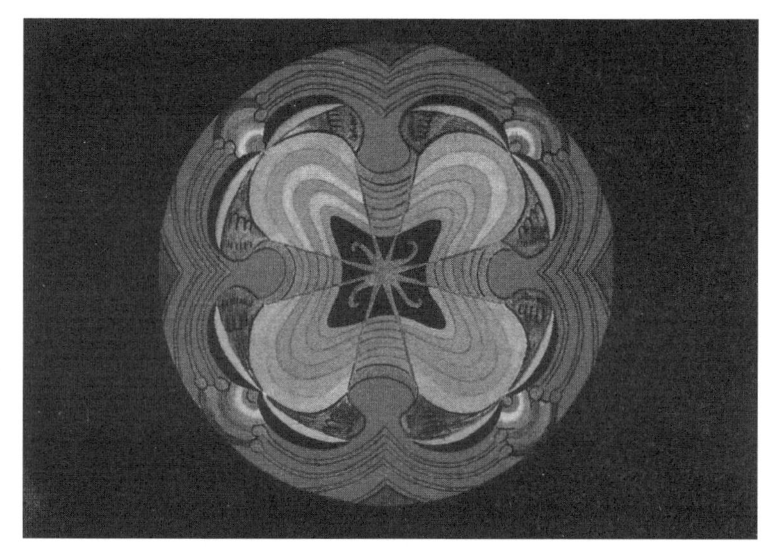

그림 7(1928년 11월)

[그림 2-8-7] X 부인의 만다라 그림

출처: Jung (1972).

럼 겉으로 보이고 있다). 그러나 당신(융)이 그것을 어떻게 생각하고 있든 나는 자신을 바보라고 느끼고 있으며, 실제로 바보이다.'라고 말했다. 이 고백은 그녀 자신에게 커다란 해방감과 성에 관한 통찰을 깊게 했다. 그리고 그녀는 성에 관해서 생각해 보게 되었다. '수일간 그녀는 자신이 불쌍하다는 감정을 맛봤다. 그것은 자신이 아이를 가지지 않은 것이 어느 정도 유감이었는지가 분명해졌기 때문이다.' '그녀는 자신을 관심받지 못하는 동물이나 미아와 같이 느꼈다. 이 기분은 증진되어 실제 세계의 괴로움이 되고, 그녀는 자신이 '슬픈 여래(붓다)'가 된 것처럼 느껴졌다.'

그림 8은 내부 전체가 검은 것들로 채워져 '흑화'되어 있다. 청록

의 물이었던 곳이 짙어져서 네 개의 진한 곤색 부분이 되고, 중심의 금색 부분은 반대로 회전해서 반시계 방향으로 돌고 있다. 새가 대지 위로 내려앉고, 만다라는 어둡고 깊은 저승으로 향하고 있다. 안쪽의 미분화된 사자성이 바깥쪽의 분화된 사자성과 대응하고 있다. X 부인은 바깥쪽의 사자성을 네 기능으로 할당해서 직관=황색, 사고=하늘색, 감정=살색, 감각=갈색으로 받아들이고 있다. 융은 안쪽과 바깥쪽의 사자성이 분리된 것에 주목했다. 이전에 그녀가 거부해 왔던 요소가 받아들여지고, 중심의 위치에 놓이게 되었기 때문이다. X 부인은 그림 8의 만다라를 그리기 4일 전에 다음과 같은 꿈을 꿨다. '나는 젊은 남성 한 사람을 창 쪽에서 잡아당기고 있

그림 8(1928년 11월)

[그림 2-8-8] X 부인의 만다라 그림

출처: Jung (1972).

고, 하얀 기름 속에 담가 놓은 붓으로 그의 눈에서 각막의 검은 얼룩을 닦아 준다. 그렇게 하자 눈의 중심에 작은 금색 램프가 보였다. 그 젊은 남성은 곧 기분이 좋아졌고 나는 그에게 한 번 더 검사하러 오라고 말한다. 잠을 깨면서 나는 다음의 말을 했다. "당신의 눈이 밝아지면, 전신도 밝아질 것이다."(마태복음 6장 22절)'

융은 이 꿈에 관해서 '변화를 그리고 있다.'라고 파악했다. 그녀는 더 이상 아니무스(꿈속의 남성)와 동일시하지 않고, 오히려 아니무스는 그녀의 환자가 되어 있다. 아니무스라는 것은 대개 사물을 왜곡해서 보고, 종종 대단히 애매하게 보이게 한다. 눈에 관해서 융은 잘 알려진 신의 상징으로, 그림 2에서 설명한 야곱 뵈메의 철학적 구체를 '영원의 눈' '본질 속의 본질' '신의 눈'이라고 부르고 있다. 또 그녀가 '어두움을 받아들인 일'에서 내면의 어둠을 비춰 줄 빛을 켰다. 그림 7에서 그림 8로의 전개는 융이 '어둠의 원리 수용'이라 부르고 있는 현상이었다. 이 단계는 어머니와의 관계를 받아들이는 것으로, 마음의 변화가 일어나고 있었기 때문이다.

그림 9에서 처음으로 붉은 땅 위에 푸른 '마음의 꽃'이 그려졌다. 중심에는 금색의 빛이 있고, 바깥을 향해서 빛을 발산하고 있다. 또 만다라는 윗부분과 아랫부분으로 나누어져 있고, 위에는 홍채가 빛나고, 아래는 갈색의 대지로 구성되어 있다. 위에는 세 마리의 하얀 새=삼위일체의 의미를 가진 영혼들이 떠 있고, 아래에는 산양이 두 마리의 새와 얽힌 뱀과 함께 나타난다. 그리고 만다라 그림 속에『주역(역경)』의 '4괘'를 그려 넣고 있다.

윗부분의 왼쪽 괘(기호)는 '예豫=기쁨'이고 '대지로부터 용솟음치고 돌출하는 번개'의 괘로서, 무의식으로부터 발생되고 음악과 춤으로 표현되는 흥분을 의미하고 있다. 오른쪽의 괘는 '손損=줄임'이다. 상괘上卦는 '산', 하괘下卦는 '택沢'으로 호수를 의미하고 있고, '호수 위에 산이 있는' 상태로 극기와 억제, 즉 자기 자신을 억압하는 것이다. 심리학적인 의미에서는 모든 관계의 구속성과 가치의 상대화, 모든 존재의 무상성, 흔들리지 않는 통찰을 의미하고 있다. 아랫부분의 오른쪽 괘는 '승升=올라가다'로 '대지의 한가운데에 나무가 살고 있다.' 이것은 올라가는 이미지이다. 이것은 또 인기척이 없는 마을에 올라가서 제왕에 의해 '기산岐山'에 봉헌해진다는 의미가 있다. 그러므로 만다라의 식물 모티브에 의해서 선점

그림 9(1928년 11월)

[그림 2-8-9] X 부인의 만다라 그림

출처: Jung (1972).

되어 있던 대지로부터 인격이 성장하고 발달하는 것을 의미하고 있다. 왼쪽 괘는 '정鼎=담기'이다. 정은 손잡이와 다리가 붙은 청동 용기로, 제사를 지낼 때 음식을 담는 것이다. 하괘는 '풍風'과 '목木'을 상괘는 '화火'를 의미하고 있다. 정은 나무와 불에서 생겨나지만 그것은 연금술사의 '용기容器'가 불 또는 나무로부터 온 것과 비슷하다.

그림 10은 X 부인이 취리히에서 그리기 시작했지만 완성한 것은 그녀의 고향인 뉴욕으로 돌아갔을 때이다. 이 그림에는 앞의 그림과 같이 아래, 위가 나누어진 것으로 보인다. 중심의 '마음의 꽃'은 같다. 그러나 그것은 전면이 진한 곤색의 밤하늘로 둘러싸여 있다. 밤하늘에는 네 가지 모양의 달이 나와 있고 그 안의 초승달은(아래쪽의) 어둠의 세계와 연결되어 있다. 세 마리의 새는 두 마리로 되었고, 그 날개는 검지만 그 반대에 한 마리의 산양이 하얀 얼굴을 한 인간과 닮은 모습을 하고 있다. 반면 네 마리의 뱀 중 두 마리만 남아 있다. 주목할 것은 아래쪽의 신체적(저승적) 반구에 두 마리의 게가 새롭게 나타나 있다는 점이다. 게는 본질적으로 게자리의 상징과 같은 의미가 있다. 이 그림에서 알 수 있는 것은 이원성이 골고루 영향을 미쳤기 때문에 매번 나왔던 여러 원리가 내적으로 균형을 이루는 것이다. 그녀의 날카로움과 모순이 없어졌다는 것이다. 이 그림에서 X 부인 자신의 코멘트는 없다. 이와 같은 경우에는 옛날 사람들이 상징에 대해 어떻게 받아들이고 있었는지를 살펴보면 대부분 답을 얻을 수 있다. 만다라 속에 달의 여러 가지 모습이 처음으로 나타난 바로 그때에 게가 등장했다는 것에 주목

그림 10(1929년 1월)

[그림 2-8-10] X 부인의 만다라 그림

출처: Jung (1972).

할 필요가 있다. 점성술에서 게자리는 여성과 물을 나타내는 상징으로, 하지는 게자리에서 일어난다. 그녀는 자신이 태어난 성좌와 시간의 의미를 알고 있었다. 탄생 시의 별자리와 시간에 의해서 개성이 영향을 받는 것을 알고 있었고, 천궁도와 만다라 그림이 가까운 관계가 있는 것을 예감하고 있다. 이 그림은 일종의 하지와 동지 또는 정오이며, 여기에서 결단을 낼 것 같은 인상을 주었다. '두 개로 나누어진 것은 근본적으로 긍정과 부정이고 결합하는 것이 불가능한 대립이지만 삶의 균형이 유지되지 않으면 안 되므로 결합되어야만 하는 것이다. 그러나 그것이 실현되기 위해서는 중심이 확고하게 유지되고, 그것으로 행동과 인내가 균형을 유지할 필요가 있다.'

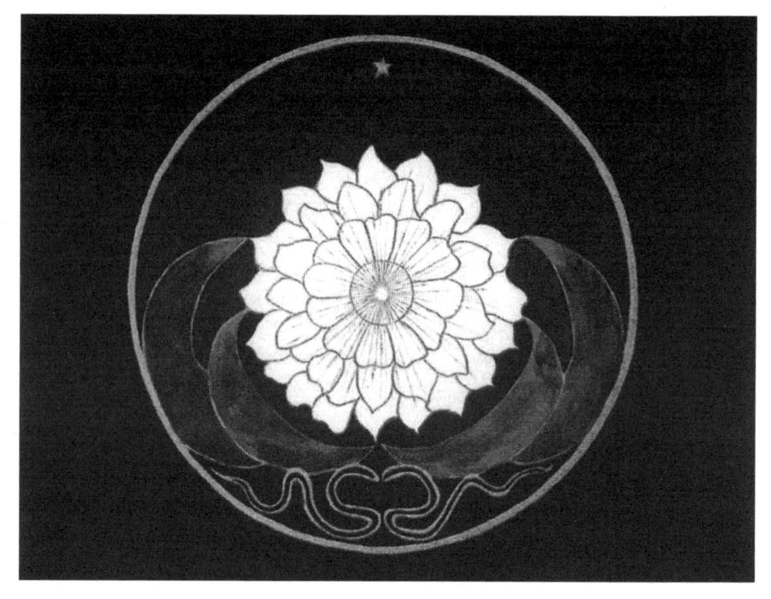

그림 24(1938년 5월)

[그림 2-8] X 부인의 만다라 그림

출처: Jung (1972).

융은 X 부인의 만다라 그림 시리즈에 관해서 개성화 과정의 첫 번째 부분을 그려 냈다고 분석하고 있다. '그림의 도움을 받아 무의식의 많은 내용을 의식에 통합한다면, 결국 의식도 예견된 단계로 도달하는 것이 가능하다. 이런 마음의 발달은 어쨌든 지적인 발달과 같은 속도로 진행되지 않는 것이 보통이다. 게다가 그런 마음이 발달을 서두르는 목적은 …… 먼저 서둘러서 의식을 …… 무의식의 근저로 다시 접촉시키는 것'이라고 말했다. 무의식으로부터 흘러나오는 이미지를 '그림'이라는 표현방식으로 나타낸 것은, 자아만이 앞질러 가는 지적발달과는 시간차가 있다는 것을 나타내고 있다. 심리치료 임상에서는 이 시간차를 채워 줄 필요가 있고, 나

중에 뒤쫓아 오는 무의식의 정보에 눈을 돌릴 필요가 있다.

그리고 무의식을 방치한 X 부인은 자신의 대지를 재발견하기 위해서 어머니의 나라인 덴마크로 먼저 여행할 수밖에 없었다. 이것에 관해서 융은 '지금 모든 문명에게 주어진 과제이다. 우리 시대의 가공할 만한 퇴행은 타인에게 무엇을 의미하고 있는 것일까? 과학기술로 의식발달의 속도가 너무 빨라 더 이상 따라갈 수 없게 된 무의식을 훨씬 더 뒤에 남겨 두었기 때문에 무의식은 방어 자세를 취하지 않을 수 없게 되고, 그것은 전면적인 파괴욕으로 나타난 것이다.'라고 한다. 융은 개인적 무의식에서 받아들인 내용과 세계에서 일어나는 사건을 동시적으로 파악하고 있었다. 융은 혼자 여행하고 있을 때 '거대한 노란색의 파도와 문명의 잔해가 떠 있는 것과 무수히 많은 익사체를 보았다. 그러자 바다 전체가 피로 물들었다.'[46] 이와 같은 환상이 1시간 동안 계속되었다고 한다. 2주 후에 같은 환상이 나타났고, 그 이후 세 번이나 반복해서 같은 꿈을 꾸었다고 한다. 그리고 일어난 것이 제1차 세계대전이었다.

이것은 현재의 IT혁명에 의해 세계화가 진행되고, 의식만이 선행함으로 말미암아 무의식이 방어적 · 내향적이 됨으로 인해서 파괴적인 방향으로 이동하기 시작한 2017년 현재에도 해당되는 것이 아닌가 생각된다.

이 그림 시리즈의 첫 번째 몇 장은 X 부인이 인격 형성 속에서 망각하고 있었던 부분을 기억해 낸 순간의 독특한 심리현상을 나타내고 있다고 한다. 그 잃어버렸던 부분과의 연결이 회복되자마자 '자기의 여러 가지 상징이 나타났고, 전체로서 인격의 이미지를 전하고자 한다.'라는 것이다. '이런 전개를 통해서 현대인은 생각지도 못했지만 옛날부터 널리 퍼져 있는 길로, 즉 종교가 이정표와 과정이 되는 "성스러운 길"로 들어가게 된다.'라고 말하고 있다.

그리고 이 경우는 개성화 과정의 모습을 명확하게 보여 주고 있다. '개성화라는 것은 앞서 나아가는 젊음이 넘치는 의식이, 뒤에 남겨진 노인인 무의식과 어떻게 하면 다시 결합할 수 있는가 하는 오늘날의 큰 문제에 대한 답으로서, 개인의 전체화인 것이다. 이 노인은 본능적 기초를 말하는 것이다.' 그리고 융은 본능을 무시하는 사람은 그것에 의해 뒤에서 습격당해 자유를 그만 잃게 될 것이라고 말한다.

또 '원형적인 이미지와 공상의 배치constillation 그 자체가 결코 병적인 것은 아니다. 병적인 요소는 우선 개인이 그것에 어떻게 반응하는가보다 원형적 모티브를 어떻게 파악하고 있는가 하는 그 양태로 나타난다. 병적 반응의 특징은 우선 첫째 원형과의 동일시이다.' 여기에서 융은 원형적인 이미지와의 관련에 따라서 병적인 상태인지 어떤지를 파악하고 있다. 그 내용은 일종의 '자아 팽창'과 '빙의'라고 파악하고 있다. 그들의 의식 상태는 무의식과의 동일시에 의해서 일어나고, 의식의 약함을 의미하고 있다.

'동일시라는 것은 "하는" 것도 아니고 "되는" 것도 아닌, 어느새 무의식 속에서 원형과 동일하게 되어 있는 것이다.'라고 한다. 즉, 무의식에 의해서 자아가 홀린 상태를 나타내고 있다.

융은 X 부인의 만다라 연구에 관해서 손으로 더듬어 만다라의 내적인 경과를 이해하고자 하는 시도이고, 그 경과는 소위 어렴풋이 느껴지는 배후의 변화를 모사하는 것이며, 연필과 붓으로 구상화된 그림은 무의식의 내용에 관한 일종의 '상형문자'라고 규정짓고 있다.

3) 연금술과 개성화 과정

서양의 '연금술'은 헬레니즘 시대(BC 322~AD 30)에 이집트의 알렉산드리아에서 '헤르메스 사상'[47]과 함께 불의 조작과 금속변성에 관한 야금술사 집단에 의해 태어났다. 연금술의 철학의 큰 줄기는 헤르메스 사상에 크게 영향을 받고 있다. 헤르메스 사상은 모든 자연현상과 이 세상에 존재하는 모든 형태가 우주의 에너지와 같은 것으로서, 다양한 형태를 취하면서 각각의 성질을 가진 것으로 세계가 성립하고 있다고 한다. 이와 같은 움직임을 연금술사들은 '세계영혼anima mundi'[48]이라고 부른다.

이 '세계영혼'은 삼라만상에 용해되어 들어가 만물에게 생명을 불어넣는다. 계절이 변화하는 가운데 맑은 날이 있는가 하면 비 오는 날이 있고, 때에 따라 폭풍이 된다. 하늘에서 내리는 비는 대지를 적셔 식물을 자라게 하고, 인간과 동물을 살아가게 한다. 현대에서 말하는 자연환경에 대한 '순환사상'이다. 이 순환의 관점은 '하나인 세계' '전체인 세계'로 이루어져 있다. 이 세계에서는 거시우주인 자연과 미시우주인 인간이 서로 닮은 모양이라고 생각한다. 또 하늘은 거친 남성성, 대지는 모든 생물을 낳고 기르는 여성성을 나타내고 있고, '둘이 하나'가 되는 세계이다. 이와 같은 헤르메스 사상은 유럽 각지에 전해졌고 연금술은 천문학, 점성술, 종교와 결부되어 발전한 것이다.

연금술사들은 비금속에서 황금을 만들어 내고, '현자의 돌'이라 불리는 것을 구해 여러 가지 광물에 조작을 가하는 것으로서 황금을 손에 넣을 수 있다고 생각했다. 물질과 그 화학적 변화를 해명하는 과정에서, 자신의 '마음'에 일어나는 경험이 물질에 반영된다고 믿었다. 융은 연금술사가 오푸스opus를 통해 자신의 무의식과 접촉하고 있고, 광물 등의 '물질'과 연금술사의 '정신'과의 대립을 통한 이 둘二者의 '결합'을 연금술의 오푸스 과정으로 보았다.

연금술의 오푸스는 원질료prima material[49]에서 시작한다. 원질료가 발견되었다면 헤르메스의 용기인 '철학의 알'에 대립하는 물질인 '유황과 수은' 또는 '유황과 소금' 등을 밀봉해서 반사로에 넣고, 장시간 가열을 한다. 가열하는 과정에서 철학의 알은 반사로 속에서 대립이 생기고 혼합되어, '흑화'라는 검은 액체가 된다. 오푸스에는 네 가지의 과정[50]이 있다. 흑화에서 '공작의 꼬리'를 펼친 것과 같은 무지개색이 출현한 후, 백화로 이행하고, 최후에는 적화로서 완성한다고 알려져 있다. 융학파 분석가인 오이마츠 가츠히로老松克博는 이 네 가지 과정에서 흑화라 불리는 암흑의 단계를 거치지 않으면 계속해서 일어나는 진정한 변용은 없고, 흑화는 '죽음에 이어지는 재생'으로 이 단계를 파악하고 있다. 흑화의 마무리를 알리는 것은 '지혜의 메르쿠리우스', 칠흑의 용액 표면에 별처럼 빛나며 나타나고 연금술의 성패에 있어 열쇠를 쥐는 메르쿠리우스(수은, 헤르메스의 신)의 존재라고 말하며, 이것을 '자기self'라고 생각하면 된다고 했다. 그리고 연금술의 상징학에서 백색은 달, 여성원리, 여왕이며, 적색은 태양, 남성원리, 왕이고, 백화를 거쳐서 적화에 이르는 것으로 '성스러운 혼례'가 성취된다고 말하고 있다.[51] 이와 같이 연금술은 화학적 실험의 과정만이 아닌 마음의 현상이다.

연금술의 실험자들은 화학실험을 행하고 있는 동안 일종의 심

> 적 체험을 하고 있었다는 것, 그 심적 체험이 본인에게는 화학과정의 특수한 상태로밖에 보이지 않았다고 한다. 그것은 투사[52]였기 때문에 …… 실험자는 자기의 투사를 물질의 특성으로서 체험했다. 그러나 실제로 그가 체험한 것은 그의 무의식이었던 것이다. 이처럼 그는 자연인식 그 자체의 역사를 반복했던 것이다. 과학은 주지하는 바와 같이 별을 계기로 시작된 것이지만, 그때 인류는 별들에게서 자신들의 무의식의 지배자, 소위 '신들'을 발견했다. 동시에 또 황도대의 불가사의한 심리적 성질도 발견했지만 이것은 바야흐로 하늘을 향해 투사된 하나의 체계적인 성격학에 다름없었다. 점성술은 연금술과 닮은 인류의 원체험原體驗이다.[53]

연금술사가 '철학의 알'을 반사로에 넣고, 장시간 가열하는 과정을 관찰할 때 지나칠 정도로 정신집중을 하고, 물질 속에 있는 무의식에서부터 나온 기도에 가까운 생각(=이미지)이 투사되는 것으로 하나되는 세계에 도달한다. 거기에서는 거시우주와 미시우주가 일체화되는 경험을 통해서 위대한 세계와의 연결이 전개된다. 융은 그 과정에서 연금술사들의 오푸스에서는 '명상'[54]과 '상상'이 중요하다고 말한다. 명상이라는 도구를 통해서 내면의 대화를 함으로써, 무의식이라는 다른 차원으로의 입구에 가까워지고 있는 것이다. 거기에서 그들은 자신의 오푸스에서 '혼(마음)이 보이지 않는 여러 힘과 가지는 관계야말로 마기스테리움magisterium(수단 또는 현자의 돌)의 비밀을 가지는 것'[55]으로 이해했다. 보이지 않는 여러 힘인 원질료는 어떻게 관계하고 어떻게 해서 일체화될까? 이 차원까지 오면 '진정한 상상력'이 필요해진다. 왜냐하면 그들은 상상

(판타지)에 의해서 물질을 변화시키고 싶다고 염원했기 때문이다. '"상상"은 인간의 육체적이면서 심적인 갖가지 생명력을 하나로 모으는 에센스이다.'[56]

그러므로 오푸스에 수반되는 상상과정에서 몸을 갖춘 반은 영적 성질의 일종인 '영묘체(=미세한 신체)'[57]로 생각하지 않으면 안 된다. 그래서 그저 존재하는 것은 '물질과 정신의 중간 영역, 즉 여러 가지 영묘체에서 만들어진 마음의 영역일뿐이었다.'[58]

이 영묘체와 관련된 마음의 영역에서 의식의 변성상태가 연금술에서 '술術'이며, 이는 진정한 상상력을 만들어 내는 영혼(마음)에 닿는 순간이다. '혼이라는 것은 신을 대리하는 것이며, 순수한 혈액 안에 깃든 생명의 영혼 속에 살아 있는 …… 이 성질은 신적인 것이다.' '여기에서 말하고 있는 혼은 혈액 중에 깃든 일종의 "육체적 혼"이다. 따라서 무의식이라는 것을 의식과 생리적 기능을 중개하는 심적으로 주어지는 것으로 생각한다면 이 혼은 무의식과 같고, "기"라는 원소에 도달한다. 기의 내부에는 가장 높은 영이 갇혀 있다. 그러므로 모든 대립의 일치는 무의식 상태에 해당하는 심적으로 주어진 것의 특징이다. 그러므로 육체적 혼은 동시에 영적 혼이다.'[59]

융은 1550년에 출판된『철학자의 장미원』에 실린 그림을 비유로 들며 연금술에서 태양과 달, 왕가의 형제-자매 쌍, 어머니-아들 쌍이라는 형태의 대립물 결합이 중요한 위치를 차지하고 있고, 연금술의 전 과정이 '성스러운 혼례'와 그것에 따른 신비적인 현상으로서 그려지고 있다고 했다.

[그림 2-9]의 **그림** 1은 연금술의 전체상을 나타내는 것으로 오푸

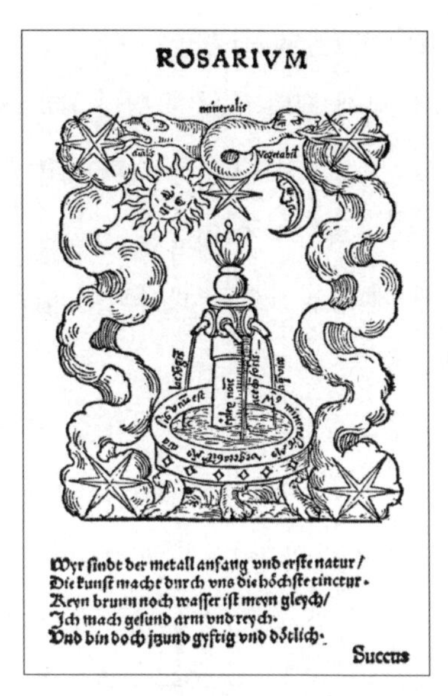

그림 1(메르쿠리우스의 샘)

[그림 2-9-1]『철학자의 장미원』 판화

출처: Jung (1946).

스의 근저에 있는 비밀을 나타낸 것이라고 융은 말한다. 그림의 아래쪽에는 '연금술의 용기'로서 샘이 있고, 거기에는 '바다' '영원의 물' '신의 물'이 가득 차 있다. 메르쿠리우스의 샘은 '바다'에서 상승하고, 세 개의 관에서 흘러나오고 있다. 이 세 개의 관은 삼위일체 또는 삼자성을 나타내고 있다. 그 연금술의 용기는 '자궁'이라고도 불리며, 그 속에서 변용이 일어나고 '태아'가 태어난다. 이 샘과 관련이 있는 '"광물의 메르쿠리우스, 식물의 메르쿠리우스, 동물의 메르쿠리우스, 이들은 하나이다." "식물의"라는 것은 "살아 있다." 또 "동물의"는 마음을 가지고 있다고 하는 의미로 "영혼이 있는" 또는 단적으로 "혼이 있는"으로 번역할 수 있다.'라고 한다.[60] 네 모서리에 있는 네 개의 별은 네 원소를 나타내고 있고 상부에 신비적 변용에 관한 부모로서 태양과 달이 있다. 그 위에 그려진 두 마리의 뱀은 '메르쿠리우스의 이중성'을 나타내고 있다. 메르쿠리우스는 수은이며, 무의식 파악의 어려움과 이중성을 나타내고 있다. '메르쿠리우스의 샘'에 상징적으로 묘사되어 있는 것은 '연금술의 방법과 철학'이다.

그림 2는 대립물의 결합으로서 태양과 달, '왕과 여왕'이 결혼을 위해 나타나고 있다. 태양의 신 아폴로와 달의 신 디아나는 오빠와 여동생의 관계로 근친상간의 테마가 포함되어 있는데, 이는 고대의 왕실에서 혈통을 보호하기 위한 신성한 수단이었다. 불길한 왼손으로 서로의 손을 잡고 있고, 오른손에 가지를 잡고 있는 것으로

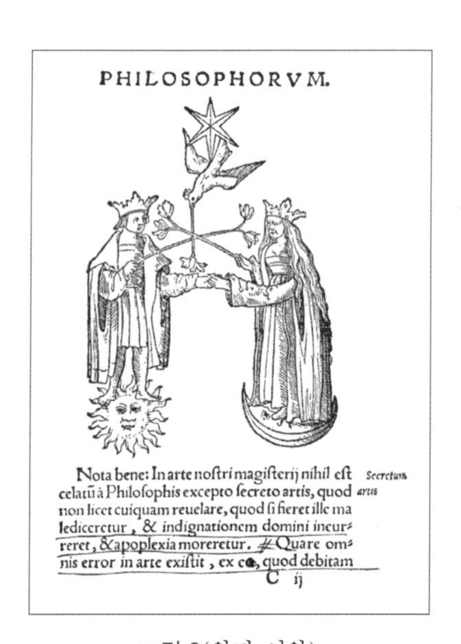
PHILOSOPHORVM.

Nota bene: In arte noſtri magiſterij nihil eſt celatũ à Philoſophis excepto ſecreto artis, quod non licet cuiquam reuelare, quod ſi fieret ille maledicerctur, & indignationem domini incurreret, & apoplexia moreretur. Quare omnis error in arte exiſtit, ex eo, quod debitam

Secretum artis

C ij

그림 2(왕과 여왕)

[그림 2-9-2]『철학자의 장미원』판화

출처: Jung (1946).

네 원소를 상징적으로 나타내고 있다. 가지는 세 개가 겹쳐져 있으며, 하나의 가지에 있는 정령의 비둘기가 꽃을 부리로 붙잡고 있는 것은 제5원소를 나타내고 있다고 융은 해석하고 있다. 여기에서 전이라는 심리적인 메커니즘을 문제 삼고 있다. 전이현상은 투사 그 자체이다. 예를 들어, 아버지와 어머니에게서 미처리된 문제를 무의식 중에 다른 사람에게 투사하는 것 등이 일어난다.

그림 3의 '나체의 진실'에서는 왕과 여왕이 옷을 벗고 나체의 모습으로 나타나고 있다. 태양은 말한다. '달이여, 당신의 남편이 되고 싶습니다.' 달은 말한다. '당신의 뜻대로 따르겠습니다.' 비둘기에 관해서는 '이것은 연결의 영이다.'[61]라고 적혀 있다. 이 왕과 여왕은 영에 의해 연결되려고 하고 있다.

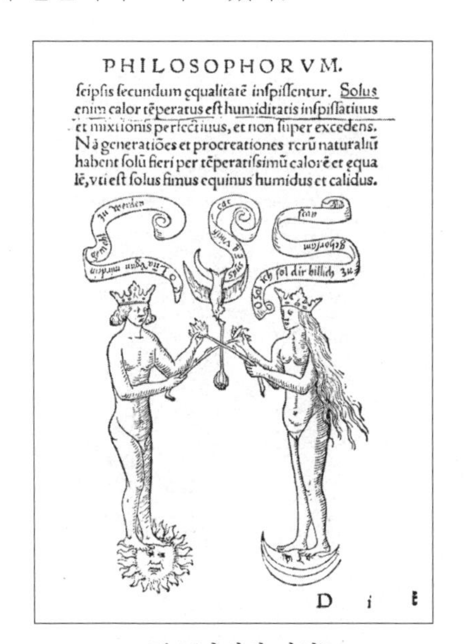

PHILOSOPHORVM.

ſeipſis ſecundum ęqualitatē inſpiſſentur. Solus enim calor tēperatus eſt humiditatis inſpiſſatiuus et mixtionis perfectiuus, et non ſuper excedens. Nā generatiões et procreationes rerū naturaliū habent ſolū fieri per tēperatiſsimū calorē et ęqualē, vti eſt ſolus fimus equinus humidus et calidus.

D i E

그림 3(나체의 진실)

[그림 2-9-3]『철학자의 장미원』판화

출처: Jung (1946).

이 왕과 여왕의 장면은 옷과 장신구를 벗어 버리고, 인습적인 페르소나(가면)에 깊이 감추어져 있는 그림자를 의식화하는 것으로 전체성을 향하는 것을 의미하고 있다.

그림 4의 '욕조의 물에 담그다'는 메르쿠리우스의 물속에 왕과 여왕이 용해되어 가는 것이다. 이것은 물질적인 용해를 의미하고 있고, 또 어두운 초기상태로 있는 태아를 감싸는 자궁의 양수 속으로의 회귀이다. 연금술사들은 용기를 '헤르메스의 자궁'이라 부르고, 그 내용물을 '태아'라고 부르고 있다. 심리학적으로는 큰 물고기가 삼킨 요나 신화 중 '밤의 항해'이며, 무의식으로의 하강을 의미하고 있다. 밤의 항해는 일종의 영의 세계로의 여행을 의미하고

ROSARIVM

corrūpitur, necp ex imperfecto penitus secundū artem aliquid fieri potest. Ratio est quia ars primas dispositiones inducere non potest, sed lapis noster est res media inter perfecta & imperfecta corpora, & quod natura ipsa incepit hoc per artem ad perfectionē deducitur. Si in ipso Mercurio operari inceperis vbi natura reliquit imperfectum, inuenies in eo perfectionē et gaudebis.

Perfectum non alteratur, sed corrumpitur. Sed imperfectum bene alteratur, ergo corruptio vnius est generatio alterius.

Speculum

그림 4(욕조의 물에 담그다)

[그림 2-9-4]『철학자의 장미원』 판화

출처: Jung (1946).

있다.

그림 5는 암흑의 바다 가운데에서 왕과 여왕의 '성교'가 행해져 결합이 이루어지고 있다. 그림에 그려져 있는 책에는 '베야(어머니인 바다)가 카부리쿠스(나방)에 덮여 있고, 그를 그 자궁에 가두었기 때문에 그의 모습은 더 이상 보이지 않는다. 이와 같은 사랑으로 그녀가 카부리쿠스를 포옹했기 때문에 그녀는 그를 그 자신의 본성 속에 집어넣고 녹여서 더 이상 분리할 수 없게 되었다.'[62]라고 기록되어 있다. 이것은 남녀의 에로티시즘의 결합이 아닌, 고차원의 상징으로서 왕(태양)과 여왕(달)의 '성스러운 혼례'가 행해지는 것을 의미하고 있다. 그러나 이 교제가 근친상간적인 것은 분명

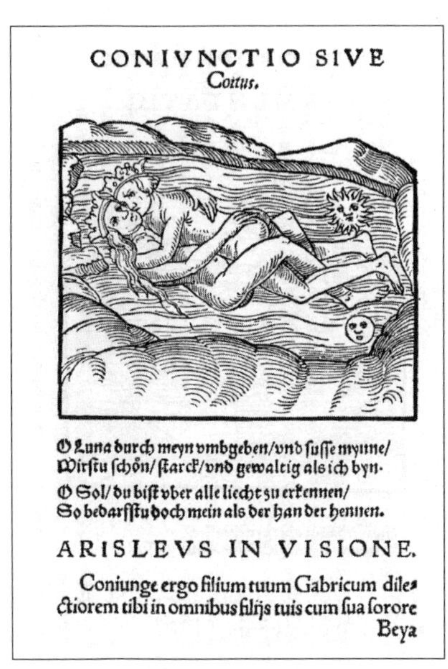

그림 5(결합)

[그림 2-9-5]『철학자의 장미원』 판화

출처: Jung (1946).

하므로 여기에서 죄가 발생하고 있다. 오이마츠 가츠히로는 '자아에게 있어서 개성화라는 것은 자연으로부터 부여받은 최고의 가능성임과 동시에 근친상간이라는 금기를 깨는 것이라는 자연에 반하는 행위를 필요로 하는 과정이다. …… 개성화의 시도 또는 고차원의 의식을 구하는 시도는 죄투성이가 되는 것이다.'[63]라고 말하고 있다.

그림 6의 모티브는 '죽음'이다. 지금까지의 욕조는 석관으로 변하고, 그 위에 왕과 여왕이 옆으로 누워 있다. 이 그림의 제목에는 '잉태, 즉 부패'라고 적혀 있다. 본문에는 '한쪽의 해체는 다른 쪽의 산출을 의미한다.'[64]라고 기재되어 있다. 그때까지 살아 있던 것을

PHILOSOPHORVM.
CONCEPTIO SEV PVTRE
factio

Hye ligen könig vnd königin dot/
Die sele scheydt sich mit grosser not.

ARISTOTELES REX ET
Philosophus.

Nunquam vidi aliquod animatum crescere sine putrefactione, nisi autem fiat putridum inuanum erit opus alchimicum.

그림 6(죽음)

[그림 2-9-6]『철학자의 장미원』 판화

출처: Jung (1946).

해체하는 것으로, 새로운 삶을 잉태하는 임신의 과정이다. 따라서 이 왕과 여왕의 죽음이 다음의 새로운 삶으로 통하는 '중간 단계'에 있다는 것을 암시하고 있다고 한다. 그 과정을 통과해서 왕과 여왕이 하나의 신체로 묘사되어 있는 것은 이미 새로운 신체인 '양성구유'인 것을 나타내고 있다. 그리고 융은 다음과 같이 본질을 언급하고 있다. '의식 또는 자아 인격이 아니마로서 인격화된 무의식과 결합하면, 두 구성요소를 포함한 새로운 인격이 생긴다. "두 가지였던 몸이 마치 하나인 것처럼 된다." 이런 새로운 인격은 의식과 무의식의 중간의 제3의 것이 아닌, 그 양자이다. 그것은 의식을 초월하고 있고, 따라서 더 이상 자아가 아니라 자기라 부를 수 있는 것이다.'[65]

그림 7의 '혼의 상승'은 일체화된 두 사람의 신체로부터 혼이 하늘로 승천하는 모습을 묘사하고 있다. 이 혼은 신체에서 분리되어 하늘(신의 자리)로 돌아간다. 이 물질적인 것이 부패, 용해되고, 혼이 분리된 상태는 연금술에서는 '흑화'를 의미하고 있다. 일반적으로 죽음과 무덤 등을 연상시킨다. 그러나 '흑화'에는 영적인 의미가 숨겨져 있고, 신의 빛이 마음에 들어와 비추며, 그 빛은 여러 가지 '공작 꼬리'의 색채이다. 이들은 심리학적으로는 무의식의 상태가 우세해지고 자아 그 자체는 제어하기 어렵게 된 상태, 즉 자아의 의식 수준의 저하를 의미하고 있다. 자아의 의식 수준의 저하는 변성의식 상태를 의미하고 있고, 위험한 상태가 될 가능성을 내포하고 있다. 위험한 상태야말로 변용의 첫걸음이다.

그림 7(혼의 상승)

[그림 2-9-7]『철학자의 장미원』 판화

출처: Jung (1946).

그림 8의 '정화'를 보면 하늘에서 물방울로 떨어지는 이슬이 둘이며 하나인 신체를 하늘의 물로 '백화'시킨다. '백화'는 일출에 비유되며 어둠의 뒤에서 나타나는 빛이다. 이것은 암흑화 뒤의 '광명'으로서 무의식의 틈새로부터 나타나는 영적인 빛이다. 정화는 오염된 여분의 것을 제거함을 의미하고 있고 연금술사가 물질 속에 투사한 무의식의 상징적인 내용에도 여분의 것이 부가되어 있다고 생각하고 있다. 그러므로 연금술사는 카르다누스cardanus[66]의 꿈의 법칙에 따라서 꿈의 소재를 해석할 때에 그 소재를 다시 끌어올 필요가 있다고 한다.

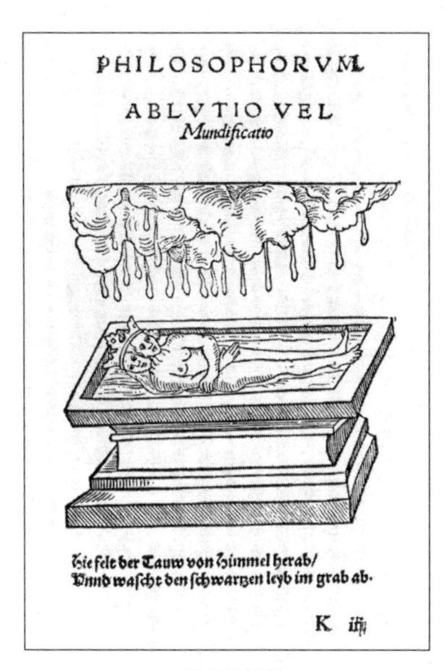

그림 8(정화)

[그림 2-9-8]『철학자의 장미원』 판화

출처: Jung (1946).

그림 9의 '혼의 귀환'은 하늘에서 돌아온 혼이 다시 생명을 부여받기 위해서 하늘로부터 내려오는 모습을 묘사하고 있다. 정화의 힘에 의해 혼의 질이 높아져 있다. 석관의 아래에는 두 마리의 다자란 새成鳥와 어린 새가 있다. 이 두 마리의 새는 비유로서 대립항의 이중성을 표시하고 있다. 이것은 대립물이 아직 '결합'에는 도달하지 않았음을 의미하고 있다.

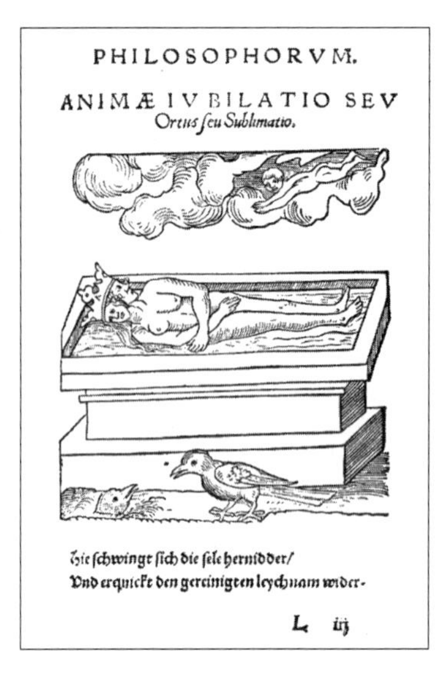

그림 9(혼의 귀환)

[그림 2-9-9]『철학자의 장미원』 판화

출처: Jung (1946).

그림 10의 '새로운 탄생'은 신격화된 '레비스'를 나타내고 있다. 그 모습은 오른쪽 반은 남성, 왼쪽 반은 여성인 양성구유체로 탄생한 것이다. 달은 여성성을 나타내기 때문에 달의 용기容器, 연금술의 용기를 나타내고 있다.

등에 돋아난 날개는 나는 성질이 있고 정신성과 영적인 의미가 포함되어 있다. 오른손에 들고 있는 성배에는 세 마리의 뱀이 들어 있고, 왼손에는 한 마리의 뱀을 쥐고 있다. 세 마리의 뱀은 삼위일체를 나타내고, 한 마리의 뱀은 세 마리로서 한 마리를 의미하고 있다. 레비스가 향한 오른쪽 아래에는 악마를 의미하는 까마귀가 그려져 있고, 왼쪽에는 '태양과 달의 나무'로서의 '철학의 나무'가 그려져 있으며, 예지를 나타내고 있다.

그림 10(새로운 탄생)

[그림 2-9-10]『철학자의 장미원』 판화

출처: Jung (1946).

융은 연금술을 연금술사의 내면에서 생겨나는 마음의 변용과정이 물질에서 화학반응의 변용에 투사된 것으로 생각했다. 그 주요한 테마는 '신비의 결혼'으로, 쉽게 하나가 되지 않는 대립물의 '결합'이다. 연금술에서 '결합'의 판타지로서, 화학적 화합의 비밀에 대한 탐구는 신화적인 대립물인 원형을 나타내게 되었다. 연금술에 있어서 '결합'은 중요한 이미지 그 자체이고, 이『철학자의 장미원』 그림 10장의 비유를 통해서 왕과 여왕의 신성한 결혼이라는 원형적 이미지를 사용해서 서술하고 있다.

융은 이 연금술의 과정을 치료에서 전이와 역전이를 이해하는데 사용하고 있다. 심리임상을 행할 때, 전이와 역전이의 마음의 메커니즘은 누구나 자주 경험한다. 모든 사례에 전이현상이 나타나므로 사례의 진전에 커다란 영향을 주고 있다.

심리임상에서 내담자의 전이에 대한 내용은 처음에는 양친과 형제자매에게 투사된다. 그 내용은 성애적인 성질을 포함하고 있으므로 근친상간적이라고 할 수 있다. 치료사는 역전이로서 '가족적-근친상간적 분위기'[67] 속으로 끌려 들어간다. 당연 치료사도 내담자도 더할 나위 없이 곤란한 비현실적인 친밀감이 생기고, 양자에게 저항과 의심이 생겨나게 된다. 이와 같은 원형적인 전이, 역전이의 장면에서 근친상간적인 국면이 나타나면 치료의 상황이 이해하기 어려워지고, 감정적으로도 치료를 어렵게 한다. 이와 같이 치료사도 전이라는 무의식적인 에너지에 의해서 마음에 있는 것이 변화한다. 초보자와 사례경험이 적은 치료사는 내담자로부터 자신에게 온 것인지, 아니면 자기 자신의 것인지 판단할 수가 없다.

치료사와 내담자의 사이에 생기는 원형적인 전이, 역전이가 『철학자의 장미원』 그림 10장의 이야기에 나와 있다. 내담자는 치료사에게 원형적인 왕(또는 여왕)을 투사함으로써, 연금술에서 '성스러운 혼례'라는 무의식적인 에너지의 교류를 통해 '성스러운 것'이 심리임상에 나타나는 것이다.

∈ 미주 ∋

1. ユング, 河合ほか訳, 1972, p. 217.
2. ユング, 河合ほか訳, 1972, p. 218.
3. ユング, 河合ほか訳, 1972, pp. 227-228.
4. ユング, 河合ほか訳, 1972, p. 233.
5. カロテヌート, 入江ほか訳, 1991, pp. 278-279.

6. ユング, 河合ほか訳, 1972, p. 251.
7. ユング, 河合ほか訳, 1972, p. 256.
8. ユング, 河合ほか訳, 1972, p. 254.
9. ユング, 河合ほか訳, 1972, p. 255.
10. ユング, 河合ほか訳, 1972, p. 253.
11. 河合, 1978, p. 100.
12. 高橋, 2001, p. 103.
13. ユング, 河合ほか訳, 1972, p. 261.
14. ユング, 河合ほか訳, 1972, pp. 261-262.
15. ユング, 河合ほか訳, 1972, p. 263.
16. ユング, 河合ほか訳, 1972, p. 38fci.
17. ユング, 河合ほか訳, 1972, p. 267.
18. ハナー, 後藤ほか訳, 1987, p. 193.
19. ハナー, 後藤ほか訳, 1987, pp. 195-196.
20. ユング, 河合ほか訳, 1972, pp. 271-272.
21. ユング, 河合監訳, 2014, p. 592.
22. ユング, 河合監訳, 2014, p. 594.
23. ユング, 河合監訳, 2014, pp. 595-596.
24. ユング, 河合監訳, 2014, p. 597.
25. ユング, 河合監訳, 2014, p. 598.
26. ユング, 河合監訳, 2014, p. 607.
27. ユング, 河合監訳, 2014, p. 621.
28. ユング, 河合監訳, 2014, pp. 674-681.
29. ユング, 河合監訳, 2010, p. 411.
30. ユング, 河合監訳, 2014, p. 655.
31. ユング, 河合ほか訳, 1972, pp. 278-280.
32. ユング, 河合ほか訳, 1972, pp. 277-278.
33. ユング, 河合ほか訳, 1972, p. 279.
34. ユング, 河合ほか訳, 1972, p. 279.
35. ユング, 河合ほか訳, 1972, pp. 281-282.

36. ユング, 河合監訳, 2014, p. 653.
37. ユング, 河合監訳, 2014, pp. 558-560.
38. ユング, 河合監訳, 2014, p. 494.
39. ハナー, 後藤ほか訳, 1987, pp. 185-186.
40. ユング, 林訳, 1991, pp. 71-148.
41. 아니무스는 무의식 가운데 동반자에 해당하는 것으로, 여성 속의 남성적인 측면이 인격화된 것이다.
42. 오르페우스교는 고대 그리스의 비의교로, 고대 그리스인들은 사후의 세계에 대한 관심은 가지지 않았지만, 오르페우스교의 교의 중에는 육체적 삶을 반복하는 '윤회환생'의 개념이 있다.
43. 메르쿠리우스는 로마 신화 디이 콘센테스의 한 사람으로, 상인과 여행자의 수호신이다.
44. 헤르메스는 그리스 신화에 나오는 올림포스 12신 중의 하나로, 제우스의 심부름꾼이자 상인, 여행자 등의 수호신이다.
45. 누스는 고대 그리스 철학에서 마음 또는 그 본질로서의 이성, 정신을 의미하는 말이다.
46. ユング, 河合ほか訳, 1972, p. 251.
47. 헤르메스 사상은 기원전 3세기 무렵에 헤르메스 트리스메기스토스의 가르침을 담은 『헤르메스 문서』의 내용으로, 점성술 등이 포함된 신비 사상이다.
48. 세계영혼은 우주를 활동하는 유기적 통합체이자 영혼의 일원화된 집합체로서 형성되어 있다고 보는 개념이다. アロマティコ, 種村監修, 1997, pp. 23-24.
49. 「제1질료」도 현자의 돌 그 자체 내지는 현자의 돌의 제조 비밀도 신에 의해서 실험자에게 게시되게 되었다. ユング, 池田ほか訳, 1976b, p. 41.
50. ユング, 池田訳, 1995, p. 7.
51. 老松, 2001, pp. 66-67.
52. 투사는 인위적으로 이루어지는 메커니즘이 아니라 '저절로 생기는 것'이며, 부지불식간에 벌어지고 있는 것으로, 외적인 것들 중

그것이라 눈치 채지 못한 채 자기 자신의 내면 또는 마음을 내보이는 것이다(ユング, 池田ほか訳, 1976b, p. 32).

53. ユング, 池田ほか訳, 1976b, p. 33.
54. 융은『연금술사전』을 참고해서 명상의 정의에 관해서 다음과 같이 설명하고 있다. '"명상"이라는 단어를 사용하는 것은 무엇인가라고 해도 그것은 눈에는 보이지 않기 때문에 그런 무엇인가 하는 마음속에서의 대화를 하는 경우이다. 이 내적 대화는 신에게 호소하는 '기도'라고 해도 좋고, 자기 자신과의 대화와 자신의 수호천사와의 대화라고 해도 좋다.'(ユング, 池田ほか訳, 1976b, p. 65)
55. ユング, 池田ほか訳, 1976b, p. 67.
56. ユング, 池田ほか訳, 1976b, p. 70.
57. ユング, 池田ほか訳, 1976b, p. 69. 미세신subtle body에 관해서는 융학파 분석가 오이마츠 카츠히로의『미세신의 융심리학』을 참조하기 바란다.
58. ユング, 池田ほか訳, 1976b, p. 70.
59. ユング, 池田ほか訳, 1976b, p. 72.
60. ユング, 林ほか訳, 1994, pp. 55-57.
61. ユング, 林ほか訳, 1994, p. 98.
62. ユング, 林ほか訳, 1994, p. 107.
63. 老松, 2001, p. 175.
64. ユング, 林ほか訳, 1994, p. 120.
65. ユング, 林ほか訳, 1994, p. 129.
66. ユング, 林ほか訳, 1994, p. 227.
67. ユング, 林ほか訳, 1994, p. 22.

융, 티베트밀교, 심리치료

1. 융심리학과 티베트밀교

1) 융심리학과 티베트밀교의 유사점

제1장은 밀교에서 '만다라'의 역사와 그와 관련되는 측면, 제2장은 융이 스스로 무의식을 여행하면서 체험한 '만다라'에 관해서 서술했다. 이 과정에서 드러난 내용이 〈표 3-1〉의 융심리학과 티베트밀교의 유사점이다.

〈표 3-1〉 융심리학과 티베트밀교의 유사점

구분	융심리학	티베트밀교
마음이 있는 것	자기 의식과 무의식의 구조	무아 중관철학=공사상
만다라의 본질	원형 개성화의 과정	붓다의 세계 '공'의 과정
만다라에 관한 방법	적극적 상상(능동적 상상), 꿈분석	명상법(생기차제와 구경차제) 요가기법
조력자와의 관계	분석가-피분석가(치료사와 내담자)	스승(라마)-제자

심리임상에서는 마음이 '의식과 무의식'이라는 개념을 바탕으로 존재하는 것을 중요시한다. 특히 융심리학에서는 마음의 메커니즘을 의식의 중심에 '자아'가 있고, 의식과 무의식의 중심을 '자기'라 부르는 것으로 설명하고 있다. 우리가 자신이라고 느끼고 있는 나는 자아를 말한다. 이 자아가 없으면 현실적인 세계에서 살아갈 수

없다. 자아는 생각하고, 결단하고, 행동해 가는 기반이 되는 것이다. 그러나 융은 '또 하나의 나'가 있고, 그것을 '자기'라고 부른다. 이 또 하나의 나는 자신이 누구이고, 어디서 와서 어디로 가는지를 알고 있는 현명한 나라고 불러도 좋다. 심리임상 현장에서 내담자 대부분은 자아와 자기의 연결이 끊어져 있기 때문에 많은 문제를 드러내고 있다. 치료에서는 내담자의 자아와 자기를 연결하는 작업을 한다.

불교 경전은 '오온'을 설명하고 있다. 붓다는 인간의 몸(마음과 몸)을 다섯 가지의 요소(색, 수, 상, 행, 식)인 오온으로 나눈다. '온蘊'은 모으다라는 의미이다. '색온'은 물질적인 육체를 말하고, '수온'은 감각과 지각 등을 받아들여 느끼는 것으로 쾌, 불쾌가 생긴다. '상온'은 받아들인 감각을 상기하는 것이고 '행온'은 의지와 행위를 나타낸다. 대상을 향해서 작용하는 것, '식온'은 사물을 인식하고 구별하는 활동이다. 우리는 이 오온에 의해서 여러 가지 괴로움이 생긴다. 그것을 '오온성고五蘊盛苦'라고 한다.

서양심리학은 마음과 몸의 구성요소인 오온을 제어하는 것이 '자아'이고, 그 자체로 존재하고 있다고 이해한다. 예를 들면, 다음에 나올 [그림 3-1]의 자아가 자신의 모든 것이라고 생각하거나 [그림 3-7]에 있는 페르소나가 자신이라고 믿는다. 융과 켄 윌버Ken Wilber는 '자아'가 자신이라고 생각하는 마음의 상태를 문제로 삼았다.

불교는 그와 같이 독립적으로 자재自在하는 '자아'는 존재하지 않는다는 의미의 '무아'를 설한다. 이는 세속적 차원의 '자아'와 '나'라는 존재를 부정하는 것은 아니다. 티베트밀교의 중관귀류론증파는

'자아는 개념작용에 의해서 이름 붙여진 것으로만 존재한다.'라고 해석하고, 또 '자아는 오온에 의존해서 성립하는 존재'이고 '괴로움과 행복을 체험하는 주체자인 "자아"는 오온에 의존해서 성립되고 있다.'라고 한다.[1] 우리의 '자아'가 체험하는 즐거움과 괴로움, 외계와 환경에서 일어나는 일, 존재하는 모든 것은 그 원인과 조건에 의존해서 성립하고 있는 '연기'라는 현상에서 일어나고 있는 것이다. 이것은 '공'의 개념과 연결되어 있다. 용수龍樹는 『중론』에서 '무엇이든 연기하고 있는 것은 그것은 공이다.[2] 고로 연기하지 않는 현상은 무엇 하나 존재하지 않고, 그러므로 공이 아닌 현상은 무엇 하나 존재하지 않는다.'[3]라고 설명하고 있다. 『중론』의 첫 부분에서 '연기는 멸하지도 않고, 생하지도 않고, 단멸하지도, 상주하지 않고, 오지도 않고 가지고 않고, 다르지도 않고 같지고 않다.'라고 기록하고 있다. 공을 이해하는 것은 자신의 마음이 보고 있는 대상에 고유한 실체가 없음을 이해하고, 그와 같은 실체에 자신의 마음이 사로잡히지 않도록 하는 것이다. 이 설명에서는 공의 의미를 지적으로 알았다고 해도 실제적이지 않다. 즉, '공의 의미는 "연기"로서 모든 현상은 조건에 의존해서 생기는 것이므로, "연기"에 의해서 나타나는 여러 가지 현상은 서로 의존해서 존재하고 있다는 것이 이해된다면, 실체를 잡는 마음을 멸한다는 공의 목적을 달성하는 것이 가능한 것이다.'[4]라고 공의 본질이 말해지고 있다.

만다라는 세존이 깨달음에 이르렀을 때부터 현재까지 약 2,500년의 역사가 있다. 밀교의 '만다라'에 관해서는 제1장에서 이미 서술했다. 밀교의 만다라는 경전에 적혀 있는 내용이 만다라 도상에 의해 시각적으로 이해될 수 있는 시스템으로 되어 있다. 만다라의 본질에는 ① 만다라라는 '성스러운 것'이 현현하는 장이 있고, ② 거기에 많은 존격이 배치되어 있으며, ③ 만다라에 참여하는 인간이 있고, 어떤 '의례' 또는 '실천'을 행하는 실천자가 있다고 하는 3요소가 필요하다.[5] 밀교의 의례는 공물을 바치고, 만다라에 등장하는 붓다와 일체가 되며, 또 일체인 것을 체감하는 것이다. 그리고 명상을 통해서 '공성관空性觀'을 체득하는 것이 대전제가 된다. 그 방법으로 이미지를 이용한 명상법인 생기차제와 요가수행을 이용한 구경차제의 단계가 있다. 이들의 수행에 들어가기 위해서는 관정(완쿨=통과의례)이 중요하고, 거기에도 만다라가 사용된다.

융의 '만다라'에 관해 살펴보면, 그는 프로이트와 결별한 후 내적인 불확실감에 사로잡힌 시기에 매일 작은 원형의 그림(만다라)을 그려 왔다. 그의 만다라는 매일매일 자신의 마음을 관찰하는 것으로부터 찾아낸 개념이다. 그는 만다라가 '자기의 상태에 관한 암호'인 것을 알아차리고, 자아가 의식의 주체라면 자기는 마음의 전체 또는 무의식의 마음의 주체로 있다는 생각에 도달한다. 만다라를 통해서 마음에 존재하는 자기의 중심으로 인도되었고, 그것을 '개성화의 과정'이라고 체감한 것이다. 융의 '자기' 개념이 밀교에서 '성스러운 것'이 현현하는 붓다의 장場인 것은 말할 것도 없다. 융심리학에서 무의식으로부터 나오는 상징 또는 이미지화된 메시지를 자아가 파악하는 것, 즉 바꾸어 말하면 '의식화'하는 것이 중요하다. 자발적으로 나오는 상징과 이미지는 자율적으로 움직이는 것으로, 꿈분석 기법과 적극적 상상 기법을 이용한다.

융심리학에서는 무의식으로부터 떠오르는 상징과 이미지를 의식의 중심인 '자아'에서 파악한다. 밀교에서는 의식에서 무의식으로, 바꾸어 말하면 자아를 멸해서 무아의 영역으로 나아간다. 서양 심리학과 불교의 차이는 벡터vector의 방향이 정반대라는 것이다. 그러나 양자가 목표로 하는 실재는 '하나'된 세계, 즉 궁극의 실재인 '공'이다.

'공'의 실재에 가까워지기 위해서는 그 실재를 알고 있는 조력자가 필요하다. 밀교에서는 스승이고, 심리임상에서는 분석가에 해당한다. 또 밀교에서 사제관계는 심리임상과 교육분석의 영역에서 분석가와 피분석가의 관계와 유사하다. 밀교와 심리임상에서 그 길의 깊은 뜻을 연구하기 위해 '스승'이 필요하고, 그 사람에게 적합한 인연이 있는 '스승'을 찾아야 한다. 어느 영역에서도 영적으로 세련된 의지를 높게 가진 구도자가 아니라면, 좋은 인연을 만날 수 없을지도 모른다. 심리임상의 실제에는 치료사와 내담자라는 양자관계가 있다. 이 관계에서 치료사는 마음의 여행을 하는 '투어 가이드'에 비유되고 있다. 그것은 무의식을 여행하는 '동반자'이다. 투어 가이드는 내담자가 알지 못하는 미지의 세계를 알고 있어야 안전한 안내가 가능하다. 무의식이라는 영역은 '미로labyrinth'의 세계이다. 미로를 벗어나기 위해서는 '무의식의 지도'가 필요하다. 그 지도는 치료사 스스로가 많은 임상경험에서 체득한 것이다. 그 지도를 가지고 있지 않으면, 내담자에게 도움이 되는 임상가가 되지 못한다. 그런 의미에서 밀교의 수행자와 다를 바가 없다.

2) 융심리학에서 '마음의 구조'

(1) 마음의 구조

[그림 3-1]을 참조하기 바란다. 의식은 자신의 안팎에서 일어나고 있는 것을 인지하는 것으로, 그 중심에 '자아ego'가 있다. 자아는 인지한 내용을 판단하고, 대처하며, 그 자리에 따라 행동하는 '나'이다.

무의식은 의식으로 자각할 수 없는 영역으로, 융은 이 영역을 개인적 무의식과 집단적 무의식으로 나눈다.

개인적 무의식은 경험을 통해 한 번 의식되었지만 곧 잊어버리거나 억압했기 때문에 의식으로부터 사라진 내용으로 구성되어 있

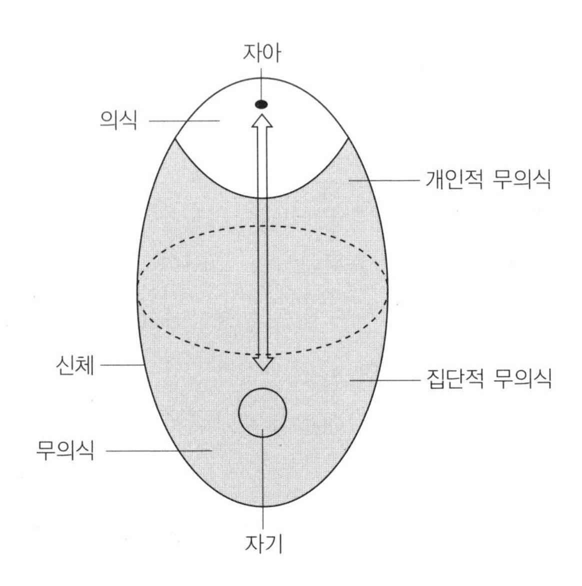

[그림 3-1] 마음의 구조

출처: 黑木(2014).

다. 그 심적 내용은 외부의 자극에 의해 의식으로 떠오른다. 이 '감정으로 채색된 집합체'를 '콤플렉스'라 부른다. 이 콤플렉스는 자아의 움직임을 위협하는 것이다.

집단적 무의식은 인류의 기저에 있는 계통발생적인 움직임으로, 그 내용은 이미지, 상징, 판타지, 메타포 등 무의식의 언어로서 상기되고 있다. 융의 최대 공헌은 자신의 무의식과의 싸움으로, 체험에 의해 집단적 무의식의 영역을 밝혀낸 것이다. 이 집단적 무의식은 한 번도 의식화되었던 적이 없고, 개인이 획득한 것도 아니며, 인류에게 공통되게 유전적으로 계승된 자아초월transpersonal 영역의 것이다. 집단적 무의식은 순수한 자연의 메커니즘이 움직이고 있는 영역이라고 말해도 좋다. 또 의식이 알 수 없는 방향성을 가지고 있다. 따라서 일정한 패턴이 있고, 시공을 초월한 개념으로서 '원형archetype'이라고 부르고 있다. 이 원형에 대해 신화학에서는 그 형식을 '모티브'라고 부르며, 원시인 심리학의 레비 브륄Lévy-Bruhl은 '집단표상', 비교종교학의 위베르Hubert와 모스Mauss는 '상상력의 카테고리', 아돌프 바스티안Adolf Bastian은 '요소개념' '원原개념'이라 부르고 있다.[6] 원형의 하나인 자기는 의식과 무의식 전체의 중심에 위치하고 있으며, 자신이 누구인지, 어디서 와서 어디로 가려고 하는지 등 진정한 자신을 알고 있다.

의식과 무의식은 대립하는 관계가 아니라 서로 보완적이고 보상적인 관계이며 하나의 전체로 또는 본래적인 자기로 향하는 것이다. 거기에는 '자기조절' 기능이 갖추어져 있다. 동양의 음양으로 말하면 의식이 '양', 무의식이 '음'이 되며, 서로가 만나 보충하려 움직이고 있고, 커다란 흐름으로서 '도Tao'가 존재하고 있다. 개인으로서의 성장은 유아기의 부모에 대한 의존에서 벗어나게 하고, 자아능력을 높여, 분별하는 힘이 없으면 사회생활이 불가능하다. 또 무의식에서 솟아 나오는 창조적 또는 파괴적인 리비도에 대해 현실적으로 자아가 대응하는 것이다. 그러나 개성화의 과정에서는 자아보다도 자기를 중심으로 한 움직임이 일어난다.

'개성화는 개성 있는 존재가 되는 것이다. 개성이라는 말이 우리의 내면 깊은 곳의 궁극적으로 무엇도 대신하기 어려운 유니크함을 가리킨다면, 자기 자신의 자기自己가 되는 것이다. 따라서 "개성화"는 "자기 자신이 되는 것"이라든지, "자기실현"이라고 바꾸어 말하는 것이 가능한 것이다.'[7] 이와 같이 융이 서술한 '자기 스스로가 자기 자신이 된다.'라는 것은 개인을 넘어선 영역에서 자기의 움직임이 있는 것으로서 의미가 크다.

아키야마秋山에 의하면 초기의 융은 자기의 개념과 신을 동일한 존재라고 파악하고 있었다. 그 이후 신이 자기와는 별도로 존재할지도 모르며, 자기가 투사될 때의 이미지와 신의 모습이 같은 모양이어서 인간의 의식으로서는 이를 구별할 수 없다고 생각했다고 한다. 그리고 최종적으로 신은 실재하고 있고, 자기와 신은 결코 같은 것이 아니며, 자기는 '신의 자비를 나르는 그릇'이라고 생각하게 되었다고 서술하고 있다.[8] 이 '신의 자비를 나르는 그릇'을 혼과 이어지는 통로 또는 '신을 비추는 장'으로서 체험하고 이해하는 경우, 자기라는 그릇이 밀교의 만다라에서 '장場', 바로 그것이 아닐까 하고 필자는 생각하고 있다.

융은 자아가 자기에게 접촉될 때의 종교적 체험을 '살아 있는 신의 체험'으로서, 누미노즘numinosum(신적인 것)이라는 단어를 사용하여 그것을 설명하고 있다. 이 누미노제numinose라는 단어는 루돌프 오토Rudolf Otto의 『성스러운 것』에서 인용한 것이다. 이 누미노제 체험은 특별한 체험이 아니고, 누구나 일상의 무의미한 풍경 속에서 종종 체험하고 있다고도 생각된다. 그것은 아침의 태양과 석양, 들에 피는 꽃과 새의 울음소리 등 자연의 풍경에 접하는 순간 마음에서 우러나오는 사람들의 한마디, 마음의 깊은 곳의 소리, 높은 뜻을 구하는 마음, 손익을 생각하지 않는 마음, 다른 사람을 소중히 여기는 '이타'의 마음 등이 나타날 때를 말하는 것으로 생각된다. 이러한 순간은 일상의 균열에서 그 모습을 틈 사이로 살짝 엿보인 '성성현현'이라 불리고 있다. 자아를 넘어서는 자아초월적인 시공의 흐름으로 들어가 주관과 객관의 구별이 애매하게 되는, 바꾸어 말하면 '하나'가 되는 세계에 접촉하는 것을 의미하고 있다. 그것은 자아와 자기가 연결되어 있기 때문에 무의식이라는 감추어진 영역인 '공'에 접촉하고 있다. 또 일상 가운데에서 심신의 고뇌를 체험하고 그것을 관통할 때, '앗, 그런가?'라고 심신이 납득하는 한순간의 체험을 영적인 '공'의 세계인 것으로 생각하면 좋다. 성성聖性이 그 모습을 드러낼 때이다. 이와 같이 융의 자아와 자기의 관계를 생각해 보면, 달라이 라마 14세(이하 달라이 라마로 표기)가 말하는 세속적인 실재는 자아의 세계이고, 궁극의 실재는 자기에 접촉하는 것에 의해서 나타나는 영적 시현이다. 자기는 '위대한 생명'에 연결되어 있는 문이며, 베다철학에서 '아트만(진아)', 불교에서는 '불성' '공' '무', 티베트밀교의 족첸에서는 '리그빠', 도교에서는 '도'의 개념에 가깝다고 생각된다.

(2) 꿈과 적극적 상상

융학파의 교육분석을 받을 때, 반드시 꿈을 기록해서 분석가에게 가지고 가는 것이 의무로 되어 있다. 이미지의 세계 그 자체를 알게 해 주는 것이 꿈으로, 융학파의 분석에서 꿈분석이 가장 잘 사용되고 있다. 필자는 과거 30년간 융학파의 분석가 3명, 자아초월 분석가 1명으로부터 교육분석을 받아 왔다. 현재에도 머리맡에 필기도구, 노트, 회중전지를 두고 있다. 아침, 눈을 떴을 때 또는 꿈을 꾸고 밤중에 깨어났을 때 꿈을 기록한다. 깨자마자 꿈을 기록하고 있으므로 고쳐 쓸 필요도 있다. 분석받는 날에는 꿈 노트와 분석가용 꿈 기록사본을 지참한다. 분석가 앞에서 꿈 내용을 한번 읽고 신경이 쓰이는 인물, 장소, 내용에 관해서 꿈을 확충한다. 꿈의 내용을 문자 그대로 읽는 것이 아닌, 은유로서 꿈꾼 사람의 이미지를 확대해 나간다. 꿈의 특징은 꿈을 꾼 사람이 꿈속에 나오는 '나의 체험'을 통해서 꿈을 어떻게 받아들이는지이다. 꿈속의 이미지 내용과 현실이 어딘가에서 이어지고 납득이 되는가이다. 납득이 된다는 것은 지적 이해가 아닌, 심신이 함께 납득하는 것을 의미하고 있다. 그때의 신체는 변성의식 상태에서 심신이 있는 그대로, 바꾸어 말하면 그로스보디(거칠고 큰 신체)와 서틀보디(미세한 신체)를 오고 가는 것이 사실일 것이라고 생각된다.

예를 들면, 꿈의 등장인물 중 한 사람인, 만난 적이 없는 여성이 나타나 나에게 무엇인가 필사적으로 말하지만 일본어가 아니어서 모른다. 나는 필사적으로 듣고 있는 중에 눈이 떠진 것이다. 눈이 떠지고 그 여성이 무엇을 말하고 싶었는지가 신경 쓰인다. 이 꿈의 이야기에 적극적 상상의 기법을 사용하면 다음과 같이 전개된다.

나는 이 꿈을 분명하게 기억해 내어 재현하고, 능동적으로 그 여성에게 물어보는 것을 시도한다. 질문을 함으로써 저편에서부터 여기로 상대 여성이 움직여 온다. 그 움직임에, 이미지의 주고받음에 맡겨 둔다. 이미지에는 자발적으로 움직이는 '자율 이미지'와 자아 차원에서 창조해 내는 '상상 이미지'가 있다. 적극적 상상은 이 이미지의 자율성을 중요시하는 기법이다. 그것에 관해서 오이마츠老松는 '무의식을 자유롭게 해서 어떠한 이미지가 나타나더라도 의식의 편에서 우선은 무비판적 · 무조건적으로 받아들이는 것 그리고 의식의 편, 즉 "내"가 그것에 어떻게 대처 가능한가를 무의식에 대한 경의를 가지고 생각하는 것이다. 그리고 그 결과를 무의식에 대해서 제시하고, 무의식 편의 의견을 묻는다. 적극적 상상은 이러한 주고받음을 통해서 의식의 주장과 무의식의 주장의 차이를 찾아가는 것이다.'[9]라고 설명하고 있다.

3) 티베트밀교에서 마음의 상태

(1) 세속의 실재와 궁극의 실재

대승불교 중관파[10]의 텍스트에 따르면 진리에는 '세속의 진리'와 '궁극의 진리'가 있고, '모든 현상은 하나의 본질이면서 다른 두 가지의 측면을 가지고 있다.'고 말한다.[11] 우리는 모든 현상을 인지할 때, 시각(안근), 청각(이근), 후각(비근), 미각(설근), 촉각(신근)의 오감과 의식(의근)을 갖춘 '육근'의 지각기능으로 이것을 행한다. 그 인식 대상으로서 색, 성, 향, 미, 촉, 법의 '육경'이 있어 총 12처가 있다. 이 열두 가지 영역은 세속의 차원에서는 분명히 존재하고 있지만, 궁극의 차원에서는 세속에서 실재로 인지하고 있는 것과 같은 실체는 성립하지 않는다는 것이 '공'의 사고방식이다. 그러므로 '있다.'라고 하는 것은 세속의 차원에서 진리이고, '없다.'라고 하는 것은 궁극의 차원에서 진리라고 한다. 이 궁극적인 차원은 종교적 또는 영적인 영역에 있어서 현실감각이라고 바꿔 말해도 좋다.

우리가 지각하는 이 현실 가운데에는 눈에 보이지 않는 또 하나의 실재가 존재하고 있다. 우리 범부는 무명으로 인해 그 궁극의 진리가 숨겨져 있는 것을 알아차리지 못한다. 그렇다면 궁극의 실재는 어떤 현실감이고, 어떤 의식 상태가 되면 궁극의 진리에 근접할 수 있는 것일까?

세속의 실재는 우리가 현실이라고 파악하고 있는 세계이므로 설명이 불필요하다. 궁극적인 실재라는 것에 조금이라도 근접하기 위해 [그림 3-2]를 이용해서 설명한다.

필자가 생각한 [그림 3-2]는 실선으로 그려진 세속의 실재 원과 점선으로 그려진 궁극의 실재 원을 나타내고 있다. 이것을 동전의 양면과 같은 것이라는 이미지로 생각해 주기를 바란다. 분리한 동

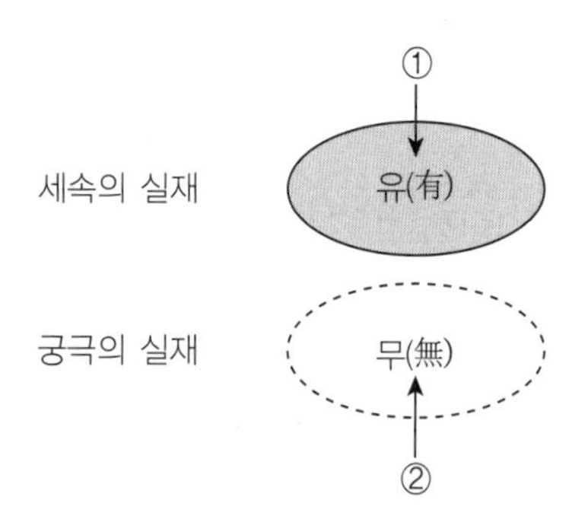

[그림 3-2] 세속의 실재와 궁극의 실재

전의 표면과 이면으로서 [그림 3-2]를 바라보면 두 개의 원이 인식 가능하다. 우리가 ①의 시점(위)에서 바라보면 두 개의 원이 겹쳐져 있기 때문에 하나의 원이 되고, 세속의 실재밖에 보이지 않는다. 이것은 '12처를 통해서 실체가 있고, 이것이 모든 것'이라고 인식해 버리기 때문이다. 달라이 라마는 그와 같은 현실을 파악하는 방법이 문제라고 한다. 우리의 일상에서 세속의 실재 깊숙한 곳에는 눈에 보이지 않는 궁극의 실재가 잠재되어 있다. ②의 시점(아래)은 무의 세계이기 때문에 실체를 수반한 현실에는 아무것도 없다. 세속의 실재가 전부는 아니고, 또 하나의 궁극적 실재가 있다고 하는 인식이 필요하다.

우리가 현실이라고 인식하고 있는 세상의 실재 속에 궁극적인 실재가 숨어 있는지를 아는 방법으로서, 다음에 나오는 [그림 3-3]과 [그림 3-4]의 게슈탈트의 관점이 도움이 될지도 모르겠다.

(2) 게슈탈트의 관점

[그림 3-3]은 반전도형 '루빈의 잔'으로 불리는 게슈탈트 심리학의 그림이다. 반전도형은 하나의 도형이지만, 지각적으로는 두 가지 이상의 형태가 성립하는 것을 말한다. 흰 공간에 주목하면 잔이 보이고, 검은 공간에 주목하면 두 사람의 여성이 마주 보고 있는 모습이 보인다. 바탕과 무늬의 반전에 의해서 '전체성을 가진 통합(게슈탈트)'의 형태가 되고, 보는 방법이 바뀐다. 이와 같이 하나로 된 것 가운데 어떤 것에 주목하는가에 따라서 보이는 형태가 변화한다. 한 점으로 의식을 향하면 다른 쪽은 모두 무의식이 된다. 이와 같은 의식의 방향에 의해 두 가지 현실인 잔의 그림과 두 여성

[그림 3-3] 루빈의 잔

출처: Gregory (1971).

[그림 3-4] 점묘화

출처: Gregory (1971).

의 그림 중 어딘가로 의식이 옮겨 간다. 이 두 가지의 실재를 오가는 의식성이 세속의 실재와 궁극적인 실재를 이해하기 위한 하나의 방법이다.

[그림 3-4]의 점묘화를 보고 독자는 무엇일까 응시하면서 점, 선, 모양을 분석하여 하나의 결론을 이끌어 낸다. 즉, '차별화'가 행해진 것으로, 이 점묘화에 내용과 의미를 부여하는 것이 된다. 점묘화를 보는 방법을 바꾸는 것만으로 결론을 이끌어 낸 것이다. 블라우엔Blauen은 다음과 같이 말하고 있다.

> 이것은 의식에 의한 차별화와 분석에 의해서 우리가 공이 되는 것에서 떨어져 자립한 실재를 어떻게 만들어 내고 있는지뿐만 아니라, 이와 같은 실재를 토대로 차별화되지 않은 상태로 되돌리는 것이 얼마나 어려운가를 보여 주고 있다. 숨겨진 깊은 뜻을 알게 된 후의 그림 퍼즐을 단순히 점과 선과 모양으로 다시 한번 의식적으로 분해하는 것의 어려움은 누구나 쉽게 이해할 수 있다. 적어도 노력하지 않고서는 '질서'는 '무질서'로 후퇴하지 않는다. 그러나 이것이야말로 공성空性을 명상하는 것이 완수되어야 하는 이유이다. 실재의 질서화, 차별화, 구축(견해)의 과정을 역전시키는 것이 모든 현상의 공성을 확실히 이해하는 것임을 의미하고 있기 때문이다.[12]

[그림 3-3]의 '루빈의 잔'에서는 하나의 그림 속에 두 가지 상이 있는데, 어느 쪽에 의식을 두는가에 따라서 인식되는 형태(잔 또는 두 여성)가 달라진다. 하나의 그림 속에 두 가지의 다른 요소가 있

는데, 어느 하나가 없어도 성립되지 않는다. [그림 3-4]는 바닥이 무늬가 되는 순간에 이 점묘화의 내용과 의미를 부여하는 것으로, 공이 되는 것으로부터 분리되어 실재하는 것으로서 보이게 된다. 이 현상을 역전시키는 것으로 공성이 이해되거나, 아니 체감될 수 있다고 한다. 달라이 라마가 말한 세속의 실재와 궁극의 실재의 관계성이 이와 같이 의식이 향하는 방향에 따라서 보이는 세계가 달라지는 것과 두 가지의 현상이 있기 때문에 이 세상의 조화가 유지되고 있음을 알 수 있는 것은 아닐까? (참고로 [그림 3-4]에는 산책하는 달마시안이 그려져 있다.)

(3) '공'의 메커니즘과 그 실천

나는 달라이 라마가 말하는 '궁극의 진리'라는 것이 '위대한 생명(자연, 우주)에 의해서 활용되고 있는 실제 느낌과 일체화'라고 생각한다. 이 위대한 생명과의 일체화라는 실제 느낌을 가지게 되면 보다 풍부한 자신이 나타나게 된다. 그것은 삼라만상에 의해서 활용되고 있는 것에 감사하는 의식성일 것이다. 이와 같은 의식성의 맞은편에 '공'이 되는 영역이 열려 있다. 그렇다면 의식성을 획득하려면 어떤 과정을 따라야 하는가?

궁극의 실재와 접촉하는 공으로 나아가는 실천에 관해서 다치카와는 'ABC 세 점의 그림'([그림 3-5] 참조)이라고 명명하고 다음과 같이 설명하고 있다.[13]

A에서 B에 이르는 거리는 세속의 차원에서 성스러운 차원으로 이르는 과정을 보여 주고 있다. 사선의 의미는 '하나 되는 실재에 접촉하는 것'을 의미하고 있고, 어느 정도의 시간이 필요하다.

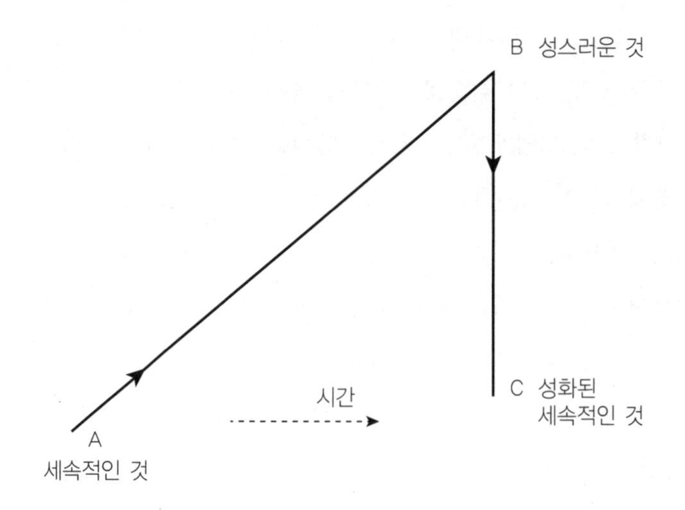

[그림 3-5] ABC 세 점의 그림

출처: 立川(2007).

A에서 C로 향하는 점선의 표시는 시간적 경과를 보여 주고 있다. B에 다다른 실천자는 금세 (직선으로 표시하고 있는) 세속의 C의 세계로 돌아간다. 돌아갔다고 해도 A가 아닌 C의 위치로 나아간다. B의 공성에서는 머무를 수 없고, 공성체험은 매우 짧은 시간이라고 한다.

다치카와는 공을 실천하는 과정에 대해 '실천자는 자기 자신을 부정不淨하고 세속적인 것이라고 간주한 다음, 그 부정不淨한 자기를 부정否定하는 행위를 통해서 성스러운(거룩한) 경지인 공성에 이르며, 공성으로부터 다시 세속의 세계로 돌아온다.'라고 한다.[14]

[그림 3-5]에서 세속의 A에서 성스러운 B에 이르기 위해서 실천자는 자신을 속된 자로 보고, 부정不淨한 자기를 부정否定하는 것으로 성스러운 경지인 공성에 닿는다. 우리는 세속에서 살고 있고, 이

현실이 실재로 느껴지며, 이것이 전부라고 굳게 믿고 있다. 또 우리는 사물을 자기중심적으로 생각하는 습성이 있으므로 자신이 옳다고 생각하고, 그렇게 하는 것으로 자신을 지키며, 다른 사람이 말하는 것에 대해 귀를 기울이지 않는 경우가 있다. 그리고 자신이 생각하는 방법과 가치관을 바꾸는 것을 어려워하고, 자신의 욕심에 집착하는 것으로 자기를 유지하는 데 기를 쓰고 있다. 그 '아我'에 집착하는 것 자체가 부정不淨이라고 다치카와는 보고 있다. 그와 같은 부정不淨(세속)해진 자신을 인식한 후에, 세속의 실재만이 '현실'이라고 믿고 있던(착각하고 있던) 것을 벗어 버릴 필요가 있다.

그러면 어떻게 벗어 버리면 좋을까? 세속의 실재 속에 궁극의 실재가 겹쳐져 있다는 이미지를 가진다면 이해하기 쉬울지도 모른다. 예를 들면, 당신이 거실에 앉아 있다고 하자. 방 안을 둘러보면 소파와 텔레비전 등의 사물에 둘러싸여 있는 자신이 존재하고 있다. 당신이 지각하고 존재하는 이 세속의 실재가 다층적으로 이루어져 있다고 생각해 보는 것이다. 실재는 의식의 변성에 의해서 미묘하게 변용한다. 변용하는 실재 속에 궁극적인 실재가 잠재하고 있고, 주변에 있는 모든 사물과 나 자신은 그 자체로 성립하지는 않는다. 모든 관계성 밖에 나라는 존재는 없다. 나(나라고 하는 자성)만으로는 성립되지 않는 것이다. '모든 현상은 그 자성에 의해 성립되지 않는 공의 본질을 가지고 있는 것이다.'[15] 이것을 신체의 관점에서 받아들이면 자신을 거칠고 큰 신체에서 미세한 신체로의 변용으로 비유하는 것이 가능하다. 눈에 보이는 신체에서 미묘한 기氣의 신체, 동양의학에서의 경락의 신체, 말하자면 '에너지체体'로서의 신체이다. 이미지를 확대해 보자. 눈앞에 형태가 분명히 있는 물질이 점차 희미해져 가고, 안개와 같은 미세한 먼지의 에너지체로 변화한다고 상상해 보면 '공'이라는 허무의 실재의 이미지가 파악하기 쉬워지게 된다. 이 영역이 성스러운 B이다.

그리고 B에서 C로, 즉 '공에서 다시 세속의 세계로 돌아간다.'라는 단계에서는 공성의 시공에 길게 머무르는 것이 불가능하다. 왜냐하면 모든 현상을 인지하는 시각, 청각, 후각, 미각, 촉각의 오감과 의식을 합한 '육근'이 있고, 그 인식대상으로서의 '육경', 총 12처가 이 육체를 살리고 있다는 현실감각이 있기 때문이다. 세속의 실재에서 이 육체를 유지하고 생존시키는 것이 우선시되는 것은 자연스러운 것이다. 그러나 A 지점과 C 지점은 B에서 궁극적인 실재로 '하나 되는 세계'의 체험을 하기 때문에 세속으로 돌아가지만 세속의 실재를 보는 방법이 미묘하게 변화하는 것이다.

[그림 3-6]에서 다치카와는 '공의 실천 사이클'로서 『반야심경』에서 공의 영역에 도달하는 과정을 다음과 같이 설명한다.[16]

A 지점에서 B 지점으로 가는 시간이 있고, B 지점에서 그것의 체험을 거쳐 CA′로 돌아가고, 그 과정을 되풀이하는 체험을 『반야심경』이 말하고 있는 것이 아닌가 한다. 또 '색즉시공 공즉시색'이라는 것이 A에서 B에 이르는, 또한 B에서 C에 이르기까지의 모든 긍정 속의 '색色'을 언급하는 것이라고 생각할 수 있다. 그리고 B 지점(B′, B″), 즉 공의 순간에는 도대체 무엇이 일어나고 있는가? 『반야심경』의 '공에서 아무것도 없다.'라고 하는 것은 B 지점의 것만을 말하고 있다. 또 다치카와는 스즈키鈴木의 말을 인용하며 '색과 공이 녹아서 완전히 섞이는 것은 A가 B로 되는 것이 아니고, B가 C로 되는 것도 아닌, 즉 그것은 색이 공이 되는 것이 아니고 공이

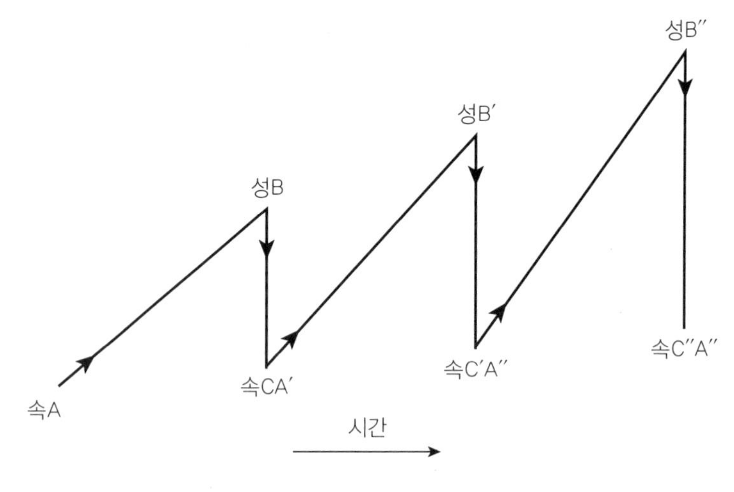

[그림 3-6] 공의 실천 사이클

출처: 立川(2007).

색으로 되는 것도 아닌, 그런 무언가로 되는 것이 아니라 A와 B가 또는 색과 공이 융합하는 것이라고 한다.'[17] 이와 같이 세속의 실재에서 궁극의 실재인 공의 세계는 색과 공이 하나로 연결되어 있는 실재의 것이라는 것을 알았다.

사람은 누구나 매일매일의 생활 속에서 공의 현실감각을 만나고 있다. 예를 들면, 일출의 태양을 향해 자연스럽게 두 손을 모은다거나, 길가에 핀 이름 모를 꽃과 풀에 문득 눈길이 머물거나, 산사와 절에서 기도를 할 때 자연스럽게 마음이 고요해진다. 그와 같은 마음의 움직임이 있는 순간, 자신(주체)과 그 대상(객체)의 두 세계가 하나의 세계로 융합하고, '위대한 생명'과 연결되는 순간이다. 또 자신의 고민을 믿을 수 있는 상대에게 이야기하고 기분이 자연스럽게 편해질 때, 무심코 들은 한마디로 눈물이 날 때 등 닫혀 있던 자신의 마음이 자연스럽게 열리는 순간도 위대한 생명과 연결되어 있다. 그와 같은 때에 영적인 세계에 접하고 있으므로, 무언가 훅 하고 부드러운 기분이 솟아오른다. 이렇게 생각하면 누구나 일상 속에서 '공'의 실재에 닿아 있다고 말할 수 있는 것은 아닐까?

2. 정신발달에서 '의식론'

1) '의식의 스펙트럼'에서 융과 밀교

이론가 켄 윌버는 자아초월 심리학의 발전에 커다란 영향을 주었다. 그는 '인간의 성격personality은 하나의 의식의 다층적인 현현 또는 표현이다.'라고 주장하며 의식의 모델을 물리학에서 전기장이 구조적으로 다층대역을 가지고 있는 모델을 사용해서 '의식의 스펙트럼론'을 제창했다. [그림 3-7]은 네 개의 주요한 차원으로 나누어 의식의 계층성을 설명한 것이다.

우선 첫 번째의 '성聖우주'라 쓰인 통일의식 수준의 선은 우주, 무한, 영원이라 불리는 하나의 세계로, 소위 이원대립과 분열도 없고 세계 그 자체의 상태, 자기와 비자기의 구별도 없는, 즉 통일된 의식 상태를 나타내고 있다. 이것을 알기 쉽게 설명하면, 임신 중인 모태(태내우주) 속에서 자라고 있는 태아는 모자 일체로 '둘이면서 하나'의 상태에 있는 것을 말한다. 다음에 산도(초개인적 대역)를 통과하여 모친의 태내에서 탄생하는 유아는 두 번째의 전全유기체 수준에서 유기체(심신통합체)와 환경(자연)이 이원으로 분화하는 것으로, 시간과 공간 속에 존재하고, 신체의 피부의 안과 밖, 자신과

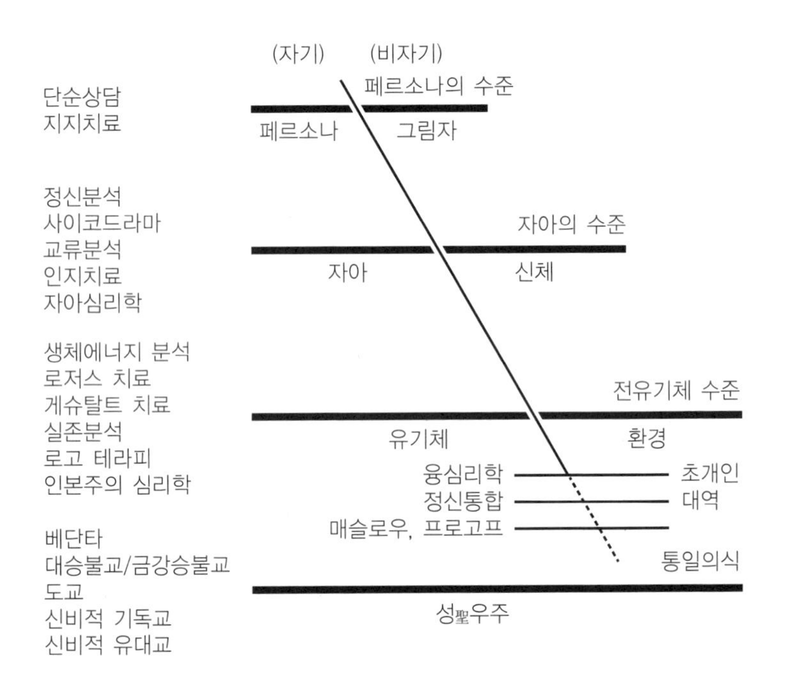

[그림 3-7] 의식의 스펙트럼

출처: Wilber, 吉福訳(1979).

타자의 경계선이 그어진다. 또 성장함에 따라 개인적인 의지가 발달해 간다. 세 번째 자아의 수준에서는 자아와 자신이 이원으로 분리하는 것으로, '나는 신체를 가지고 있다.'라는 식으로 심신을 나누어서 생각하게 된다. 그리고 사고하는 자신이 자신이라는 착각에 빠져 스스로의 정체성을 좁혀 간다. 네 번째 페르소나(가면)의 수준에서는 받아들여지는 측면을 페르소나로, 부정하고 싶은 자신의 수준을 그림자 영역으로 억압한다. 이렇게 자신의 정체성을 자아의 일부로 축소한 것을 자신이라고 믿게 된다. 이와 같이 우주의식의 고차원의 정체성에서 얼마간의 수준과 대역을 거쳐서, 자의

식으로 집약되는 좁은 정체성 감각과 의식의 상태에 다다른다.

사선은 자기(자신 또는 자아, 안)와 비자기(자신 이외, 밖)를 나타내고 있다. 예를 들면, 페르소나와 동일시하고 있는 개인의 경우, 억압된 자신의 그림자의 측면, 자신의 신체, 환경으로서의 자연이 자신과 관계가 없는 것처럼 느껴진다. 그들은 잠재적으로 위협을 주는 것으로 비춰져 피부의 안을 자기, 피부의 밖을 비자기로 나누고 있다. 자신에게 있어서 이질적인 비자기는 모두 적이 되고, 받아들여지는 것이 불가능하다.

그리고 자신의 정체성을 자아의 일부로 좁혀, 자신이라 믿고 있는 페르소나의 부분을 융의 개념에 적용한다면 자아로 생각해도 좋다. 우리가 발달하는 것은 자아를 획득하는 것으로, 자신이라는 정체성을 확립해 왔다. 통일의식 수준에서 페르소나 수준으로, [그림 3-7]에서 나타나듯이 아래에서 위로, 자아의 발달은 스스로의 페르소나를 만드는 것으로 완성한다. 또 윌버는 각 수준에서의 인격의 발달과정에서 자기와 비자기의 연결이 끊어지고, 페르소나를 자신이라고 굳게 믿은 것에서 '마음의 병'이 생긴다고 논한다. 이 페르소나 수준에서 만들어진 세계는 우리가 살고 있는 세속의 실재이다. 윌버는 '마음의 병'을 회복하기 위해서는 표층에서 심층으로, [그림 3-7]에 나타난 것처럼 위에서 아래로, 각 수준에서 배제한 비자기로 인식하고 있는 그림자, 신체, 환경을 통합하는 것에서 본래적인 자기가 회복된다고 말하고 있다. 이 본래적인 자기가 회복되기 위해서는 궁극적인 실재를 알아야 한다.

또 [그림 3-7]에서 왼쪽에 기재한 치료의 이름으로 각 계층마다 유효한 치료법을 정리한 것도 윌버의 공헌 중 하나이다. 스펙트럼의 각 차원에서의 특징과 증상에 유효한 유파가 있다. 페르소나 수준의 단순상담은 자신이 그림자 영역에 억압한 콤플렉스를 발견하고, 그것을 표층으로 꺼내는 것으로서 페르소나와 그림자가 이질적인 것이 아닌 것을 목표로 하고 있는 치료이다. 어느 수준이든 의식에 변화를 일으키고자 하는 점은 변함이 없다. 자아 수준의 정신분석은 무의식의 내용을 의식화하는 것으로 마음 전체를 파악하고, 페르소나와 그림자를 재통합하는 것으로 건강한 자아를 되찾는 것을 목적으로 하고 있다. 프로이트파는 주요한 동기를 성 리비도에서 찾고, 아들러파의 분석은 우월감에 대한 욕구에 중점을 두고 있다. 전유기체 차원의 인본주의 심리학에서는 자아와 신체를 재통합함으로써 '실존으로서의 나'에서 유기체로의 확대를 탐구하고 있다. 그리고 유기체 수준과 통일의식 수준 사이에 자아초월적 대역이 있다. 이 대역에 융의 분석심리학이 위치하고 있다. 이 대역은 태내에서 외계로, 일원一元에서 이원二元으로, 저 세상에서 이 세상으로, 전생에서 현생으로, 성聖에서 욕俗으로도 표현 가능한 중간지점이다. 이 중간지점은 다층의 의식과 미세하고 경계가 없는 신체로 구성되어 있다.

또한 깊은 통일의식 수준이 되면 종교 영역이 중시하는 '하나 되는 세계', 유기체와 환경을 통합하고 우주와의 일체감과 고차의 의식성, 지고의 정체성을 목표로 한다. 이 대역은 초개인적 · 집단적인 내용이 문제가 된다. 이 스펙트럼론에서는 발달심리적인 측면과 함께 임상장면에서 나타나고 있는 증상, 문제와 갈등이 어느 수준에서 생겨나는지를 알 수 있다.

2) 『구사론』에서 '사유'

현재의 발달심리학에서 사람은 유아기부터 노년기까지를 포함한 전 생애에 걸쳐 계속 성장하는 것이라고 파악하고 있다. 발달단계로 태아기, 유아기, 아동기, 청년기, 장년기, 노년기 등의 넓은 범위에서 연구가 진행되고 있다. 에릭슨Erikson은 사람이 건전한 발달을 하기 위해서는 인생의 각 단계에서 해결해야만 하는 발달과제development task가 있다고 한다. 서양심리학은 사람이 태어나서부터 죽을 때까지의 발달에 관해서 서술한 것이다. 동양에서는 5세기경, 인도의 대학승인 세친世親이 저술한 『구사론』(아비달마구사론)이 있고, 그 안에 '사유'라는 개념이 서술되어 있다.[18]

사유四有의 '유有'는 생존을 의미하고 있다. 우리 중생은 윤회전생輪廻転生하는 과정으로 탄생, 생존, 죽음을 반복하며, 생존有의 상태를 네 가지로 나누고 있다고 한다. 『구사론』에서는 사후, 육체로부터의 분리, 다음 생에 이르기까지의 일정기간, 중간적 단계인 중유(중음中陰이라고도 한다.)를 거친다고 말하고 있다. 첫째는 죽음에서 시작하고, 죽어서부터 다음의 생을 받아들이기까지의 '중유'이다. 둘째는 탄생의 순간인 '생유生有', 모태의 양수 속에서 일체화해서 존재하고 있는 태아가 시공을 초월해서 이 세계에 얼굴을 내밀고, 탯줄을 잘라 최초의 '호흡'을 행하는 순간이다. 셋째인 탄생에서 죽음까지의 '본유本有'는 사람의 일생으로, 태어나서부터 죽을 때까지의 시기이다. 영아기, 유아기, 소년기, 청년기, 장년기, 노년기가 있고, 이 세상적인 시간의 흐름으로 생활을 영위하는 시기이다. 넷째는 죽음의 순간인 '사유死有'이다. 죽음을 맞이해 이 세상에서 살

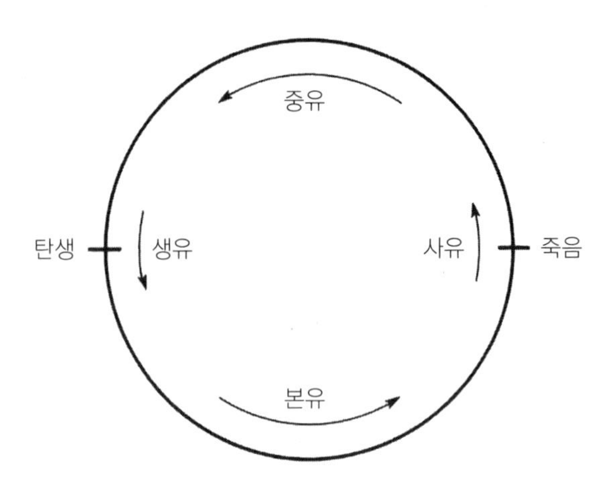

[그림 3-8] 사유이론

출처: 西平(1997).

아온 시공으로부터 이별하는 시기로, 자신의 육체로부터 떠나는 순간, 최후의 '호흡'을 행하는 순간이다. 니시히라西平는 이 사유의 설에 관해서 '생에서 죽음으로, 죽음에서 사후로, 사후에서 재생으로, 생명의 순환으로서 순환적으로 연결되어 있다. 정말로 규모가 큰 존재론과 발달론을 겸비한 정말 훌륭한 이론 모델이다.'[19]라고 기술하고 있다.

3) 『티베트 사자의 서』

에반스 웬츠Evans-Wentz는 영국 옥스퍼드 대학교에서 인류학을 공부한 뒤 인도로 건너갔다. 그는 몇 년간 인도 각지를 순회하며 탄트라를 공부했다. 이곳저곳의 수도원을 돌아다니고 있을 때, 다

즐링에서 젊은 라마승으로부터 1권의 사본을 양도받았다. 티베트 밀교에서는 매장경埋藏經(테루마)이라 불리는 문헌이 많았고, 산속의 동굴 등에 감추어져 있다는 전설이 있었다. 웬츠가 받은 것은 매장경의 하나인 『티베트 사자의 서』였다. 1927년 웬츠가 『티베트 사자의 서』를 간행했을 때, 융이 이를 급히 구입해서 훑어보았다고 한다. 그 후 1935년 『티베트 사자의 서』의 독일어판이 출판될 때, 웬츠의 의뢰를 받아 융이 심리학적 주석을 썼다.

> 이 책이 1927년에 처음으로 출판되었을 때, 영어권 나라들에서 적지 않은 센세이션을 일으켰다. 이 책은 대승불교 전문가들의 관심을 끌었을 뿐만 아니라 그 가르침의 깊은 인간미와 영혼의 신비에 대한 깊은 통찰로 인해서 인생에 대한 지혜를 깊게 하는 것을 추구하는 일반 여러 독자에게도 강한 호소력이 있었다. 출판 이후에도 바르도 퇴돌은 나의 변함없는 동반자였다. 나는 이 책으로부터 많은 자극과 지식을 얻었을 뿐만 아니라 많은 근본적 통찰도 배웠다.[20]

『티베트 사자의 서』[21]는 '바르도 퇴돌'로 줄여서 말하기도 하는데, 여기서 '바르도'는 사자死者가 다음 생을 받을 때까지 죽은 자의 혼이 방황하고 있는 '중유'나 '중음'이라 불리는 중간상태를 가리킨다. 이 중간상태는 죽은 자의 혼이 현세로 돌아와서 윤회전생을 할지 아니면 윤회의 흐름에서 벗어나서 붓다의 세계로 들어갈지 하는 혼미한 상태라고 할 수 있다. 이 중간상태의 시기는 '사후 49일'로 우리에게는 친숙한 단어이다. 심리임상을 행하고 있을 때 가족의 일원이 사망하거나 애도 작업mourning work에 관여할 때가 있다. 실제 심리임상의 장에서 가족의 일원을 잃은 많은 케이스에서 49일이 끝나면 가족 전체의 분위기가 변화한다. 말로는 표현하기 어렵지만 가족들의 마음 상태가 미묘하게 변화하는 것은 사실이다. '퇴돌'은 '들음聽聞에 의한 해탈'이라는 의미이다. 이상하다고 생각할지 모르지만 이 책은 매장의 의례가 아니고, 죽은 자들을 윤회의 고리에서 해방시키기 위해서 가르쳐 이끄는 내용이다. 라마승이 죽은 자의 시신 머리맡에서 그 혼에게 이 경전을 읽어 주고 죽은 자가 이 세계에 집착하지 않도록 사후에 만나는 광경과 그 대처법을 말한다. 바르도의 상태를 다음의 세 단계로 나누어 죽은 자의 혼이 현세로 재생해서 오는 과정이 서술되어 있다.

- 치카이 바르도chikahi bardo: 죽음의 순간의 중유
- 체니이 바르도chonyid bardo: 존재 본래의 모습의 중유
- 시드빠 바르도sodpa bardo: 재생으로 향한 미혹의 상태의 중유

첫째 '치카이 바르도'는 죽음의 순간에 경험하는 사건에 관해서 서술하고 있다. 죽은 자는 죽음의 순간에 자신의 신체로부터 혼이 빠져나갈 때 일종의 실신상태가 일어나며, 무슨 일이 일어나고 있는지를 모른다. 밖으로 내쉬는 숨이 끊어지려고 할 때 스승이 죽은 자의 귓가에 대고, 죽은 자의 혼이 헤매는 일이 없도록 다음과 같이 말한다. '아아, 선한 사람이여. 지금이야말로 그대가 길을 구할 때가 되었다. 그대의 호흡이 끊어지자마자 그대에게는 첫 번째 바르도인 '근원의 광명'이 나타날 것이다. 허공과 같이 붉게 빛나

는 모양으로 공空인 존재 본래의 모습(법성)이 나타날 것이다. 명명백백하게 공으로서 …… 적나라하고 무구한 밝은 지혜가 현현하는 것이다. 이때에 그대 자신이 이것의 본체를 깨닫게 될 것이다.'[22] 이 단계에서 임시 그릇인 신체는 죽음으로 향하는 자의 공을 본성으로 하는 의식의 순수성이 다르마 까야(법신=진리체현의 신체)로 붓다와 연결되어 있다. 그 상태가 분명 공의 실재이며 광명 속에서 삶도 죽음도 없다. 스승으로부터 경전의 독송을 들은 죽은 자의 혼, 이것이야말로 '불변의 광명의 붓다(아미타불)' 세계로 들어간다고 깨달으면 충분하다.

죽음을 향하는 자가 이 첫 번째 '근원의 광명'에서 깨닫는다면 해탈이 가능하다. 깨닫지 못한다면 두 번째 '길의 광명'이라 불리는 것이 나타난다. 죽은 자의 의식이 몸 밖으로 빠져나가 있지만 전혀 죽었다는 의식은 없다. 그러므로 죽은 자에게는 친족 등이 눈앞에 있는 것처럼 보이고 친족의 슬픔도 들린다. 여기에서 스승은 죽은 자의 이름을 세 번 부르고 '광명의 인도'를 반복해서 받도록 구경차제究境次第 또는 죽은 자의 수호 본존을 명상하기 위한 '모습의 묘사'와 그것을 확인하는 '작법作法'을 가르친다.

두 번째의 '체니이 바르도'는 '제3의 광명'이라 불린다. 이 무렵이 되면 죽은 자는 신체의 주변 상황을 알아차린다. 자신의 밥그릇, 의복, 침상 등 모든 것이 정리되어 있다. 죽은 자 쪽에서 친족을 보는 것이 가능하지만 산 사람들 쪽에서 죽은 자를 보는 것은 불가능하다. 그들의 호소를 듣는 것은 가능하지만 이쪽에서 불러 보아도 그들에게는 들리지 않는다. 이 시기에 소리, 색, 빛의 환영적인 현상에 휘말려 죽은 자는 공포, 전율, 경악에 의해 실신하게 된다.

이 시기에 스승은 죽은 자의 혼을 향해 다음의 여섯 바르도를 가르친다. 첫 번째는 모체로부터 탄생해서 이 세상에 태어나는 모습의 바르도, 두 번째는 꿈의 상태의 바르도, 세 번째는 선정, 삼매 상태의 바르도, 네 번째는 죽음의 순간의 중유(치카이 바르도), 다섯 번째는 존재 본래의 모습의 중유(체니이 바르도), 여섯 번째는 재생을 향해 방황하는 상태의 중유(시드빠 바르도)이다.[23]

이 상태에서 스승이 죽은 자에게 반복해서 가르치는 것은 체니이 바르도가 나타나고 있는 '지금, 여기'에서 공포, 전율, 분노의 기분을 버리라는 것이다. 나타나는 것은 모두 자기 자신의 의식을 투사한 것이라고 깨달아야 한다고 한다. 이것이 바르도 그 자체이고 이것을 간파하지 않으면 안 된다.

유아사는 『티베트 사자의 서』가 말하는 세 가지의 바르도에 앞서 첫 번째 모체에서 탄생하는 '자궁 속의 상태', 두 번째 '꿈의 상태', 세 번째 '명상의 상태'에 관해 언급하고 있다. 생명의 세계는 탄생과 죽음을 가지고 있을 뿐 본질은 불안정한 것이기 때문에 '자궁' '꿈' '명상'은 그런 생명의 본질을 아는 창이다. 심층심리학의 관점에서 보면 꿈과 명상을 포함한 바르도는 무의식 영역에 관한 경험을 의미하고 있다. 융이 이 책에 흥미를 가진 이유도 거기에 있다.[24] '자궁 속의 상태'는 심리임상에서 퇴행현상이라고 생각하면 이해하기 쉽다. 필자의 임상경험에 의하면 20대 전후의 여성에게 '아기로 돌아감'은 유아기에서 영아기로 퇴행하고 있는 의식 상태이다. 꿈은 자고 일어났을 때의 '꿈', 꿈을 꾸는 상태, 백일몽 등의 의식의 상태를 말한다. 명상은 호흡을 사용하므로 누구라도 의식의 변성상태를 일으킨다.

두 번째 '체니이 바르도'의 내용은 전반 7일에 '적정존寂靜尊' 붓다들의 출현, 후반 7일에 '분노존忿怒尊' 붓다들의 출현에 있어서 그것에 대한 공양의 방법을 상세하게 설명하고 있다.

전반에는 '적정존'이 등장하고, 오지五智여래 만다라로 보이는 여래들이 차례로 나타난다. 하나의 단계에서 깨닫지 못하는 경우라도 다음의 단계에서 깨닫고 해탈이 가능하다. 첫째 날은 '아아, 선한 사람이여. 3일 반 동안 그대는 실신하고 있었던 것이다. 실신에서 깨어나면 자신에게 무슨 일이 있었던 것일까라는 생각이 들 것이다. 그대는 바르도의 상태에 있다고 깨달아야 한다. 그때에 윤회의 반전에서 나타나는 모든 환영이 광명과 신체를 가진 모습으로 나타나는 것이다. 허공의 모든 것이 감청색의 빛이 되어 나타나게 되는 것이다.'[25]

이때 붓다의 세계 중앙에서 비로자나여래들이 강렬한 푸른빛을 동반해 나타난다. 그 강렬한 빛과 함께 '미약한 백색의 희미한 빛'도 눈앞에 다가온다. 이때는 자신의 다르마(업)의 힘에 영향을 받아 붓다의 세계에서 예지인 감청색 빛이 눈부시게 빛나는 광명에 공포를 품고 도망가 '미약한 백색의 희미한 빛'에 접근할 것이다. 감청의 광명은 여래의 광명이고, 이 어슴푸레한 빛은 해탈을 방해하는 사악한 길이다. 둘째 날에는 동방으로부터 아촉여래(금강살타 집단)가 백색의 강렬한 빛과 함께 지옥의 미세한 희미한 빛이 두렵지 않을 정도로 비추면서 온다. 스승은 죽은 사람의 이름을 불러 '아아, 선한 사람이여. 마음이 미혹되는 일 없이 듣는 것이 좋다.' 라고 말을 건다. 이 말은 육도윤회로 죽은 사람이 이끌리지 않도록 인도한다. 이후 마찬가지로 죽은 사람에 대해 가르침을 행한다. 셋째 날에는 남쪽에서 보생寶生여래들이 황색의 강렬한 빛과 함께 '인간계'의 청색의 미세한 희미한 빛이 무서움을 느끼지 않을 정도로 비추면서 온다. 넷째 날은 서방으로부터 아미타(무량광)여래의 붓다군과 함께 '아귀'의 미약한 엷은 빛의 길을 보이면서 온다. 다섯째 날에는 북방으로부터 불공성취여래 집단이 녹색의 강렬한 빛과 함께 '아수라'의 탐욕과 질투의 미세한 희미한 빛을 비추면서 온다. 여섯째 날에는 오불五仏이 각각의 빛을 발하면서 여존들을 동반해 일제히 나타나고, 동시에 지옥, 아귀, 축생, 아수라, 인간, 천사 등

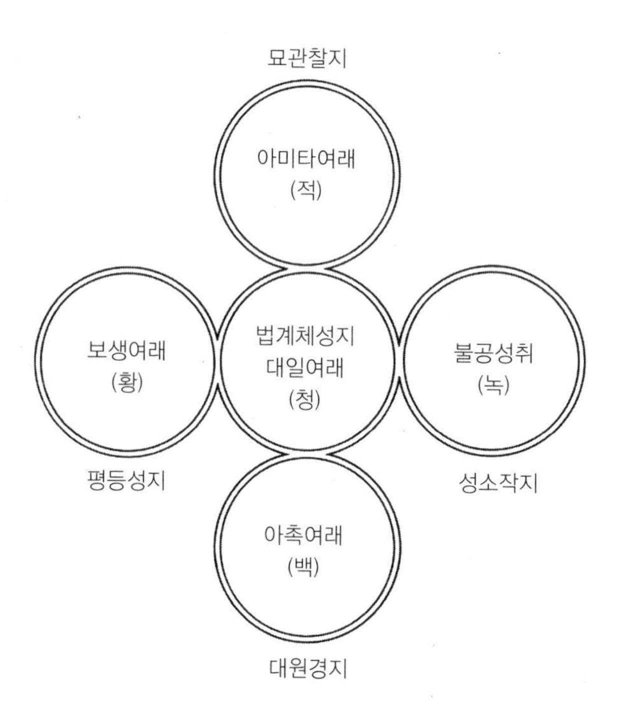

[그림 3-9] 오지여래五智如來의 만다라

출처: Jung, 湯浅 · 黒木訳(1983).

육도의 희미한 빛도 나타난다. 일곱째 날에는 허공여행의 세계로부터 지명자持明者의 붓다들이 발하는 오색 빛과 동물계(축생)의 희미한 빛이 함께 나타난다. 이것은 '그대 자신의 투사이고, 의식의 움직임이다.'라고 깨달아야 한다고 설하고 있다.

후반의 8일째부터 14일째까지는 '분노존'의 붓다들이 출현한다. '아아, 선한 사람이여. 마음을 현혹시키는 일없이 듣는 것이 좋다. 이전의 적정존이 바르도에서 나타났지만, 그대는 그것을 깨달을 수 없었기 때문에 여기에서 아직 방황하고 있는 것이다. 지금 8일째에는 피를 마시는 분노존의 무리가 나타난다. 마음을 어지럽힘 없이 그들의 본질을 깨달아야 한다.'[26] 신체는 암갈색으로, 세 개의 얼굴, 여섯 개의 손, 네 개의 발, 아홉 개의 눈은 공포스럽고 머리카락은 위쪽으로 거꾸로 서 있고, 두개골의 장식과 검은 뱀과 방금 자른 목을 들고 있는 대길상大吉祥 붓다헤루카라 불리는 분노존이 나타난다. 9일째는 피를 마시는 바쥬라헤루카 분노존, 10일째는 피를 마시는 라토나헤루카 분노존, 11일째는 피를 마시는 빠도마헤루카 분노존, 12일째는 피를 마시는 카르마헤루카 분노존, 13일째는 가우리 팔 여신과 동물의 머리를 가진 삐샤치가 죽은 사람 자신의 뇌 속에서 나타난다. 14일째는 동서남북 사방의 문지기 여신이 죽은 사람 자신의 뇌 속에서 나타난다. 이 모든 것을 '수호의 본존'이라고 깨달아야 할 것이다. '아아, 선한 사람이여. 적정존은 다르마 까야(법신)가 공의 세계에서 나타난 것이라고 깨달아야 한다. 분노존은 삼보가 까야(보신)가 밝은 세계로부터 나타난 것이라는 것을 깨달아야 한다.'[27]라고 한다.

세 번째 '시트바 바르도'는 재생을 향해 헤매는 상태의 중유에 관해 쓰인 것이다. 이 단계에서 중요한 것은 바르도에서 신체는 윤회의 고리 속에서 '생전의 삶'과 '이후에 받는 삶'의 몸과 색깔과 형태를 가진 신체가 비슷한 모습을 하고 있다는 점이다. '바르도에서 지금의 그대가 몸과 색깔과 형태로 되어 있는 신체를 하나 가지고 있고, 그대 자신의 생전에 습관을 만드는 힘習氣의 영향에 의해 받아 가지고 있는 것, 붓다의 좋은 시대(현겁賢劫)에 태어난 자의 신체와 같이 32상相 80종호種好라는 붓다의 뛰어난 신체적 특징 몇 가지와 광명을 자신의 신체에 갖추고 있는 경우도 있는 것을 의미하고 있다. 그대의 의식이 신체의 모양을 가지고 나타나고 있기 때문에 이것은 '바르도에서 나타나는 의식신意識身'이라 불린다.'[28] 이때 천상, 인간, 축생(동물), 아수라, 아귀, 지옥 가운데 인간이라면 인간계의 환영이 나타난다. '아아, 선한 사람이여. 생전에 받아 왔던 가르침을 그대가 기억하지 않고 잊어버린다면, 그대가 생전의 삶에서 받은 신체의 모습이 이후는 점점 불명료하게 되어 사라져 갈 것이다.'[29] 이때 육도의 여섯 종류의 어슴푸레한 빛이 빛난다. 천상계는 백색의 희미한 불빛, 인간계는 청색의 엷은 빛, 축생계는 녹색의 엷은 빛, 아귀계는 황색의 엷은 빛, 지옥계는 회색의 엷은 빛이 동시에 나타날 것이다. 그때 어디에 태어나는가에 따라서 신체의 색도 그 색이 된다.

'아아, 선한 사람이여. 이렇게 해도 그대가 깨달을 수 없을 때는 여섯 종류의 미혹의 세계(육도) 속에서 위의 세계로 올라가고 싶다든가, 같은 세계에 머물고 싶다든가, 아래의 세계를 향해 내려가고 싶다든가 하는 여러 가지 생각이 까르마(업)의 힘에 의해서 그대에게 지금 이때에 나타날 것이다.'[30] 여기에서 첫 번째부터 다섯 번째까지 재생으로의 입태入胎(자궁의 입구)를 닫는 방법을 설명하고 있다. 윤회전생의 흐름으로 들어가지 않도록 하기 위함이다.

우선 첫 번째의 방법에 관해서 말한다. '아아, 선한 사람이여. 남녀가 정을 교감하고 있는 환영이 이때에 그대에게 나타날 것이다. 이것을 보았을 때에 그 사이에 비집고 들어가서는 안 된다. 마음에 기억해 두어야 하는 것은 이러한 남녀를 남녀양존男女兩尊의 붓다로서 마음에 염원하고, 예배하고, 마음을 담아서 공양을 봉헌하는 것이다. 열심히 존숭尊崇하고 "가르침을 잘 내려 주십시오."라고 염불하면서 마음을 한 점으로 집중하는 것으로, 재생의 태胎의 입구는 확실하게 닫히게 된다.'[31] 바르도로부터 새로 태어남은 붓다의 세계로 탄생할지 인간계로 재생할지 어느 한쪽이 아니다. 무슨 일이 있어도 인간계, 자궁 속에 들어가야만 할 때, 부정한 윤회재생의 자궁을 피해서 좋은 자궁을 선택하도록 한다. 붓다의 가르침이 널리 퍼져 있는 나라를 선택해야 한다고 설하고, 수행을 완성한 사람의 자손이나 부모 모두 신앙이 독실한 가계에 태어나고자 마음을 집중시켜서 자궁 속에 들어가도록 가르치고 있다.

4) 융의 『티베트 사자의 서』 해설

1927년 『티베트 사자의 서』가 출판되었을 때 융은 이 책을 만났고, 많은 자극과 지식만이 아닌 자신의 심리학의 새로운 통찰을 얻을 수 있었다고 한다. 그리고 심리학적인 주해를 함으로써 이 책이 가진 보편적인 정신성에 관해서 서양의 독자가 이해하기 쉬워질 것이라고 생각했다. 1935년 독일어로 출판되었을 때, 웬츠의 의뢰로 심리학적 주해를 썼다. 그것이『티베트 사자의 서 심리학』이다. 융은『티베트 사자의 서』에 관해서 이 책은 매장의례가 아니라 죽은 자들을 인도하는 것이라고 설명했다. 바르도의 생(죽음에서 다음 생까지의 49일간)에서 다양한 현상으로 조우하는 죽은 자의 혼을 인도하는 것으로, 본래 인간의 혼은 빛나는 신성 그 자체라고 설명하고 있다. 그리고 '바르도 퇴돌은 죽은 사람을 향해서 신들조차도 우리 자신의 혼이 만들어 낸 가상인 빛으로 있다고 하는 궁극적인 최고의 진실을 선사한다.'[32] 그리고 동양은 죽은 사람에 대해서 '혼'이라는 뛰어난 가치를 분명히 하고 있고, 죽음에 관해서는 지금 생의 일상에서 부여한 '주어진 세계'에서 해방되어 자유롭게 되는 것을 의미하고 있다.

이것에 관해서 융은 모든 '주어진 사실'을 우리에게 '주고 있는 사람'이 우리 자신 속에 살고 있지만 결코 의식에 알려지지 않은 진리라고 말하고 있다. 그것을 '혼의 본성에서 "부여된" 것이라고 보는 것은 분명 커다란 희생을 동반한 입장의 전회(회심)가 필요한 것이다.'[33] 그리고 커다란 희생이라는 것은 '이런 종류의 통과의례에서는 보통 회심의 전체적 특징을 상징적으로 나타내는 죽음의 비유가 중심이 되고 있다.'[34]라고 한다.

[그림 3-10]은『티베트 사자의 서(바르도 퇴돌)』와 융의 해설에 있어 전개순서를 그림으로 나타내고 있다. 융은 세 단계로 나누어진 바르도의 상태를 역으로 ① 시트바 바르도, ② 체니이 바르도, ③ 치카이 바르도로 거슬러 올라가는 과정으로서 분석했다.[35] 바꾸어 말하면 탄생 전(재생)으로 거슬러 올라가는 것으로, 전생의 삶의 마무리(죽음)까지를 순서대로 읽어 가는 작업, 즉 과거의 생

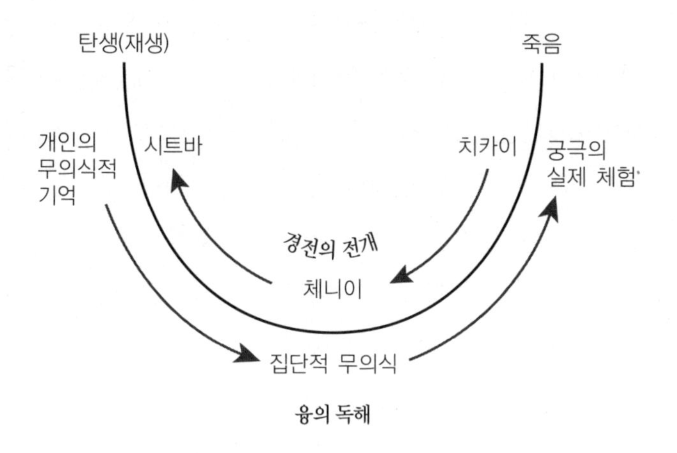

[그림 3-10] 경전『티베트 사자의 서』 전개순서와 융에 의한 해설의 전개순서
출처: 西平(1997).

애사, 개인적 무의식에서 집단적 무의식으로 내려가는 것으로 전생으로 거슬러 올라가는 과정이다.[36]

(1) 시트바 바르도

『티베트 사자의 서(바르도 퇴돌)』는 '에반스 웬츠 박사도 감동하고 있는 것처럼, 탄생의 시기 이래로 잃어버린 "영혼의 신성"을 회복하고자 하는 통과의례의 과정인 것이다.'[37]라고 융은 말하고 있다.

바르도 퇴돌의 최후는 모태母胎에 있는 자궁 내의 재생으로 통과의례가 끝난다. 최초의 치카이 바르도와 중간의 체니이 바르도의 가르침을 받아들이지 않은 죽은 사람이 성적 판타지에 사로잡혀 성교를 행하고 있는 남녀의 모습에 끌어당겨져 자궁에 사로잡히는 것으로, 다시 지상의 세계로 환생하는 것이다. 프로이트가 말한 무의식의 움직임은 동물적인 본능과 결부되어 있고, 치료론에서는 의식의 배경과 무의식의 영역에 들어가 그 내용을 의식화하는 것에서 주로 '성적인 판타지'를 취급하는 것으로부터 시작되었다. '만약 그의 까르마(업, 윤회의 힘)가 죽은 사람을 남자로 재생시키고자 결정했다면, 그는 그에게 생의 희망을 부여한 그의 모친을 열애하고, 모친을 지배하고 있는 부친에게 불쾌를 느끼며 미워할 것이다. 역으로 미래의 딸은 그녀에게 생의 희망을 부여한 부친을 매력 있는 존재로 느끼고, 모친을 꺼림직하게 생각하게 된다.'[38]

이와 같은 판타지를 가지고 다시 태어난 것에서 프로이트는 '오이디푸스 콤플렉스'가 움직이기 시작하는 정신분석학을 구축하고, 심적 외상체험의 기본은 탄생 시의 경험에 있다고 생각했다. 그리고 자궁 내에 있을 때의 태아 기억을 알아볼 필요가 있다고 생각했지만, 정신분석학에서는 자궁 내 체험의 흔적에 관해서는 추측 이상의 것은 불가능했다. 불안과 그 외 감정의 성적 판타지, 받아들이기 어려운 내용을 무의식의 저장고에 눌러 넣었다. 프로이트의 무의식 개념은 융의 개인적 무의식을 나타내고 있다고 해도 좋다.

시트바 바르도의 상태는 '죽은 사람이 자궁의 입구에서 새로운 탄생의 장소를 찾을 때까지 쫓아다니는 까르마의 격렬한 폭풍이 휘몰아치는 것이다. 바꾸어 말하면 시트바의 상태는 어떻게 해도 되돌릴 수 없는 장면'[39]이다. 무의식적인 동물적 본능과 육체적 탄생으로 향하는 에너지에 의해서 체니이의 상태로 돌아가는 길을 닫아 버렸다. 이 상태가 되면 현세적인 육체적인 생의 차원, 즉 자궁 속으로 들어가는 것이다.

(2) 체니이 바르도

체니이 바르도 영역은 두 가지의 상반되는 실재에 직면한 불안정한 중간상태이다. 융은 체니이 바르도를 집단적 무의식의 영역으로 파악하고 있다. 그리고 체니이는 까르마가 만들어 낸 '환영'의 영역으로, 즉 전생 체험의 심적인 잔재에 의해서 생겨난 상태이다. 또 까르마는 일종의 심적 유전설로, 그것은 재생의 가설을 의미하며 혼의 초시간성(영혼불멸)에 기인한 사고방식이라고 한다. 그리고 '심리유전성'[40]에 관해서 다음과 같이 말하고 있다. 생리학적으로 신체적인 유전이 행해지는 것과 같이, 예를 들면 질병에 걸리는 경향, 성격적 특징, 특수한 능력 등의 심적 성격도 유전된다. 또 심적 유전요인 가운데에는 가족의 혈통과 종족에 의하지 않는 '영의 보편적인 성향'이라고도 말하는 일정한 오성悟性구조 형식이 있다. 그것은 상상력과 판타지의 카테고리로, 융은 그것을 원형이라 부른다.

원형은 '전前 합리적인 "영"의 기관'[41]과 같은 것이다. 그것은 영원히 계승되어 온 기본적인 구조형식으로, 그 이미지화된 내용은 개인이 가진 경험이 이들의 형식 중에서 파악될 때 개인의 생활사 가운데 생긴다. 융이 '원형을 무의식의 지배적 특징이라고 부른 것은 그것 때문이다. 무의식적인 혼의 층은 이들에게 보편적으로 퍼져 있는 여러 동적 형식으로부터 성립되어 있는 것이지만, 그것을 나는 집단적 무의식이라 이름 붙였다.'[42]

체니이 바르도의 내용은 여러 원형, 즉 까르마에 의해서 만들어진 여러 가지 이미지를 가장 무서운 리얼리티를 가지고 표현한 것이다. 이와 같이 어쩔 수 없는 위험한 상태를 체험하는 것으로 인간 실존의 깊은 곳에 다다르고, 상상을 초월하는 고뇌의 원천을 접하는 것으로 체니이의 지옥과 같은 고통의 상태를 맛본다.

시트바 상태에서 체니이 상태로의 이행은 '의식적 상태로의 지향과 의도를 파괴하고, 전도되어 버리는 위험을 의미한다. 그것은 의식하고 있는 자아의 안정성을 희생시키는 것으로 환상적인 이미지가 무질서하게 출현하는 극도로 불확실한 상태에 몸을 맡기는 것이다.'[43] 융은 본래의 자기 자신이 되기(개성화의 과정) 위해서는 반드시 이와 같은 위험한 상태를 통과하지 않으면 안 된다고 말한다. 왜냐하면 지옥과 같은 공포 그 자체가 전체로서의 본래적 자기의 일부를 형성하고 있기 때문이다.

죽은 사람이 체니이 바르도 14일째부터 8일째로 거슬러 올라가면 '분노존'의 붓다들이 출현한다. 이 지옥과 같은 공포는 일체의 것을 파괴하는 죽음의 붓다의 모습이 된다. 이 모습은 공포에 가득 찬 성질과 기괴함을 갖추고 있고 혼돈의 세계에서 온 악마의 사자와 같은 모습으로 있지만, 동서남북으로 배열되어 독자의 신비적인 색으로 표현된 붓다이다. 죽은 사람이 체니이 바르도 영역과 반대로 거듭 상승하면 만다라의 중앙에 있는 붓다의 궁극적 신체인 푸르게 빛나는 대일여래(비로자나), 백색의 금강살타여래, 황색의 보생여래, 적색의 아미타여래, 녹색의 불공성취여래라는 빛의 비전을 보게 된다.

(3) 치카이 바르도

죽음의 순간에 최초로 나타나는 것이 치카이 바르도의 상태이다. 융은 최고의 비전은 중음의 마지막 단계가 아닌 치카이 바르도의 '죽음의 순간'에 나타난다고 생각하고 있다.

그 후의 과정은 망상과 혼탁의 완만한 하강으로, 최후에는 새로운 육체적인 삶에 이르는 것이다. 또 이 책에 대해서 무의식의 원형적인 여러 내용으로부터 만들어진 것이 분명하며, 여러 붓다와 영의 세계는 우리 내면의 집단적 무의식에 '해당한다'고 한다.

3. 심리임상에서 '신체론'

1)『태을금화종지』와『혜명경』

융은 프로이트와 결별한 후, 내적인 불확실감에 습격당해 수년간 스스로의 무의식과 투쟁하게 된다. 그때의 체험을 통해서 스스로의 무의식으로부터 표출된 만다라 이미지와 만나게 된다. 융은 자신이 체험한 '내적인 경험'에 관해 역사적인 실증이 없으면 생각해 낸 것을 구체화하는 것이 불가능하다고 생각하고 있었다. 그는 1918년부터 1926년에 걸쳐 이단 종교인 그노시스주의를 통해 집단적 무의식의 과정에 관해 진지하게 탐구했지만 자료는 적었고, 먼 옛날의 종교를 의지하는 것은 불가능하다는 생각에 막다른 길에 다다랐다. 그때 리하르트 빌헬름이 보내온 것이『태을금화종지』라는 책이었다.

> 그 당시 나는『황금꽃의 비밀』이 중국적 요가(도교의 명상법)에 관한 경전일 뿐만 아니라 연금술(연단술)의 책이기도 하다는 사

> 실이 그다지 중요한 것은 아니라고 생각했다. 그러나 그 후 라틴어 연금술서를 깊이 연구할수록 나의 최초 생각이 잘못되었다는 것을 알았고, 이 책의 연금술적 성격이 본질적 의의를 가지고 있다는 것이 명확해졌다. 단, 그 점에 관해서 상세하게 들어가는 것은 여기서의 문제가 아니다. 나는 그저 나의 연구에 처음으로 바른 방향을 부여해 준 것이 이『황금꽃』책이었다는 것을 강조해 두고자 한다. 이렇게 말하는 것은 우리가 고대의 그노시스주의와 현대인의 사이에서 관찰되는 집단적 무의식의 여러 과정을 연결하는 고리를 오랫동안 찾아왔지만, 그것이 중세 연금술 속에서 발견되었기 때문이다.[44]

유럽의 고대 연금술은 그노시스주의의 영향을 받은 헬레니즘 사상으로, 그 사상이 지하수처럼 면면히 중세까지 흘러왔고, 융은 스스로가 체험한 집단적 무의식의 과정을 그 역사적인 심층의 힘에 적용하는 것으로 과거와 현재를 연결시켰다.

1929년에 중국어학자인 리하르트 빌헬름과 융은 공저로『황금꽃의 비밀』을 출판하고, 도교의 사상과 신체기법을 서양에 처음으로 전했다. 도교는 중국의 민간종교이다. 수행법으로서 방중술(성교술), 조식調氣(호흡법), 도인導引(체조법) 등이 포함되어 있지만 주로 연단술이 사용되었다. 도교는 원래 불로장생을 목표로 하며 현실주의에서 세계를 보고자 했다. 그러므로 불로장생의 단약丹藥을 찾는 연단술이 고안되었다. 연단술에는 단丹(금단金丹)을 만들기 위해 유화수은(단사丹砂) 등의 광물약인 비금속을 정련하고 황금(귀금속)을 만드는 '외단外丹'과 내관존사內觀存思(명상)를 이용한 신체기법

을 통해서 자신의 신체 내에 기의 양태로서 단을 만드는 '내단內丹'이 있다.[45]

도교의 명상책인 『황금꽃의 비밀』에는 『태을금화종지』와 『혜명경』이 소개되어 있다.

『태을금화종지』는 당대의 여암呂巖의 가르침을 정리한 것이다. 여암은 도교의 민간신앙으로 유명한 '팔선(8명의 불로불사의 선인)'의 하나라고 불리고 있다. 이 책은 내단만을 기술한 명상책이지만 빌헬름도 지적하고 있는 것과 같이 도교의 다른 역학과 불교의 영향을 받고 있다. '금화金華'라는 것은 명상을 통해서 감득된 황금빛이며, 도교의 수행자는 이 '금화'를 체험하는 것으로 스스로의 심신 내에 '진인眞人'을 수태하여 불멸의 신체를 얻는 것이다. 『태을금화종지』는 빛氣을 신체 안에서 돌리는 '회광回光'이라는 상단전에 있는 미간을 중심으로 빛의 이미지를 이용하는 명상법과 호흡법을 주로 다루고 있다.

제3장 '회광수중回光守中'[46]은 다음과 같은 내용을 기술하고 있다. 이 비법을 훈련하기 시작하면 자신의 육체 밖에 다른 일종의 신체(셔틀보디)가 있는 것처럼 느끼게 된다. 또한 100일간 노력하면 빛 가운데에서 점과 같은 일종의 빛의 진주가 하복부에 생긴다. 그것은 마치 부부가 성교하여 수태가 일어나는 것과 같은 것이다. 이 명상은 두 눈 사이에 집중하는 것으로 인간 신체의 비밀을 열 수 있다. 그러므로 훈련은 표면적인 것부터 깊은 것으로, 조잡한 것부터 미세한 것으로 진행해 간다. 그렇게 함으로써 눈이 향하는 곳에 마음도 또한 향하게 된다. 또 '지관'에 관해서는 '지止'와 '관觀'은 나누어질 수 없다. '지'라는 것은 명상에서 삼매의 상태

이고, '관'은 관찰하는 지혜이기 때문이다. 상념想念이 떠올랐을 때 상념이 어디에 있는지, 어디로부터 와서 어디로 사라지는지를 반복해서 탐구하는 것으로, 그 결과 '마음은 잡히지 않는다.'라는 것이 이해될 수 있다. 상념이 흘러서 멈추지 않을 때에는 이것을 멈추고, 체험되는 것을 관찰하고, '지'와 '관'을 반복하는 것으로 명상이 깊어져 간다. 회광의 '회回'는 사념의 흐름을 '지止'하는 것이고, '광光'은 그렇게 해서 '관觀'하는 것이다. 이것은 팔정도의 '정념正念(=mindfulness)'에 가까운 의식 상태에서 시작한다고 해도 좋다.

제5장 '회광차류回光差謬'[47]는 명상에서 이미지 체험으로 일어나는 여러 가지 상태에 관해서 기술하고 있다. 무심의 상태에서 명상이 되기까지는 많은 혼란과 실패가 일어난다. 그것은 마음을 어지럽히는 악마가 뛰어노는 '마경魔境' 상태이고, 임상심리학에서는 환각과 환시로 현혹되는 상태라고 말하고 있다. 제6장 '회광미험回光微驗'[48]은 명상 훈련이 바르게 행해지고 있는 심신의 이미지 체험을 나타내고 있다. 이는 빛의 회전이 중단 없이 연결되는 느낌이며, 밝은 빛으로 가득 찬 세계와 같이 느껴질 때 마음의 본성이 선명히 떠올랐다는 표시이며, 황금꽃이 피는 체험을 한다고 한다. 이 상태를 융심리학에서 파악한다면 무의식의 중심인 '자기'의 작동에 의해 고차의 의식성이 개화하는 것을 말한다.

『혜명경』은 청대의 유화양柳華陽의 책으로, 명상에 의해 불로불사를 구하는 내용이다. 1항목에서 8항목으로 나누어 '주천周天'이라 불리는 기의 신체기법을 설명하고 있다. 『태을금화종지』와 『혜명경』은 시대가 다른 경전이지만 후기밀교의 '생기차제生起次第' '구경차제究竟次第'와 유사한 수행과정인 것으로 생각된다.

『혜명경』[49]은 여덟 가지의 그림[50]을 제시하고, '주천'의 과정을 묘사하고 있다.

[그림 3-11]은 '임맥任脈과 독맥督脈'으로, 그 두 가지 기의 길에 있어서 작용과 통제를 나타내고 있다. 독맥은 등 쪽에 있는 마시는 숨(들숨)을 이용해서 올라가고, 앞면의 임맥을 통해서 기를 아래로 내린다. 이와 같이 기의 흐름을 회전시켜 간다. 이것은 '길'을 양생하는 사람이 스스로 신체 속의 법(다르마)을 따라서 회전을 행하는 것이다.

길을 연구해 가는 것으로 수태가 일어나는 것을 '도태道胎'라고 한다. [그림 3-12]는 그것을 나타낸 것이다. 이 태아는 본래 눈에 보이는 것이 아닌, 스스로의 정신적인 호흡 에너지에 의해서 만들

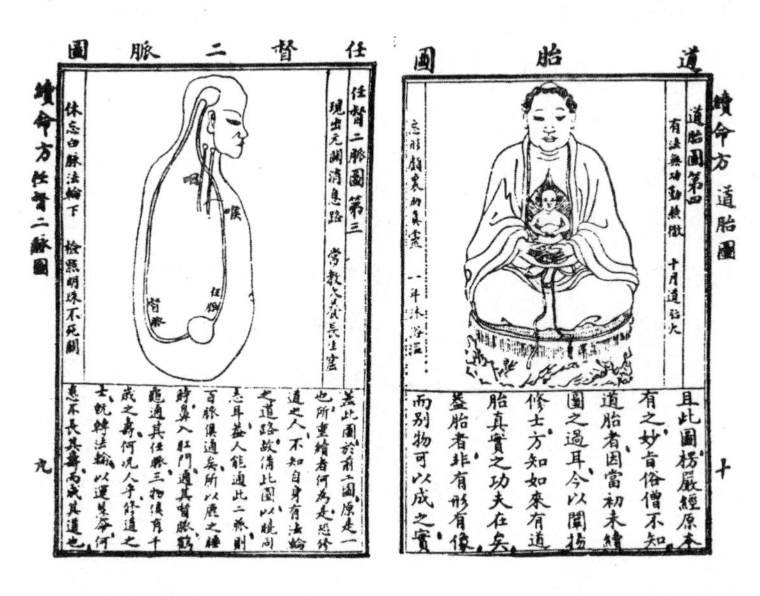

[그림 3-11] 임맥과 독맥(작용)

출처: Jung (1933).

[그림 3-12] 사도태四道胎(도의 수태受胎)

출처: Jung (1933).

어진다. 정신(신)과 호흡의 힘氣이 강하게 맺어지는 것에서 수태가 일어난다. '태아로서 출현하고 붓다의 아들로서 스스로를 새롭게 만들어서 완성한 형태'라고 한다. 태아는 자기Self라 생각된다.

2) 융의 '쿤달리니 요가론'

1913년 자신의 무의식과 대결해 온 융은 '종종 너무 흥분했으므로 스스로의 격정을 견제하기 위해서 어떤 식으로든 요가를 하지 않으면 안 되었다. …… 요가수행은 내가 무의식에 대한 일을 다시 계속하기에 충분할 만큼 스스로를 진정시키는 것이 가능할 정도에서 멈추었다.'[51]라고 한다. 융이 어떤 방법으로 요가를 실천하고 있었는지는 알 수 없다. 또 어떤 목적을 가지고 쿤달리니 요가를 연구한 것일까. 이에 대해 오이마츠는 다음과 같이 명확하게 말한다.

> 동양의 정신적 전통 속에서 서양의 정신적 전통과의 공통점을 찾아내고, 집단적 무의식 및 원형이라는 자신의 가설을 한층 더 증명해 주는 것 그리고 서양에서는 잃어버린 종교적 실천 속에서 심리요법의 본질을 탐구하는 것 등이었다. 한마디로 정리한다면 미세신의 심리학의 확립을 위해서라고 할 것이다.[52]

우리의 눈에 보이는 신체는 '조대신粗大身'이라 부르고, 보이지 않는 또 하나의 신체를 '미세신微細身'이라고 한다. 미세신은 중국의학에서는 경락을 통해서 기가 흐르고, 인도 요가의 전통에서는 차크라(빛의 고리)와 맥관(나티)을 통해서 기가 흐르는 신체를 말한다.

인도의 탄트라불교와 요가, 중국의 연단술, 의학, 무술(단전호흡, 태극권)은 이미지 기법을 사용해서 미세신을 실재하는 것으로 받아들이고 있다.

1932년 10월 인도학자인 빌헬름 하우엘Wilhelm Hauer은 취리히의 심리 클럽에서 '요가, 특히 차크라의 의미를 중심으로'라는 제목으로 6회의 강연을 했다. 그 강의를 듣고 융은 '쿤달리니 요가kundalini yoga의 심리학적 해석을 4회에 걸쳐서 강구했다. 소누 샴다사니Sonu Shamdasani는 쿤달리니 요가의 심리학에 관한 융의 세미나 독일어판을 편집하여 1996년에 영어판으로 출판했다. 이 영어판(일본어판은 2004년)이 출판되면서 요가를 통한 융의 신체론과 미세신에 관한 논의가 이루어지고 있는 것이다.

요가에서는 미세신의 맥관과 차크라 속에 에너지가 흐른다. 이 에너지는 '프라나息=氣'라고 불린다. [그림 3-13]을 보라. 맥관은 신체의 중앙을 위에서 아래로 관통하는 중맥中脈(수숨나)과 그 왼쪽을 달리는 이다맥, 오른쪽을 달리는 핑갈라맥이 있다. 이다는 희끄무레한 황색으로 여성원리, 핑갈라는 적색으로 남성원리를 나타내고 있다.[53]

차크라는 신체의 기저에서 머리 꼭대기까지 일곱 가지의 에너지 센터로서 정중앙선상에 있다. 이 차크라는 우주를 구성하는 5대원소인 땅, 물, 불, 바람, 공기에 기와 빛의 요소를 상징화하고 있고, 각 차크라의 이미지는 고유의 형태와 색이 있으며 연꽃의 그림으로 표시되어 있다. [그림 3-13]에서는 둥글게 그려져 있는 부위의 아래에서부터 회음에 이르는 부분이 제1차크라(土=地), 하복부의 성기의 뿌리의 근처가 제2차크라(水), 명치가 제3차크라(火),

가슴(심장)이 제4차크라(空氣=風), 목이 제5차크라(空=에테르), 미간이 제6차크라(氣), 두정부가 제7차크라(光)의 위치를 나타내고 있다.

쿤달리니는 시바신의 부인이다. 시바신과 뿔뿔이 흩어진 왕비(샤띠)가 척수하단에 있는 제1차크라 '물라다라'에 똬리를 튼 뱀의 모습으로 자고 있다고 한다. 요가의 수행을 통해서 쿤달리니가 각성하는 것으로, 차크라를 차례차례로 통과해서 연꽃을 개화시켜 나가고 제7차크라 '사하스라'에 앉아 있는 시바신과 다시 융합하여 '하나인 세계'로 들어가 해탈하게 된다. 각 차크라에는 각각의 특징이 있다.[54]

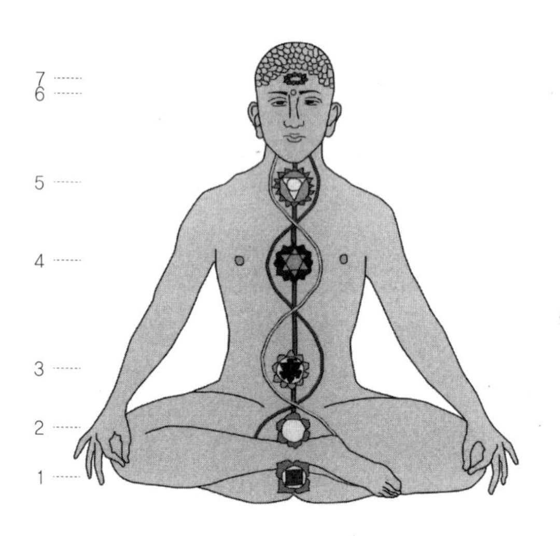

[그림 3-13] 신체의 차크라

출처: 老松(2016).

• 제1 물라다라 차크라

물라다라는 가장 하위에 있는 차크라로 '물라'는 '뿌리根'라는 의미이고 '아다라'는 '버팀목이 되는'이라는 의미이다. 네 가지 붉은 꽃잎이 있으며, 사각형은 '대지'를 나타내고 있다. 사각의 가운데에는 진언인 '라'가 코끼리 왕에 타고, 중첩된 것 같은 여성 음부인 역삼각형이 그려져 있다. 그 가운데에 시바의 상징으로서 링감(남근)이 있고, 그 링감에 뱀이 감겨져 있다. 이 뱀이 쿤달리니라고 불리는 여신(샤띠)이다. 시바신의 힘(샤띠)인 여신 쿤달리니도 자고 있는 상태로 있다. 융은 물라다라를 세계 전체라고 생각하고, 영원한 질서를 나타내는 신들은 잠든 상태라고 파악하고 있다.

• 제2 스바디스타나 차크라

깨어난 쿤달리니가 상승하고, '자신의 본질'을 의미하는 제2 스바디스타나의 연꽃이 핀다. 이 차크라를 나타내는 목련은 주홍색의 여섯 개의 꽃잎으로 본질은 '물'을 의미한다. 차크라의 중심에는 밤vam이라는 문자가 적혀 있다. 이 종자種字를 에워싸고 있는 커다랗고 하얀 초승달 속을 해양 포유류인 마카라라는 거대한 물고기가 헤엄치고 있다. 융은 물이 무의식을 상징하고 있는 것으로서, 대양에서 밤의 항해 때에 큰 바다짐승과 싸움을 하는 것처럼 무의식과의 싸움을 통해서 차크라가 열리고 쿤달리니가 상승해 제3의 마니뿌라에 다다른다고 하였다.

• 제3 마니뿌라 차크라

마니뿌라는 '보석의 도시'라는 의미로 배꼽 근처에 위치하고 있고 태양신경총에 해당한다. 이 이름은 아침 해가 빛나고 있는 것처럼 보이는 것에서 유래한다. 열 개의 꽃잎을 가진 푸른 연꽃이 그려져 있고, 그 중앙에 여성원리를 나타낸 빨간색의 역삼각형이 있다. 그 가운데에는 태양을 의미하는 '라비ravi'의 머리글자인 '라ra'가 양羊 위에 올라 있고, 그 위에 마하루드라신과 왕비 라키니가 있다. 이 차크라의 본질은 '불'로 에너지원을 의미하고 있다. 마니뿌라 차크라는 신체적으로는 횡격막 아래에 위치하고 있고, 그때 상징적인(성스러운) 변화가 일어난다. 횡격막은 대부분 대지의 표면에 해당한다고 한다. 마니뿌라에서 태양과 접촉하는 것으로 바람에도 영향을 미친다. 그리고 횡격막의 위쪽으로 가면 제4차크라의 아나하타, 즉 심장과 공기의 중심에 다다른다.

• 제4 아나하타 차크라

아나하타는 '두 가지의 물건이 접촉하지 않고 내는 소리'라는 의미로 심장에 위치하고 있다. 금색의 꽃잎 열두 개를 가진 중앙에는 육망성六芒星의 부분에 바람으로 그려져 있다. 검은 영양 위에는 바람의 종자진언인 '야ya'가 그려져 있다. 중앙에 있는 금색의 작은 삼각형은 시바신을 나타내는 링감이 다시 등장하는 것이다. 융은 이 링감의 등장을 작은 불로서 '자기'가 처음으로 배아종과 같이 나타났다고 간파하고, '개성화individuation'가 시작되었다고 분석하고 있다.[55] 또 바람은 정신, 영spiritus으로 숨을 쉰다고 하는 의미이기도 하다. 또 정신, 영은 아니무스animus이며 바람이 어원이다. 다치카와에 의하면 제4차크라는 예로부터 개인으로서의 자아個我 '아트만'의 자리이며, 제3차크라에서 불명료했던 '성스러운 것'이 제4차크

라에서 스스로 모습을 드러내고 있다.[56]

• 제5 비슈다 차크라

비슈다는 '청정'을 의미하고 있고, 목의 위치에 존재한다. 본질은 '공(에테르)'을 나타내고 있다. 열여섯 개의 꽃잎을 가진 연꽃으로 그려져 있고, 중앙의 역삼각형 가운데에 원이 그려져 있다. 원의 중앙에는 다시 상象이 나타나고 그 위에 종자 '함ham'이 타고 있다. 역삼각형 위에 나타난 사다시바sada-siva신은 양성구유로 그려져 있다. 시바의 남성원리와 쿤달리니 여신과의 융합된 자세를 나타내고, 신비적인 합일을 성취한다. 비슈다는 '큰 해탈의 문'이다.

• 제6 아즈나 차크라

아즈나는 '명령'이라는 의미로 미간에 위치한다. 이 차크라는 두 장의 꽃잎을 가진 흰 연꽃이다. 연꽃 속에 역삼각형이 있고 그 가운데에 최고신 빠라마 시바의 화신인 링감이 있으며, 종자진언은 '옴om'이다. 이 차크라에 관련된 우주원소는 5대 원소를 초월한 '기의 움직임'을 의미하고 있다. 융은 마하트(큰 것)와 쁘라끄리띠(근본원질)의 자리이며, 미세신으로서의 금강체라고 말한다.[57]

• 제7 사하스라 차크라

사하스라는 '천 개의 꽃잎을 가지다.'라는 의미로, 천 개의 꽃잎을 가진 연꽃으로 표현되고 있다. 단지 존재하는 것은 '빛'만의 세계이다. 사하스라가 위치하는 두정은 '브라흐만의 문'이라 불리며, 아트만(소우주)으로서의 미세신과 브라흐만(대우주)이 동화된 상징으로 파악할 수 있다.

모토야마本山에 의하면 차크라는 세 가지 집단으로 나눌 수 있다.[58] 첫 번째 집단인 제1, 2차크라는 생명력의 원천이자 생리학적인 영역으로, 지구와 태양으로부터 오는 에너지에 영향을 받고 있다. 두 번째 집단인 제3, 4, 5차크라는 인격 발달의 영역으로, 인간관계를 통해서 영향을 받고 있다. 세 번째 집단인 제6, 7차크라는 영적인 영역으로, 그 진화가 달성될 때만 활동한다고 한다. 캐롤라인 미스Caroline Myss[59]에 의하면 이와 같은 차크라의 체계는 인간의 성숙과정에서 볼 수 있는 일곱 가지의 명확한 단계를 원형으로 묘사한 것으로, 우리가 물질세계의 유혹을 서서히 극복함으로써 신성으로 승화하는 과정을 암시하고 있다고 한다. 이것은 쿤달리니의 각성이라 불리는 것이다. 쿤달리니 요가에서는 신체기법(명상)을 이용해서 제1차크라에서 자고 있는 상징적인 똬리를 감고 있는 뱀을 각성시키고 그 에너지를 제7차크라까지 고차의 의식성으로 나선형으로 상승시켜 영성을 높인다.

이들 일곱 가지 '차크라'는 도교의 세 가지 '단전'에 대응하는 것으로 생각된다. 하단전은 하복 부위로 제2차크라의 주변에 해당하고, 중단전은 가슴 부위로 제4차크라의 주변에 해당하며, 상단전은 미간의 부위로 제6차크라의 주변에 해당한다. 쿤달리니 요가에서 의식을 각성시키는 신체기법은 도교의 '내단'과 유사하다. 쿤달리니 요가에서는 신체의 정중앙선에 있는 제1차크라의 에너지를 아래에서 위로 제7차크라까지 상승시키고, 도교의 내단은 신체내의 임맥과 독맥을 이용해서 아래에서 위로, 위에서 아래로 기를 순환시키는 기법을 이용한다. 이 양자 기법에 미세한 차이는 있지만 신체기법을 이용해서 영적인 의식성을 각성시킨다는 의미에서는 유사하다. 또 요가에서 쿤달리니의 각성, 도교에서 신으로의 변용은 신체기법을 이용해서 세 가지 차원의 신체를 체험시키는 동시에 세 가지 차원의 의식을 체험하는 것이다.

4. 의식의 변용을 촉진하는 장場

1) 심리임상에서 장

한스 디크만Hans Dieckmann에 의하면 심리임상은 '두 사람 인격의 만남과 대화라는 역동적인 과정이다.'[60] 필자는 이 역동적인 과정을 치료사와 내담자가 만들어 내는 기(프라나)의 교류라는 영역에 있다고 파악하고 있다. 기의 교류는 라디오 주파수를 수동으로 맞추는 것과 비슷하다. 송신과 수신이 있고, 그 양자가 딱 맞을 때 기분 좋은 음악이 흘러나온다. 맞지 않으면 단순히 잡음만이 귀에 들린다. 치료사는 심리치료에서 기의 교류를 위해 내담자로부터 수신에 노력한다. 여기서 중요한 것은 인간 대 인간으로서 안정감을 가지는 신뢰관계이다. 서로에게 안정감이 있으면 기는 용이하게 교류한다. 건강한 사람일수록 교류하기 쉽고 병적인 사람일수록 교류하기 어렵다. 또 동기부여가 높은 사람일수록 교류하기 쉬우며 동기부여가 낮은 사람일수록 교류하기 어렵다. 나아지고 싶지 않은 사람일수록 교류하기 어렵다. 나아지고 싶지 않은 사람들은 지금의 시점에서 문제와 증상이 개선되는 것을 원치 않아서 개선하는 것이 어렵다. 유아사는 '인간관계에서는 감각과 의식의 인지작용에 관계되지 않는 심층 차원에서 정보=에너지의 발신과 수신이 무감각하게 서로에게 행해지고 있을 가능성이 있다.'[61]라고 하였다. 양자관계에서 기의 흐름은 『전이 심리학』에서 융이 말하고 있는 '혼인의 4'로 이름 붙여진 그림과 디크만의 그림을 바탕으로 필자가 작성한 [그림 3-14]와 서로 통하는 것으로 생각된다.

치료사의 의식 수준을 A로, 무의식 수준은 A′, 내담자의 의식 수준을 B로, 무의식 수준은 B′로 하고 있다. ①은 치료사와 내담자의 의식 수준과 기의 교류를 나타내고 있다. ②는 치료사의 의식 A와 무의식 A′, 내담자의 의식 B와 무의식 B′, 즉 자신의 의식과 무의식의 기의 교류로 문득 떠오르는 반짝임과 자문자답 등이 포함된다. ③은 내담자의 의식 B와 치료사의 무의식 A′, 치료사의 의식 A와 내담자의 무의식 B′이며 이는 서로의 의식과 무의식의 기의 교류를 나타내고 있고, 생각念의 강함은 상대의 무의식으로 전해져 무의식에서 의식으로 기의 흐름을 감각으로 포착하고 있다. ④는 치

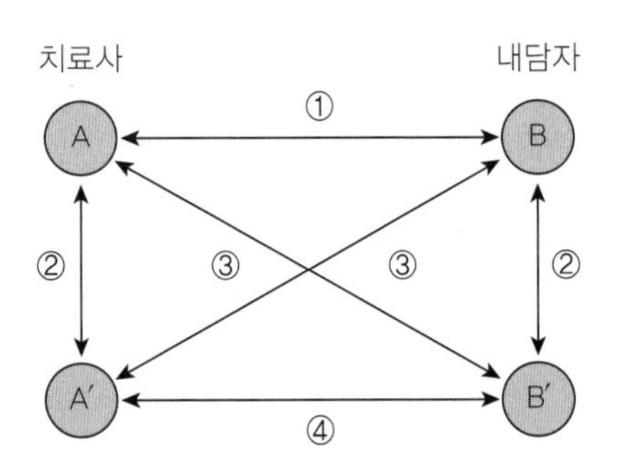

[그림 3-14] 양자관계에서 기의 교류

출처: 黑木(2006), Jung (1946), Dieckmann (1978)을 근거로 작성하였다.

료사의 무의식 A′와 내담자의 무의식 B′의 기의 교류로, '이심전심'과 동시적인 것이 일어나는 기의 교류를 나타내고 있다. 이와 같이 치료사와 내담자 사이에는 기의 움직임에 의한 상호교류를 통해서 정보가 전달되고 있다.

치료의 장에서 필자는 내담자의 이야기를 경청하면서([그림 3-14] ① A→B) 상대의 말이나 동작을 관찰하고 있다. 그때 자신의 몸을 센서로 활용하고 의식을 완화해서 그 사람의 전체를 '슥-' 바라보는 것이 비법이다. 그렇게 하는 것으로 상대의 기를 전신으로 느끼는 것처럼 생각된다. 또 치료사 스스로 마음의 움직임(느끼는 것, [그림 3-14] A)과 몸의 반응(감각, [그림 3-14] A′)이 중요하다. 치료사가 왠지 모르게 '걸리는' 기의 움직임을 중요하게 생각하는 것이다. 그것은 치료의 흐름 속에서 문득 궁금한 것, 느끼는 것, 눈치채는 것 등이 무의식에서 나오는 것이다([그림 3-14] ② A′→A). 치료 중에 내담자가 눈물을 흘리거나, 공격적이거나, 가라앉거나 하는 감정의 기복이 나타나는 경우도 있다. 예를 들면, 내담자가 공격적일 경우, 전이라는 무의식에 억압했던 부모와 영향을 받았던 인물에 대한 투사를 치료사에게 반영하고 있다고 생각되면 [그림 3-14]에서 보는 것(① B→A, ③ B′→A, ④ B′→A′)처럼 기가 흐른다. 그 반대의 경우도 있을 수 있다. 치료사가 내담자를 받아들일 경우는 양자의 기의 교류([그림 3-14] ①~④ 모두)가 부드럽게 흐르게 된다. 내담자가 눈물을 흘리면서 힘든 경험을 말하고 치료사가 '힘들었군요.' 하고 이야기할 때, 말([그림 3-14] ① A→B)과 울림으로서의 파동([그림 3-14] ③ A→B′)이 일어난다. 그때 치료사는 내담자의 미세한 기의 신체에 말을 거는 것이다. 그리고 내담자의 상처받은 체험이 깊을수록 치료사는 말을 잃는다. 그와 같은 말을 잃은 공간에서 일어나는 침묵 속에서 치유의 기는 흐른다.

치료사가 내담자를 받아들이지 못할 때 치료사는 기의 흐름이 침체되고, 내담자는 무의식에서 그것을 이심전심으로 캐치하게 된다([그림 3-14] ④ B′↔A′). 또 치료사 쪽에서도 심신에 반응이 일어난다. 그 반응 방법은 치료사에 따라 달라지고, 내담자의 기에 반응하고 있다고 파악해도 좋다. 내담자의 기(파동)가 기묘하다면, 치료사의 가장 약한 몸의 부위에 '걸리는' 것으로 느껴지기 때문이다. 필자의 경우 눈이 피로해지고, 복통이 일어나고, 숨이 막히고, 졸음이 일어날 때 내담자의 기에 반응하고 있다고 파악한다. 이와 같이 자신의 신체감각반응으로 내담자의 무의식을 캐치함으로써 보다 안전한 치료가 가능한 것이다.

치료가 끝나고 현관에서 내담자를 배웅할 때, '무리하지 마세요.'라고 말을 하는 경우가 많다. 이 말은 치료사의 생각([그림 3-14] ① A→B와 ③ A→B′)이다. 또 문을 열고 돌아섰을 때 그날의 회기 가운데서 느낀 것을 마음속으로 중얼거리며 상대의 무의식으로 보내려고 한다. 예를 들면, '잘 지내세요.' '지금은 힘들지만 이제 조금 남았어요.' '반드시 빛은 있으니까요.' 등 기도에 가까운 생각([그림 3-14] ③ A→B′)을 상대의 무의식에 전하고자 한다고 생각해도 좋다. 때로는 합장할 수밖에 없는 경우도 있다.

그림을 매개로 하는 치료사와 내담자의 관계를 나타낸 것이 [그림 3-15]이고 카도노角野는 다음과 같이 말하고 있다.

치료사와 내담자(환자)의 관계를 통해서 대상물로서의 '그림'이 탄생된다. 그림을 그린 내담자는 자신의 집단적 무의식에서 상징

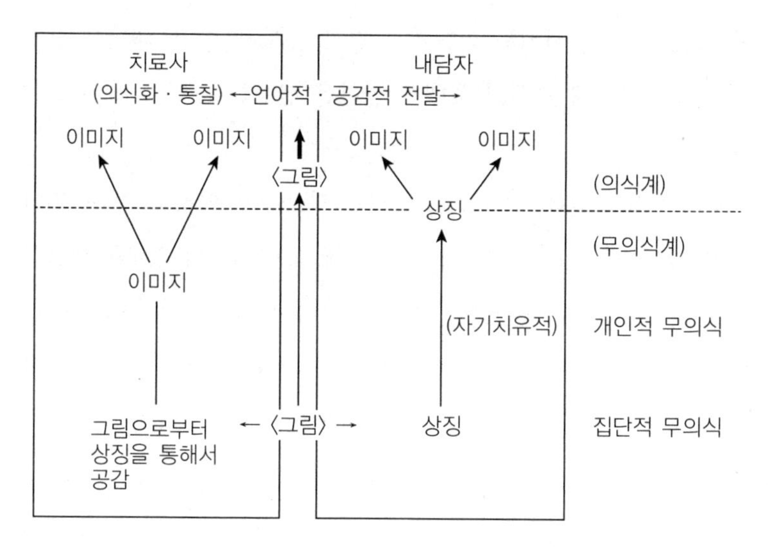

[그림 3-15] 그림을 통한 치료사와 내담자의 관계

출처: 角野(2004).

화된 내용을 표현하고 있다. 치료사는 자신의 무의식 영역에서 그림으로 상징화된 이미지를 의식화해 가면서 그림의 깊은 의미를 이해하기 쉬워진다. 내담자는 자신이 그린 그림에 포함된 상징에 의해서 자연치유력이 활성화된다. 내담자가 상징으로부터 발견한 이미지화된 그림의 의미를 의식화시킨다면 치료효과가 높아진다. 이와 같이 그림을 매개로 하는 치료에서는 치료사와 내담자가 그림을 통해서 집단적 무의식으로부터 올라오는 상징을 공유하고 공감할 수 있는지가 치료에 있어서 커다란 포인트라고 한다.[62]

이와 같이 그림을 매개로 하는 치료사와 내담자 두 사람 사이에서 일어나는 무의식의 교류는 바꾸어 말하면 '기의 교류'라고 할 수 있다. 그런 의미에서 치료사는 연금술사이다. 중국에서 연단술사가 금속, 약물, 약초 등을 조합하고 불과 물을 이용해서 비금속을 귀금속으로 변용시키는 외단의 과정과 유사하다. 또 내단에서 신체기법을 이용해 자신의 체내에 금단을 만드는 과정도 같은 모양이다.

필자는 면담실을 '연단술'을 행하는 장으로 파악하고 있다. 면담실이라고 하는 '장'은 외단에서 단 위에 올린 노爐와 정鼎을 결합한 '공간'에 비유할 수 있는 것이 아닐까 한다. '노'라는 공간 속에서 내담자가 가지고 온 고민, 문제, 체험 등이 치료의 내용으로, 그것들은 금속과 약물에 상응한다. 또 내담자의 다양한 감정을 '불'에 비유한다면, 치료사는 그 감정을 조화시키는 요소로서 '물'의 역할을 한다. 또 불을 진정시킴으로써 증기가 발생하고 융화된다. 또 내담자가 흘리는 슬픔의 눈물(물)을 치료사의 따뜻한 기운(불)으로 변용시키는 것도 가능하다. 그때 서로의 감정과 정동이 움직인다. 내담자의 심적인 에너지를 단(본래의 자기)으로 성장(생성)시키고, 영적인 의식성을 가지고 관여해 가는 장(그릇)이다. 그 장을 보다 효과적으로 하기 위해서 치료에서는 양자 사이의 관계성을 중심으로, 내담자의 자연(자기)치유력이 활성화되도록 관여하는 것이 심리치료의 심오한 뜻이다. 치료의 장에서는 표층에 나타난 증상과 상황의 내부에 있는 의미를 파악하고자 한다. 거기에는 내담자의 내부에 잠겨 있는 가능성과 잠재성으로 눈을 돌려, 자연치유력을 자극하는 것으로서 자기성장과 영적인 깨달음이 일어나는 것이다.

2) 밀교 관정에서 장

달라이 라마 14세가 2016년 5월 오사카에서 '입보살행론 및 문수보살의 허가관정'을 행할 때 필자도 티베트밀교의 관정을 받기 위해 참가했다. 그 해에는 2,000명 정도가 모였고, 그중 70% 정도가 세계 각국에서 온 사람들이었다. 언어는 영어, 일본어, 중국어, 한국어로 번역되었다. 이번 관정의 문수보살은 대승불교의 대표적인 보살로, 보현보살과 함께 세존의 옆에 있는 석가삼존의 일존一尊이다. 문수보살은 반야(=지혜)를 본질로 설법을 행하고 '공'에 입각하는 지혜의 특성을 가지고 있다. 이번 허가관정은 스승(여기에서는 달라이 라마)에 의해서 문수보살과의 불연佛緣을 맺는 귀의歸依의 의례였다. 이 의식을 통해서 자신의 욕망과 집착으로부터 벗어나 해탈과 열반을 목적으로 나아갈 것을 서원하는 것도 포함되어 있다. 우선 '재가신자회'에 입회하는 수계와 관정의 준비 단계 내용이 있지만 이 의식은 생략한다.

[그림 3-16]을 보면 관정의 '장'의 구조에서는 관정을 거행하는 스승이 달라이 라마이고, 우리 한 사람 한 사람이 수계를 받는 제자이다. 심리치료의 장으로 비유한다면 스승이 치료사이고 제자가 내담자라는 구조가 된다. 스승이 이끄는 내용을 이미지화하면서 상의 대상을 떠오르게 한다. 이 의식을 하기 전에 '문수보살의 예찬게礼讚揭'가 낭송된다. '칸로마'의 내용은 다음과 같다.

높은 스승이시고 수호자이신 문수보살님에게 예배드립니다.

그 지혜로 두 개의 장애의 구름을 걷어내 주시고
태양처럼 맑게 비추어 주시고
있는 모든 것의 의미를 있는 그대로 보여 주시므로

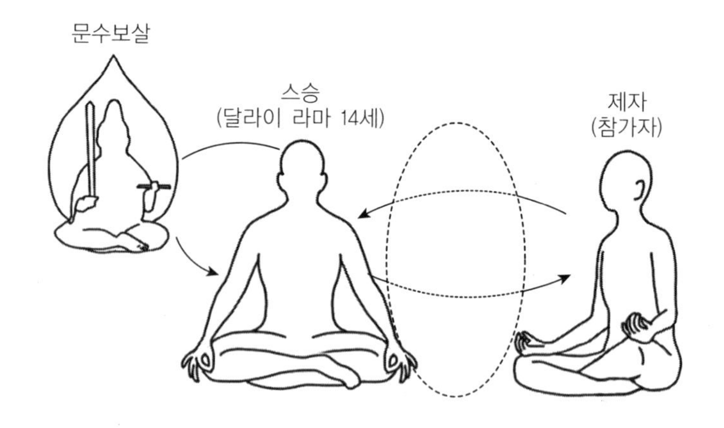

[그림 3-16] 관정의 '장'의 구조(은 참가자의 이미지가 외재화한 것)

그 가슴에 경전을 품고 있습니다.

윤회의 감옥에서 무지의 어둠에 미혹하는 고통의 모든 유정을
외아들처럼 불쌍히 여겨 육십 종류의 목소리를 갖춘 말씀으로
번개와 같이 크게 울려 번뇌의 잠에서 깨어나고
업의 쇠사슬로부터 해방시킵니다.

무명의 어둠을 없애고
괴로움의 싹을 모두 자르는 검을 손에 쥐고
본래 청정에서 십지를 다한 덕으로 옥체를
원만히 하신 보살의 뛰어난 존체는
백열두 개의 장식으로 장식되어 있고
나의 마음의 어둠을 달래려 문수보살에게 예배드립니다.

자비로운 당신의 뛰어난 지혜의 빛으로
내가 마음의 무명의 어둠을 더 제거해
경전과 논서의 의미를 이해하는
두려움 없는 지혜의 빛을 주시기를 기원합니다.

옴 아라빠차나 디

문 · 사 · 수聞 · 思 · 修의 지혜가 높아지도록
세 · 논 · 저說 · 論 · 著의 지혜가 넓어지도록
가장 뛰어난 경지와 공통의 경지를 받을 수 있도록
신속하게 당신처럼 될 수 있도록 가지加持를
내려 주십시오.[63]

[그림 3-16]의 관정의 '장'에서 스승인 달라이 라마는 단상에 앉아 오른손에 오고저五鈷杵, 왼손에 금강저를 가지고 게송을 읊으면서 명상을 한다. 명상에서 달라이 라마는 문수보살을 자신의 신체에 불러 심신의 일체화를 도모한다. 우리는 달라이 라마의 안내(관상의 지시)에 따라서 이미지를 이용해 관정의 세계로 들어간다. 대회장의 한 사람 한 사람이 달라이 라마와 마주하면서 지시받은 이미지를 확충하며 관정의 세계로 들어간다. 여기에서는 달라이 라마와 양자관계가 된다.

우선 첫 번째는 '눈앞에 붓다(세존)를 불러내는' 작업으로, 눈을 감고 있을 때는 '눈꺼풀의 안쪽', 눈을 뜨고 있을 때는 달라이 라마와 자신의 공간 사이에 스크린과 같은 이미지를 만들면 된다. 처음에 붓다(세존)를 이미지로 불러낸다. 이때의 이미지는 상상의 이미지에서 시작한다. 상상의 이미지에서 자발적 이미지로 이동해 간다면 신체 그 자체도 미세하게 되어 간다. 다음은 허가관정의 흐름의 개요를 필자의 체험에 기반을 두고 서술한 것이다.

1. 눈앞에 붓다(세존)를 불러내고 문수보살, 관음보살, 금강수보살의 삼존보다 많은 보살, 예를 들면 팔대보살(① 관음, ② 미륵, ③ 허공장, ④ 보현, ⑤ 금강수, ⑥ 문수, ⑦ 제개장, ⑧ 지장)을 주위에 위치시켜 관상(이미지화)을 이용해서 붓다들이 집합하고 있는 만다라를 만들고, 그 만다라에 대한 공양을 마친다.
2. 눈앞의 달라이 라마를 문수보살이라고 생각한다. 문수보살(달라이 라마)을 공양하고, 기원하고 있다고 생각한다. 달라이 라마의 심장으로부터 빛이 나와 문도門徒의 심장에 들어간다고 관상한다.
3. 달라이 라마의 미간(제6차크라)에서 백색 빛이 발해지고 그 백색 빛이 문도의 미간으로 들어가, 자신의 신체 가운데에 그 빛이 녹아 일체화한다고 관상한다. 그리고 '칸로마'를 소리 내어 읽는다. (그 빛이 녹아 일체화하는 것으로, '자아가 어디에 있는가?' '나는 공, 공은 나, 자아는 어디에도 없다.' '허공'의 실재)
4. 달라이 라마의 목(제5차크라)에서 붉은 빛이 방출되고, 그 붉은 빛이 나의 목으로 들어와 일체화한다고 관상한다. 그리고 '칸로마'를 소리 내어 읽는다.

5. 달라이 라마의 심장(제7차크라)에서 푸른빛이 방출되고, 그 푸른빛이 나의 심장으로 들어와 그 빛이 녹아서 일체화한다고 관상한다. 그리고 '칸로마'를 소리 내어 읽는다. (이와 같은 작업을 통해서 신 · 구 · 의身·口·意가 정화된다고 생각하고, 새로운 자질이 갖춰졌다고 마음에 그린다.)
6. 자신의 두정부에 법륜(자전가의 바퀴와 같은)의 다섯 가지의 축으로 '아(ཨ), 라(ར), 빠(པ), 챠(ཙ), 나(ན)'라는 다섯 가지 문자를 그린다. 그 다섯 가지 문자를 자신의 심장 위치에 내려뜨리는 것으로, 자신의 신체에 붓다를 세운다.
7. 문수보살을 입속에(혀 위에) 앉히고, '디'라는 단어를 "디디디디……"라고 계속 108번 소리 내어 부른다. 법륜의 다섯 문자가 심장 속에 녹아 들어간다고 생각한다. ('디……'라고 계속해서 암송하는 것은 '신체의 움직임=파동'이라는 울림을 이용해서 신체에 스미도록 하는 작업을 행하는 것이다.)
8. 이와 같은 명상을 통해서 '문수보살'이 자신의 신체에 녹아들어 문수보살의 지혜를 내려 주고, 가피가 완성되는 것이다.

심리요법의 장에서도, 티베트밀교의 관정의 장에서도, 양자관계에서 작업이 행해지고 있다. 심리임상의 장에서 치료사, 관정의 장에서 스승, 모두 다 그 세계에 정통한 전문가가 성스러운 길을 안내한다. [그림 3-15]의 미술치료에서 치료사와 내담자 사이에 그림(이미지 상징)을 매개하고, [그림 3-16]의 밀교 관정에서는 외재화한 이미지를 매개하는 스승과 제자 사이에서 제자가 마음에 그리는 구조로 되어 있다.

한편, 심리요법에서 치료사는 내담자의 말을 들으면서 내담자 스스로가 무의식으로 여행하는 것에 동반하고, 이미지[64]와 상징의 세계를 공유한다. 내담자는 자신의 '성스러운 장=자기'에 다다른다. 다른 한편 티베트밀교에서 관정은 스승의 가이드를 따라가면서 함께 성스러운 장에 가까워지는 것으로 '공'의 영역을 체감한다. 그렇다면 이 양자의 차이는 무엇인가? 심리치료에서는 변성의식 상태와 미세한 신체에 관해서 '아는' 것은 가능하지만 체감으로서 실재를 파악하기 위한 시스템은 없다. 그러나 자신의 혼에 닿는 순간 '공'인 실재에 접촉한다. 티베트밀교에서는 호흡과 신체를 이용한 수행이 있으므로 변성의식 상태와 미세한 신체감각을 체험하기 쉽다. 티베트밀교는 '공'의 실재를 명상으로 체감하고, 융심리학은 무의식 여행을 통해서 아는 것이다. 융이 서양인 가운데 유일하게 '공'을 알았던 심리학자였다고 생각된다.

∈ 미주 ∋

1. ダライ・ラマ14世, 茂木, 2011, p. 34.
2. 龍樹, 西嶋訳, 1995, pp. 434-435. 中村, 2000, p. 381. 立川, 1986, pp. 55-57.
3. 龍樹, 西嶋訳, 1995, p. 436. 中村, 2000, p. 381.
4. ダライ・ラマ14世, 茂木, 2011, p. 79.
5. 立川, 2015, p. 63.
6. ユング, 林訳, 1982a, p. 11.
7. ユング, 松平・渡辺訳, 1984, p. 83.
8. 秋山, 1985.

9. 老松, 2016, p. 57.
10. 여기서 이야기하고 있는 중관파는 '중관귀류논증파'를 말한다. 이 학파는 현상 그 자체가 존재하지 않고, 물건과 사람으로 이루어진 세계가 있는 것이 아니라 그 현상을 어떻게 파악하느냐를 문제 삼고 있다. '나'라는 주체가 어떤 대상을 볼 때 우리의 사고와 의식이 초래하고 있는 것을 증명하는 입장이다.
11. ダライ・ラマ14世, 茂木, 2011, p. 48.
12. ブラウエン, 森訳, 2002, p. 37.
13. 立川, 2007, p. 12.
14. 立川, 2007, p. 12.
15. ダライ・ラマ14世, 茂木, 2011, p. 85.
16. 立川, 2007, pp. 12-17.
17. 立川, 2007, p. 127.
18. 青原編, 2015, pp. 166-171.
19. 西平, 1997, p. 6.
20. ユング, 湯浅ほか訳, 1983, pp. 62-63.
21. 이 책에서는 카와사키 신죠 역의 川崎, 1989를 참고・인용하여 정리했다.
22. 川崎, 1989, pp. 13-14.
23. 川崎, 1989, p. 25.
24. 湯浅, 1989, p. 129.
25. 川崎, 1989, p. 29.
26. 川崎, 1989, p. 69.
27. 川崎, 1989, p. 85.
28. 川崎, 1989, pp. 100-101.
29. 川崎, 1989, p. 122.
30. 川崎, 1989, p. 125.
31. 川崎, 1989, p. 129.
32. ユング, 湯浅ほか訳, 1983, p. 67.
33. ユング, 湯浅ほか訳, 1983, p. 69.

34. ユング, 湯浅ほか訳, 1983, p. 69.
35. ユング, 湯浅ほか訳, 1983, pp. 61-95.
36. 西平直, 1997, p. 63
37. ユング, 湯浅ほか訳, 1983, p. 70.
38. ユング, 湯浅ほか訳, 1983, p. 71.
39. ユング, 湯浅ほか訳, 1983, p. 72.
40. ユング, 湯浅ほか訳, 1983, pp. 74-75.
41. ユング, 湯浅ほか訳, 1983, pp. 75-76.
42. ユング, 湯浅ほか訳, 1983, p. 77.
43. ユング, 湯浅ほか訳, 1983, p. 80.
44. ユング, 湯浅ほか訳, 1980, pp. 8-9.
45. 黒木, 2006, pp. 106-107.
46. ユング, 湯浅ほか訳, 1980, pp. 165-181.
47. ユング, 湯浅ほか訳, 1980, pp. 194-200.
48. ユング, 湯浅ほか訳, 1980, pp. 201-209.
49. ユング, 湯浅ほか訳, 1980, pp. 279-303.
50. 빌헬름의 번역에서는 그림이 두 개밖에 소개되어 있지 않았지만, 일역에서는 역자인 유아사 야스오湯浅泰雄와 사다카타 아키오定方昭夫가 그림을 모두 게재했다.
51. ユング, 河合ほか訳, 1972, p. 253.
52. ユング, 老松訳, 2004, p. 14.
53. 立川, 2013, p. 118.
54. 老松, 2001, pp. 50-55, 立川, 2013, pp. 119-137. ユング, 老松訳, 2004, pp. 10-12, pp. 77-78, p. 96, pp. 101-103, p. 105.
55. ユング, 老松訳, 2004, pp. 103-105.
56. 立川, 2013, p. 130.
57. ユング, 老松訳, 2004, p. 148.
58. 本山, 1978, p. 67.
59. メイス, 川瀬訳, 1998, p. 77.
60. ディークマン, 野村訳, 1998, p. 237.

61. 湯浅, 1991, pp. 136-137.
62. 角野, 2004, pp. 12-14.
63. 본문에 기재한 '문수보살의 예찬게(칸로마)'는 당일 배포된 텍스트에서 인용하였다.
64. 이미지에는 상상 이미지와 자율 이미지가 있다. 예를 들면, 당신이 사과를 먹고 싶다는 생각을 상상하는 것을 '상상 이미지', 상상한 이미지가 자발적으로 변화하는 것을 '자율 이미지'라고 한다.

제4장

만다라 미술치료의 실제

1. 만다라 콜라주 기법

1) 서론

콜라주collage는 프랑스어의 'coller(풀로 붙이다)'에서 유래했다. '풀에 의한 접착'을 의미하고 있으며, 회화사에서는 조르주 브라크Georges Braque(1882~1963)와 파블로 피카소Pablo Picasso(1881~1973) 등이 시작한 기법이라고 알려져 있다.[1]

필자가 처음으로 콜라주와 만난 것은 1970년 후반 미국에서였다. 캘리포니아주 샌프란시스코의 남쪽에 있는 노트르담 대학교(현재 노트르담 드 나무르 대학교)에서 미술치료 수업을 수강했는데, 그 프로그램 중에 콜라주 강의와 실습이 있었다. 미국의 콜라주 기법은 1970년대 초기에 정신과 작업치료의 일환으로서 실시되고 있었다. 일본에서는 교토 분쿄 대학교의 모리타니森谷 교수가 콜라주 치료를 최초로 시작한 연구자로 알려져 있다. 모리타니의 저서 중에 '선행연구-콜라주 치료 이전'이라는 챕터가 있다. 콜라주 기법에 관해서 필자를 포함한 5명의 연구자로부터 정보를 얻어서 내용을 기술하였다.[2] 필자에 관해서 '쿠로키黒木는 미국에서 미술치료를 받았다. 콜라주는 미술치료 기법 중의 하나로서 사용되었다. 그러나 미국에서는 콜라주를 전문으로 하고 있는 사람이 없다. 미국에서 논문에 싣는다면 주목받을 것이다(1991년경).'라고 기술하고 있다. 그리고 모리타니의 의문은 이 사람들이 왜 그것을 일본에 소개하지 않았을까 하는 것이다. 결론적으로 '결국 콜라주가 그 정도의 이용가치가 있는 방법이라는 인식을 가지지 않았기 때문이지 않을까? 콜라주를 알고 있다고 하는 것과 그 가치를 알아보는 것은 전혀 다른 것이라는 것을 알았다.'라고 서술했다.[3] 필자를 포함한 당시 젊은 5명의 연구자가 콜라주 치료에 적극적으로 관여하지 않았던 것은 아마도 각자의 연구 주제가 각기 달랐기 때문일 것이다. 모리타니의 열성적인 연구의 결과, 일본에서 콜라주 치료는 발전을 보였고, 콜라주 치료를 사용하는 미술치료사들을 양성해서 이제는 임상 현장만이 아니라 많은 분야에 확대된 것을 볼 수 있다.

이 장에서는 대학의 수업 '예술치료실습'에서 행했던 만다라 콜라주에 관해서 그 방법을 서술하고, 결과로부터 얻어진 ① 콜라주 과정에서 시공時空의 알아차림에 관해서 ② 원형(만다라)과 사각형의 도화지가 주는 심리적인 의미에 관해서 고찰하고자 한다.

2) 기본적인 절차

a. 대상자

대학교 2학년생과 3학년생 19명(여자 11명, 남자 8명)으로 실시하였다. 19명의 피험자에 대해서는 A에서 K(여자), L에서 S(남자)로 구분하고 알파벳으로 표시했다.

b. 실시 장소

대학 내의 교실(40명 정도 수용 가능)을 사용했다.

c. 실시 기간

'예술치료실습' 과목의 수업 중 4주간에 걸쳐서 실시했다. 소요 시간은 한 회기에 90분, 개인차가 상당히 있기 때문에 천천히 제작하는 학생에게 맞추었다.

d. 실시 방법

① 학생 1명당 4절 도화지 1장을 배포했다. 첫 번째 주제는 '현재의 나'로 4절 도화지를 사용했다. 두 번째 주제는 '과거의 나' 또는 '미래의 나'로 어느 주제이든 각자 선택하도록 하고, 원이 그려진 4절 도화지를 사용했다. 세 번째 주제는 두 번째에서 '과거의 나'를 선택한 경우는 '미래의 나'를 주제로 하고, '미래의 나'를 선택한 경우는 '과거의 나'를 주제로 하며, 원이 그려진 4절 도화지를 배포해서 원형을 가위로 자르도록 지시하고 원형 도화지로 만들어서 사용했다.

② 각 주제에 따라서 사진을 잘라 낸 후에 도화지에 붙이도록 지시했다.

③ 각 주제의 콜라주를 제작한 후, '되돌아보기 용지'에 제작한 콜라주의 내용에 관해서 알아차린 것과 느낀 것을 무엇이든 자유롭게 기술하도록 했다.

④ '현재의 나' '과거의 나' 또는 '미래의 나'를 제작한 후, 마무리한 순서대로 매회 각각 3~5분의 간단한 인터뷰를 했다.

e. 사용한 도구

4절 도화지, 가위, 고체풀과 각자 잡지 2권 정도 지참하도록 공지했다. 지참하지 않은 학생을 위해 실시자가 다수의 책을 준비했다. 남녀별 책상을 배치하고, 학생끼리 잡지를 빌려주는 것은 자유로 했다.

3) 사례의 결과

남자 2명(L 씨와 N 씨)과 여자 2명(J 씨와 G 씨)의 네 가지 사례의 콜라주 작품과 되돌아보기 용지에 기록된 내용을 인용하였다. 개인을 특정할 수 있는 기술이나 표현 등은 수정했다. 두 번째 제작 시 '과거의 나' 또는 '미래의 나' 선택에서는 11명의 여자 가운데 8명이 과거의 나, 2명이 미래의 나를, 8명의 남자 중에 3명이 과거의 나, 5명이 미래의 나를 선택했다.

[사례 1]

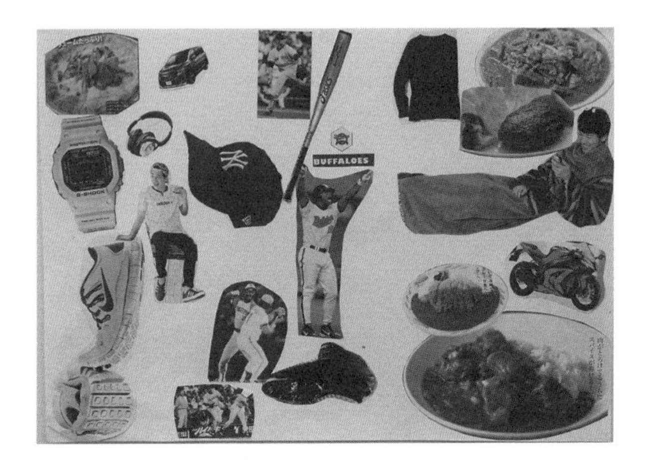

[그림 4-1] L-1, 현재

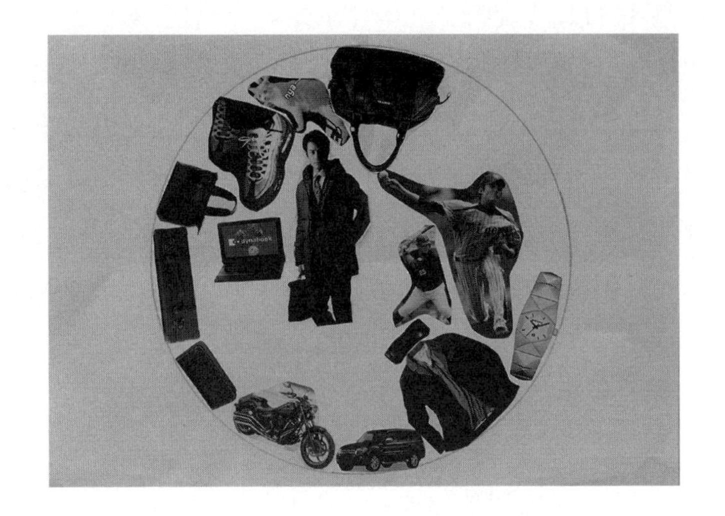

[그림 4-2] L-2, 미래

[그림 4-3] L-3, 과거

[그림 4-1] L-1, 현재

전체적으로 야구와 먹는 것에 관한 것이 많다. 자신이 원하는 물건이 여기저기 붙어 있다. 야구에 관한 사진이 중앙에 붙어 있다. 야구에 대한 생각이 크기 때문에 야구 사진이 많다고 생각한다. 왼쪽 아래의 싸우는 사진은 '무언가 때리고 싶어지는 것'이 있기 때문이라고 생각한다. 시계는 가지고 싶은 마음과 '시간은 무한하지 않다.'라는 것을 나타내고 있다. 자신이 원하는 물건과 기분이 잘 나타나 있다. 자신이 강하게 생각하는 것이 중심에 모여 있는지도 모른다.

[그림 4-2] L-2, 미래

장래 이런 어른이 되고 싶다. 이런 것을 입고 외출을 하고 싶다는 생각이 큰 것인지도 모르겠다. 돈이 들어오면 명품을 사고, 멋있어 지고 싶다는 소원이다. 세련되고 싶다. 콜라주의 바깥쪽은 자신의 몸에 걸치는 것을 많이 붙였다. 야구 사진은 앞으로도 야구를 계속하고 싶다는 소원이다. 두 번째에 '미래의 나'를 선택한 이유는 미래의 쪽이 자신의 욕망, 되고 싶은 것, 갖고 싶은 것이 곧바로 상상 가능했기 때문이다. 원 안에 붙여야 했기 때문에 배치를 생각하지 않으면 안 됐다. 주제에 따라서 선택하는 것이 조금 어려웠다.

[그림 4-3] L-3, 과거

야구를 하고 있으므로 그에 관한 사진을 잘라 붙였다. 영웅 프로그램을 좋아해서 자주 보던 때의 사진과 기차를 좋아했기 때문에 그것을 붙였다. 또 자주 먹었던 과자를 붙였다. 예전 자신이 했던 일들과 좋아했던 것이 많다. 세 도화지 모두에 야구 사진이 붙어 있다. 원이 되면서부터 원을 의식해서 붙이게 되었지만, 상하를 알 수 없다.

[사례 2]

[그림 4-4] N-1, 현재

[그림 4-5] N-2, 과거

[그림 4-6] N-3, 미래

[그림 4-4] N-1, 현재

사진은 원하는 것과 가고 싶은 장소 등 자신의 욕구에 관한 것이 많았다. 문자로 표현된 것이 약간 많다. 오른쪽 윗부분은 휴대전화를 향해서 무언가 소리를 지르고 있는 것 같이 표현되었다. 곳곳에 지금 유행하고 있는 말과 인물인 '스키짱!'과 '지금이겠지!'와 같은 것을 붙였지만, 유행이 끝나면 현재가 아닌 과거가 되고 마는 것은 아닌가 하고 생각했다. 한편으로는 정장을 입고 있는 사람의 사진을 붙였고, 이것은 자신의 직업 활동을 의식한 것이다. 일자리는 현재보다는 미래의 일이다. '다시 한번 골드쉽'이라는 문자를 붙인 것은 강한 말이 경주에서 졌기 때문이다.

[그림 4-5] N-2, 과거

주제는 자신이 지금까지 좋아했던 것(지금까지도 여전히 좋아하는 것도 있음)이다. 먹는 것의 비중이 많다. 동물과 캐릭터가 많다. 왼쪽으로 갈수록 어렸을 때 좋아했던 것이고, 오른쪽으로 갈수록 최근에 좋아하는 것이다. 바나나, 카레, 곰이 두 개씩 있고, 말과 관련된 것이 세 개 있다. 두 번째로 '과거의 나'를 택한 이유는 단순하게 시간 순서를 생각해 과거에서 미래로 이어 가는 방법이 자연스럽다고 생각했기 때문이다. 또 과거, 즉 유소년기는 자신이 좋아했던 것으로 정리되어 있고 복잡한 감정은 없으며 단순하게 좋고 싫음의 감정밖에 없었다. 옛날부터 음식에 관한 것(만드는 것도 먹는 것도)이 좋았던 것을 떠올렸다. 만들고 있을 때는 알지 못했지만 왼쪽을 향하고 있는 것은 왼편으로, 오른쪽을 향하고 있는 것은 오른편에 배치하고 있다. 이것으로 원의 중심이 아닌 원의 바깥쪽으로 향하고 있다고 생각했다. 또 중심에 커다란 사진을 붙인 것은 뭔가 안정감과 안도감을 느끼기 때문이라고 생각했다.

[그림 4-6] N-3, 미래

지금부터 필요할 것 같은 물건과 자신이 하고 싶은 일 등 '지금부터……'라는 단어를 키워드로 해서 만들었다. 한가운데에는 앞으로 중요한 역할을 하는 컴퓨터를 붙였다. '정장' '우메다 빌딩' '고급시계'와 같이 사회인으로서 이후에 필요해질 또는 관련된 것을 붙였다. 또 미국(자유의 여신상 사진)과 초밥, 커다란 타코야끼와 같이 지금까지 먹고 싶었던 것과 가고 싶은 장소도 붙였다. 자동차에 관해서는 운전할 기회가 없어 운전 기술을 잃어버리지 않을까 하는 불안과 함께 운전 연습을 하지 않으면 안 된다는 갈등이 있다. 과거([그림 4-5] N-2), 현재([그림 4-4] N-1), 미래([그림 4-6] N-3)의 콜라주에서 공통되는 것은 풍경사진을 붙인 것으로, 다양한 장소에 가고 싶다는 무의식을 의미하고 있는지 모른다. 원형 도화지에 붙이는 것에서는 상하좌우를 의식하지 않고, 물건이 돌고 있는(순환하고 있는) 형태가 되었다. 그러나 중심에 가장 중요한 것을 붙였다는 생각은 첫 번째, 두 번째 모두 같았다. 즉, 자신에게 가장 중요한 것은 중심에 있고 그것을 긍정적으로 파악한다면 심지가 흔들리지 않는 인간으로, 부정적으로 파악한다면 완고한 인간이라고 생각했다.

[사례 3]

[그림 4-7] J-1, 현재

[그림 4-8] J-2, 과거

[그림 4-9] J-3, 미래

[그림 4-7] J-1, 현재

음식과 패션은 사선으로, 풍경은 수직으로 붙였다. 먹는 것이 좋아서 케이크 가게에서 아르바이트를 하고 있는 중인데 다른 가게의 과자를 보면 궁금해진다. 곰곰이 생각해 보니 중학생 때까지 생크림을 싫어했던 것이 기억났다. 네일아트를 하고 싶지만 손톱이 약해서 불가능한 것, 케이크와 우산이 좋은 것, 또 여행 가서 먹으며 걸어 다니고 싶은 것을 붙였다. 해외 사진을 붙였지만 해외여행에는 그다지 흥미가 없다. 현재의 콜라주에는 '지금의 나'라는 것보다 '지금 내가 하고 싶은 것'을 붙였다는 사실을 '지금' 깨달았다. 멋지게 차려입고 먹거나 풍경을 보거나 하는 여유 있는 생활을 희망하고 있는 건가 생각한다. 콜라주는 그림을 그리는 것보다 간단하다고 생각했지만 의외로 어떻게 붙여야 할까 하는 생각에 어려웠다.

[그림 4-8] J-2, 과거

과거의 콜라주를 할 때, 나는 매일을 아무 생각 없이 지나왔기 때문에 과거의 기억이 거의 없었다. 그러나 콜라주를 하고 있는 사이에 그때 이런 것을 했었지 하며 조금씩 기억해 낼 수 있었다. 두 번째로 '과거의 나'를 선택한 이유는 미래가 떠오르지 않았기 때문에 과거부터 만들었다. 처음에 도화지 전체에 붙이는 것보다 이번처럼 원 형태에 붙이는 작업이 매우 어려웠다. 첫 번째(현재)는 겹쳐서 붙이지 않았지만, 이번에는 조금 겹치게 붙여 보았다.

[그림 4-9] J-3, 미래

미래의 콜라주에서는 미래의 내가 전혀 상상되지 않아서 매우 어려웠다. 언젠가 취직한다고 생각했기 때문에 정장 사진, 장래에도 테니스를 계속하고 싶어서 라켓 사진, 나만의 방이 갖고 싶어서 침대와 커튼 사진을 마음껏 붙였다. 현재와 미래는 무의식적이라고 생각하지만 과거의 콜라주는 의식적으로 만든 것으로 느껴진다.

[사례 4]

[그림 4-10] G-1, 현재

[그림 4-11] G-2, 과거

[그림 4-12] G-3, 미래

[그림 4-10] G-1, 현재

고양이가 붙어 있다. 일반적으로 고양이를 '자유로움, 제멋대로'라고 생각한다. 붙일 때에는 아무것도 생각하지 않고 단순히 '고양이가 좋으니까' '귀여워서' 붙였지만 나중에 보니 지금 내가 '자유롭게'라는 것을 나타내고 있는 것인가 하고 생각한다. 신발 사진을 많이 붙인 것은 신발을 좋아하기 때문이다. 그러나 이것을 좀 더 확대해 보면 여러 가지 일을 하고자 하는 마음의 표현인지 또는 무엇인가 한 걸음 내디디고 싶은 것이 있는지도 모르겠다. 오른쪽 위에는 소파와 자연을 붙였다. 이것은 좀 더 여러 가지 일을 하고 싶다고 생각하는 반면, 마음은 조금씩 피곤해지고 있어서 실제로는 쉬고 싶다고 생각하고 있는지도 모르겠다. 전체적으로는 정리되어 있지 않은 인상을 받는다. 이것은 지금 고민하고 있는 것이 있고, 그것을 나타내고 있는 것인가 하고 생각한다. 그림을 그리는 것과 콜라주의 공통점은 하고 있을 때는 아무것도 생각하지 않아도 되기 때문에 마치면 왠지 후련해진다는 점이다.

[그림 4-11] G-2, 과거

이 작품을 볼 때 "강한 여성"이라는 생각이 들었다. 이것은 내가 초등학교, 중학교 때 사람을 좋아하지 않아서 '자신은 외톨이'라고 생각하고 있었던 때가 있었는데 그것이 표현되어 있는 것처럼 생각된다. 그때는 모가 났었다고 생각한다. 두 번째로 '과거의 나'를 선택한 이유는 미래보다도 과거 쪽이 이미지화하기 쉽기 때문이다. 상하좌우를 정하고 싶지 않아서 둥글게 붙였다. 동그라미 안으로 제한되어 있어 붙이기 쉬웠다. 이전 회기의 제한이 없는 사각형 도화지에 붙이는 것보다 시간이 덜 걸렸다.

[그림 4-12] G-3, 미래

시계와 가방만으로 가득 채웠다. 시계가 많이 있는 것은 시간에 쫓기고 있다는 것일까? 알록달록하게 하려고 해도 결국 선택하는 것은 수수한 색이다. 미래는 둥글게 붙였고, 선택한 것도 어른스럽게 되어 있어 나 자신의 성격이 둥글어지는 것을 표현한 것일 수도 있다. 미래의 콜라주는 손 닿는 대로 붙인 것이 아니고, 붙이는 방법도 차분하다. 이것은 미래에는 시간에 신경 쓰며 살지 않으면 안 되지만 '쉬고 싶다.'는 생각을 할 수도 없이, 균형 잡힌 충실한 생활을 나타내고 있는 것은 아닐까 하고 생각한다. 가장 자유롭게 할 수 있었던 것은 원형 도화지에서의 콜라주였다.

4) 고찰

(1) 콜라주 제작과정에서 '시공'의 인식

이번의 콜라주 제작은 집단으로 실시했지만 개인치료적인 요소가 강하다. 과거, 현재, 미래의 3장을 마무리하는 데 90분 수업을 4회 연속해서 행했고, 천천히 제작하는 학생에게 시간을 맞추었다. 이미 서술한 바와 같이 1장이 완성되면 각 학생과 함께 그 작품을 바라보면서 3~5분 정도의 피드백을 했다. 학생이 느끼거나 알아차린 관점과 임상심리사로서 진단하는 필자와의 관점이 다르다. 짧은 인터뷰 중에서 P 씨(남자)는 '선생님과 이야기하고 있으면 솔직하게 지금의 자신을 받아들이는 것이 가능하다. 이 작업 중에서 선생님과 이야기하는 과정이 가장 중요하다고 생각한다. 자신과 마주한다는 것은 일상 속에서는 어렵지만, 콜라주를 통해서 보면 느긋하게 마주 볼 수 있다.'라고 했다.

시간에 관해서는 그리스 신화에 나오는 '크로노스'와 '카이로스'라는 개념을 사용하면 잘 설명된다. 크로노스는 과거에서 미래로 흐르는 물리적인 시간으로, 우리의 일상적인 직선적 시간을 나타내고 있다. 카이로스는 크로노스적 시간의 흐름에서 수직으로 나타나는 비일상적인 다른 시간 영역이다. 또 공간의 개념에는 우리가 주변에서 지각하는 물리적인 협의의 의미로서의 '스페이스', 광의의 의미로서의 '유니버스' 또는 '코스모스'라는 개념이 있다. 쿠로키에 의하면 '스페이스가 물리적으로 균질화均質化된 일상적 공간을 나타낸다면, 코스모스는 '중심'으로 구조화되고 의미에 따라서 문절화文節化된 유기적인 공간으로 표상된다. 중심이 중시되는 한, 역시 원환적 구조가 코스모스에 어울린다.'[4]고 한다.

이 네 가지 사례의 작품을 중심으로 검토함과 동시에 다른 피험자의 알아차림을 포함해서 분석하고, 콜라주의 심리임상적인 의미를 생각한다.

사례 1([그림 4-1] L-1~[그림4-3] L-3)에서는 과거에 자신이 했던 일과 좋아했던 것이 많다. 현재에는 지금 자신이 희망하고 있는 것과 원하는 것, 지금의 감정과 기분을 나타낸 것이 많이 붙어 있다. 미래는 장래에 이런 성인이 되고 싶고, 이런 옷을 입고 싶다고 하는 강한 생각이 있다. 과거, 현재, 미래 세 가지 모두에 야구 사진이 붙어 있고, '성인이 되어서도 야구를 계속하고 싶다.'라고 말하고 있다. 사례 1과 같이 세 가지 콜라주에 같은 주제의 사진을 붙인 사람은 그 외에 2명(M 씨는 야구, Q 씨는 테니스)이 있고, 스포츠로 유지되어 온 것을 알 수 있다. 과거에는 야구, 영웅, 전철, 음식 사진을 붙였다. 현재에는 야구와 음식 사진, 미래에는 명품을 몸에 걸친 자신을 표현하고 있다. 사례 1의 L 씨와 같이 과거의 나에 대해 '~였다.'라고 과거의 사건처럼 표현하고, '미래의 나'에 대해 앞으로 '~하고 싶다.' '~처럼 되고 싶다.'라는 희망과 이상理想으로서 기술한 사람이 절반 가까이 됐다(B 씨, C 씨, E 씨, F 씨, I 씨, L 씨, N 씨, Q 씨). 과거로 되돌아가는 것과 함께 미래에 대한 기대가 엿보인다.

사례 2([그림 4-4] N-1~[그림4-6] N-3)도 사례 1과 같이 예전에 자신이 좋아했던 유소년 시기의 음식, 동물, 캐릭터로 과거의 나를 나타내고 있다. 미래에 대해서는 '지금부터'라는 주제로 사회인이 되어 필요한 것과 하고 싶은 것을 말하고 있다. 현재의 콜라주 제작과정이 2주간에 걸쳤으므로, 현재가 이미 과거가 된다는 시간의 흐름을 감지하고 있다. 또 세 가지 콜라주에 공통으로 있는 풍경사진을 무의식적으로 붙인 것에 대해서도 알아차림이 일어났다. 현재가 곧 과거라는 시간의 흐름에 대해서 O 씨(남자)는 '되돌아보기 용지에 쓰는 순간조차 이미 과거의 사람이구나 하고 생각하고, 좁았던 과거가 넓어졌다.'라고 말하고 있다.

사례 3([그림 4-7] J-1~[그림4-9] J-3)에서는 '과거의 콜라주를 하고 있는 사이에 그때는 이랬었다고 조금은 기억해 낼 수 있었다.'라고 한다. 과거의 나에게 투사된 사진을 잘라 도화지에 붙여 가는 과정은 지금 여기의 시공에서 자신의 과거 시공간으로 들어가는 것을 가능하게 하는 콜라주 기법이다. 현재에서는 '지금의 나'라고 하는 것보다 '지금 내가 하고 싶은 것'을 붙인 것으로 '지금, 여기'로 인식했다고 한다. '세련되고 싶고, 먹고 싶고, 풍경을 보고 싶다는 여유로운 생활을 희망하고 있는 건가 하고 생각한다.'라고 말하고 있다. 미래의 콜라주에서는 미래의 내가 전혀 상상이 되지 않았고, 매우 어려웠던 것은 이후의 과제인지 모르겠다.

사례 4([그림 4-10] G-1~[그림4-12] G-3)에서 과거의 콜라주에서는 강한 여성이 원의 중심에 자리 잡고 있다. '모가 난 자신'을 표현하고 있으며, 과거 고독했던 시기의 이야기를 돌아보고 있다. 현재의 콜라주에서는 잘라 놓은 사진에 자신을 투사하고, 연상을 작동시켜 자신을 분석하고 있다. 고양이를 좋아하고 귀여워해서 선택한 고양이 사진에서는 자유로운 자신을 나타낸 것인지, 신발 사진에서는 밖으로 나가서 여러 가지 일을 하고 싶은 것인지, 뭔가 한 걸음 내디디고 싶은 것인지, 또 소파 사진에서는 피곤해서 사실은 쉬고 싶은 것인지, 자문자답을 하고 있다. 그리고 현재의 고민을 암시하고 있다. 시공의 흐름에 관해서 과거에 모가 난 자신의 표현에서 현재에는 그 분위기가 조금은 남아 있지만 엷어진 느낌도 난다. 미래는 둥글게 붙였고 선택한 사진도 어른스러워져서 자신의 성격이 둥글게 되는 것을 나타내고 있는지 모르겠다고 연상하고 있다. 사례 4와 같이 B 씨(여자)는 '과거는 가장 여러 가지 것이 섞여 있고, 현재는 가장 색상이 온화하며, 미래는 무언가 계통이 정해진 것 같은 느낌이 든다.'라고 말하고 있다. 또 P 씨(남자)는 '과거는 조용하고 공허한 느낌이고, 현재는 혼돈으로 넘치고 있다. 그 같은 가운데에서도 미래는 안정되어 있고 확실하게 자신의 이상세계가 그려져 있는 것은 의지를 표현한 것인가?'라고 말하고 있다. 자신의 과거를 되돌아보고, 현재의 현실을 바라보며, 미래를 생각해 보는 것이 콜라주 기법인 것이다.

(2) 사각형과 원형의 도화지가 주는 심리적인 의미

앞에서 콜라주는 피카소로부터 시작한다고 언급했다. 이리에 入江에 의하면 피카소의 최초 콜라주 작품인 〈등나무 의자가 있는 정물〉([그림 4-13] 참조)은 콜라주의 역사상 가장 중요한 것이라고 다음과 같이 서술하고 있다.

> 타원형의 캔버스 아랫부분에는 등나무 의자의 무늬가 인쇄된 오일 크로스oil cloth를 붙였다. 주변에 컵, 파이프, 레몬을 둥글게 자른 것, 나이프, 가리비를 유화로 배열하고 있다. 신문의 세 글자 'JOU'와 같은 문자는 이후에도 가끔 이용되고 있지만, 종래의 회화표현에는 없었던 특징이다. …… 주위의 마끈은 캔버스 위의 정물을 받치는 '쟁반' 테두리로서의 역할이 있다고도 말한다. 이 테두리의 의미는 모래상자치료의 테두리와 미술치료의 테두리기법

[그림 4-13] 피카소 〈등나무 의자가 있는 정물〉

출처: 入江(1993).

등과 공통되는 것으로 흥미롭다. 물론 치료공간이라는 심리치료 전반에 관련된 주제이기도 하다.[5]

피카소가 만다라에 대해서 알고 있었다고는 생각하지 않는다. 콜라주에서 타원형을 사용하고, 그 안에 표현한 정물을 마끈으로 테두리 넣기를 한 작품은 당시 그의 정신적 상태를 나타내고 있는지도 모르겠다. 이리에는 마끈을 테두리 넣기로 파악하고, 또 치료공간과 관련된다고 심리임상적으로 해석하고 있다.

심리치료 영역에서 동양종교의 협의의 '만다라曼荼羅'를 '만다라'로 간파하고, 만다라의 이름을 세계적으로 확장시킨 것은 융의 공헌이다. 전에도 언급했지만 만다라는 범어(산스크리트어)이고, 만다manda는 중심, 심수心髓(마음의 중심)이다. 만다라는 본질을 얻는 것을 나타내고, 세존이 깨달음을 연 보리菩提의 도장을 의미하고 있다.[6] 또 마사키正木는 만다라가 원래 '원' '륜'을 나타내는 단어였다고 설명하고 있다.[7] 융은 프로이트와 결별한 뒤 내적인 불확실감에 습격당해 방향 상실의 상태가 일어났고, 전적으로 매달려 입각점立脚点을 갖지 못한 상태였다. 매일 아침 노트에 작은 원그림인 만다라를 그렸다고 한다.[8] 그와 같은 상태에서 '내가 그린 만다라는 매일 나에게 새롭게 나타난 자기의 상태에 관한 암호였다.'라고 하며, 만다라를 그리기 시작하면서 만다라를 '자기'의 표현으로 인식하고, 스스로의 중심, 즉 개성화의 길을 향하는 개념을 이해한 것이다. 또 융은 '만다라 도형은 확실한 목적을 가지고 있다. 그것은 '원시의 구溝', 즉 중심을 둘러싼 마술적인 구인데, 가장 깊은 인격의 본질이라고 하는 신전神殿 또는 테메노스(그리스의 성역)을 그리는 것이다.'[9]라고 말하고 있다.

아오키青木는 카파치오네Capacchione가 제안했다는 원형 형태의 종이를 사용한 콜라주 집단개인치료를 실시했는데 이러한 만다라 콜라주에 대해서 원이라는 만다라 형태의 바탕 종이가 콜라주 표현을 통해서 보다 구체적인 통찰을 가능하게 한다고 말하고 있다.[10]

여기에서는 4절 도화지를 이용한 사각형의 바탕 종이, 원을 그린 사각형의 바탕 종이, 원으로 잘라 낸 원형의 바탕 종이에 콜라주를 실시하고 그 차이를 생각해 보려 한다. 여기에서 이용한 '만다라'는 '원'을 의미하고 있고, 융이 말하는 '인격의 본질이라는 신전'인 자기로 이해하고 있다. 원을 그린 바탕 종이, 원형의 바탕 종이에 콜라주를 한 것을 만다라 콜라주라고 부른다. 다음에서는 ① 도화지 형태의 차이, ② 원 안에 붙일 때의 알아차림, ③ 중심과 주변에 관해 고찰한다.

① 도화지 형태의 차이

우리는 어릴 때부터 그림을 그릴 때에 8절과 4절의 도화지를 이용했기 때문에 사각형의 도화지에 친숙하다. J 씨는 '원 안에 붙이는 작업이 사각형에 붙이는 것보다도 어려웠다.'([그림 4-8] J-2)라고 말하고 있다. 또 F 씨는 원을 그린 4절 도화지에 붙이는 경우, '테두리 속에 맞추려는 압박감이 있었다.'라고 느꼈다고 한다. 그 반면 '테두리가 있는 원 속에 제한되어 붙이기 쉬웠다.'(G 씨, D 씨), '사각형 도화지에 제한 없는 가운데 붙이는 것보다 원형 쪽이 시간이 걸리지 않았다.'(G 씨), '사각형은 겹쳐서 붙이지 않았지만, 원형은 겹쳐서 붙여 보았다.'([그림 4-8] J-2), '원형의 바탕 종이에는 그다지 많이 붙이고자 하는 생각이 들지 않았다.'(F 씨)라고 하는 것처럼 도화지의 형태에 의한 영향이 개인마다 다른 것이 엿보였다. 익숙한 4절 도화지와 새로운 원형 도화지에 대해서 남녀의 무의식이 반응하고 있는 것은 감성의 차이일 것이다.

② 원 안에 붙일 때의 알아차림

원을 그린 도화지의 경우, '원 안에 붙여야 하기 때문에 배치를 고려해야 했다.'([그림 4-2] L-2), '원 안에 붙이는 것이 사각형 안에 붙이는 것보다 상하좌우를 만들기 어려운 느낌이었다.'(H 씨, L 씨), '사각형은 균형 등을 그다지 신경 쓰지 않고 작업했지만, 원형은 나름대로 매우 균형을 의식해서 붙였다.'(H 씨, L 씨) 또는 '좌우 균등하게 붙였다.'(O 씨) 등 배치와 균형을 의식하고 있는 것이 특징 중 하나이다. 원형 도화지의 경우 '원을 의식해서 붙이게 되었다.'([그림 4-3] L-3), '테두리가 없다는 느낌으로 자유로움이 있었다.'(D 씨), '가장 자유롭게 할 수 있었던 것은 원형 도화지였다.'(G 씨) 등의 특징이 엿보인다. 원이라는 테두리 속에 콜라주를 하는 것은 상하좌우가 없어지는 것이며 배치를 의식해 균형을 잡는 것으로 자유로움을 표현할 수 있는 것을 의미하고 있다.

③ 중심과 주변

사각형의 도화지에 콜라주를 한 '현재의 나'를 보자. 사례 3([그림 4-7])과 사례 4([그림 4-10])에는 중심에 배치한 사진이 없고, 사례 1([그림 4-1])과 사례 2([그림 4-4])에는 중심에 사진이 붙어 있다. 이것은 사각형보다도 원형이 중심을 의식하기 쉽기 때문이다. 사례 1과 사례 2의 피검자는 남성들로, 모든 작품의 중심에 소중한 사진을 붙이고 있다. 사례 1에서는 [그림 4-1]~[그림 4-3]의 중심에 '자신'을 투사하여 표현하고 있다. 또 사례 2에서 '중심에 커다란 사진을 붙인 것은 뭔가 안정감과 안도감을 느끼기 위한 것이라고 생각한다.'([그림 4-5] N-2)라든지 '원형 도화지에 붙이는 것으로 상하좌우를 의식하지 않고 물건이 회전하고 있는(순환하고 있는) 형태가 되었다.'([그림 4-6] N-3)처럼 중심에는 가장 중요한 것을 붙인다는 생각은 세 장([그림 4-4]~[그림4-6]) 모두 같다. 또 Q 씨(남자)는 '중심에 자전거와 신발을 붙인 것은 대부분 매일 자전거를 사용하고 있기 때문이다.'라며 자전거를 중요한 것으로 인식하고 있다. 이와 같이 중심이 가진 의미는 크다. 사례 3에서는 '나의 과거의 흐름을 의식해서 붙이니 한가운데가 비게 되었다.'([그림 4-8] J-2)라고 한다. 인터뷰에서 J 씨는 전근을 자주 다니는 사람이어서 생활의 장이 바뀐 순서에 따라 그때그때를 나타내는 사진을 붙였다고 말해 주었다. 사례 2의 '물건이 돌고(순환하고) 있는 형태'와도 통하고 있다. 또 '한가운데가 비어 버렸다.'라는 것처럼 중심이 공백으로 되어 있는 것의 의미는 무엇일까? 사례 4의 [그림 4-11]은 과거의 나를 주제로 한 것으로, 중심에 강한 이미지의 여성이 있고 '나는 누구인가?'라고 질문하고 있다. 과거의 내 이야기에서부터 스스로의 중심을 향해 묻고 있는 것처럼 생각된다. [그림 4-12]는 시계와 가방만으로 구성되어 있어, '만다라' 그 자체이다. 그 구조는 중심으로부터 밖을 향해서 에너지가 흐르고 있다. 시계는 시간(크로노스와 카이로스)의 시각을 새기고, 가방은 중요한 것을 옮기는 용기(공간=스페이스와 유니버스)와 연결되어 있는지도 모른다.

2. 반구조화 만다라 그리기 기법

1) 서론

반구조화 만다라 그리기는 심플한 도형에 피험자가 자유롭게 그림을 덧붙이는 것으로 자유화 같은 특징이 있는 그리기 기법이다. 이 그리기 기법의 힌트가 된 것은 뒤에서 서술할 내담자 B 씨가 그린 300장의 만다라 그림이다.

만다라는 산스크리트어로 '원'을 나타낸다고 앞에서 언급한 바 있다. 만다라 그림에서는 기본적인 형태인 사자성四者性(숫자 4), 십자형, 별, 사각형, 팔각형 등이 잘 나타난다. 하나인 영역에서 둘로 분화, 2에서 4, 4에서 8처럼 몸에서 세포분열이 일어나는 것 같이 의식에서의 세포분열을 연상시킨다. 융은 숫자의 상징symbolism에서 무의식의 움직임을 발견했다. 연금술과 밀교의 만다라에서는 사각과 원이 조합된 형태가 자주 보인다. '"원과 사각의 조합"은 우리의 꿈과 환상을 형성하는 기초를 이루고 있는 많은 원형적 모티브 중 하나이다. …… 마치 전체성의 원형이라 부를 수 있다. 이 의미 부여에 의하면 "넷은 하나"이다. 이것은 신상神像의 도식'[11]이라고 할 수 있다.

반구조화 만다라 그리기의 시도는 피험자를 바꾸어 2회 실시했다. 대학생 20명의 피험자를 대상으로, 1회에서는 9장의 반구조화 도형, 2회에서는 6장의 반구조화 도형을 이용했다. 이와 같은 과정으로 1회에서의 실시 내용을 중심으로 유효한 도형을 줄여서 정리했다.

2) 기본적인 절차

a. 대상자

대학 3학년생 20명(남성 6명, 여성 14명)으로 실시한다. 20명의 피험자에 대해서 A부터 T까지의 가명을 붙였다.

b. 실시 장소와 조건

주 1회 '예술치료실습' 수업 내에서 5주에 걸쳐서 실시했다. 장소는 학교 내의 교실이다.

c. 실시의 흐름

① 채색

❶ 도형과 물감의 배포: 인쇄된 '반구조화 만다라' 그림, 24색 색연필, 24색 크레파스를 1인당 1세트씩 배포했다.

❷ 채색에 대한 조건과 시간: '이 만다라에 자유롭게 색칠하세요. 선과 그림을 첨가해도 상관없습니다. 그러나 이 원을 벗어나지 않도록 해 주세요.'라고 지시했다. 소요시간은 채색과 되돌아보기 용지에 자유롭게 기술하는 것과 이야기 나누기를 포함해서 매회 90분의 프로그램이었다.

② 채색 후의 공유방법

전체 집단을 10명씩 나누어 두 집단으로 분리한 다음 한 사람씩 자신의 작품을 제시하고 작품에 관해서 느낀 것과 알아차린 것을 말하게 했다. 그에 따라 집단원으로부터 질문과 인상에 대한 이야기를 들었다. 이야기 나누기에서는 쿠로키 교수와 대학원생인 실습조교가 집단을 촉진했다.

③ 되돌아보기 용지와 인터뷰

'만다라 채색' 후에 자기의 안을 살피고 자유롭게 보고하고 기술하는 되돌아보기 용지를 배포했다. 그때 '그린 것을 보고 알아차리거나 느낀 것을 써 주세요.'라고 지시했다. 또 11명에 대해서 짧은 시간(5~10분) 동안 인터뷰를 하고, 필자가 신경이 쓰이는 것을 질문하고, 알아차린 것을 전했다.

④ 사용한 만다라 도형

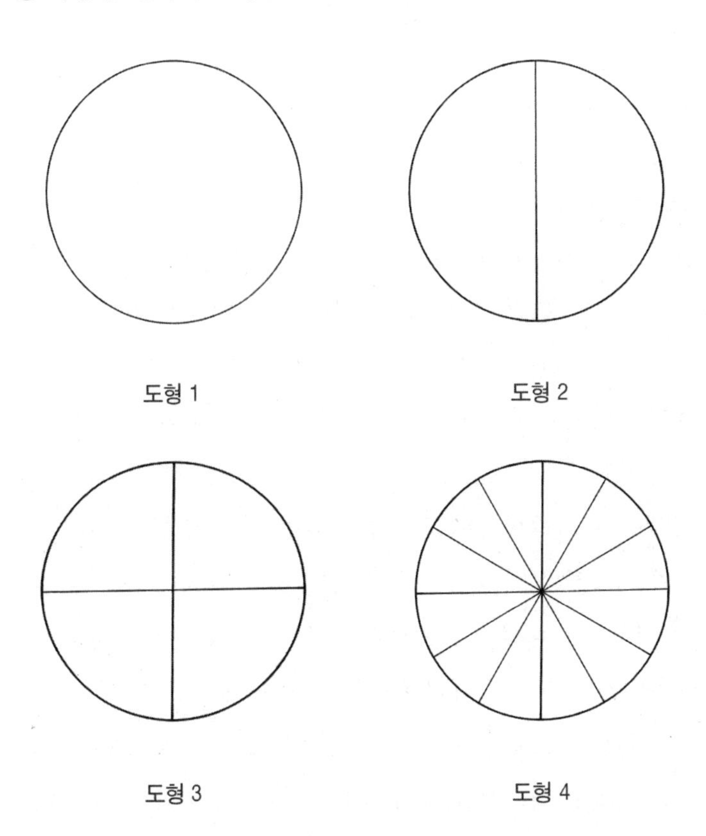

도형 1 도형 2

도형 3 도형 4

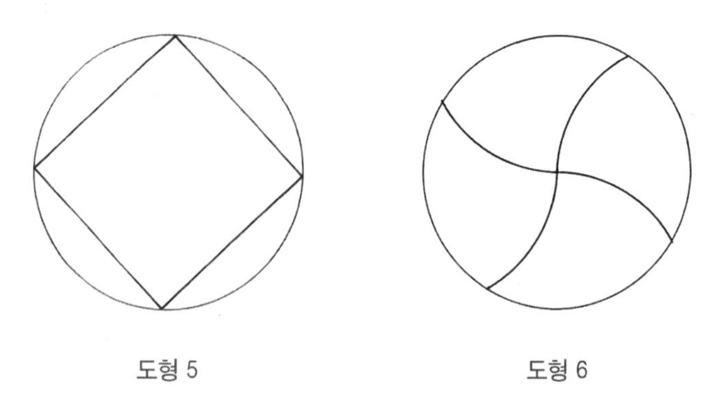

[그림 4-14] 사용한 만다라 도형

3) 사례의 결과

[도형 1]

도형 1은 하나의 원 속에 그리는 자유도가 높은 까닭에 이미지가 갑자기 떠오르는 경우와 그에 반해서 이미지가 떠오르지 않아 그리기까지 시간이 걸리는 경우로 나누어졌다. 떠오르기 쉬운 사람은 '확 떠오른다.' '원을 볼 때 이 형태(태극문양)로 하려고 직관적으로 생각했다.' 등으로 표현하고 있다. 무엇을 그려야 할지 모르는 경우는 동그라미, 육각형, 하트 등을 먼저 그리는 것을 계기로 그리기 시작했다. 원이라는 상징적인 형태로부터 지구, 달, 우주, 별, 무지개라는 대자연과 연결된 이미지를 표현한 대상자는 7명이었다. 스스로 2분할한 태극문양을 직관적으로 이미지화한 내담자는 2명이었다. [그림 4-15]의 그림 1은 '동그라미라는 형태에서 지구를 그리려고 생각했고, 지구라고 하면 자연이 많이 이미지화되므로 초록으로 칠했다. 그라데이션으로 부드러운 느낌이 들도록 칠했다.'(N 씨)라고 한다. 그림 2는 이미지가 떠오르기까지 시간이 걸린 경우로 '우선 원 속에 육각형을 그렸다. 더욱 세분화해서 색을 칠하기 위해서 그 속에 다비드의 별을 그렸다. 색은 따뜻한 계통의 색이 많고, 뭔가 어딘지 부족했기 때문에 다비드의 별 중심에 얼굴을 그렸다.'(C 씨)라고 한다.

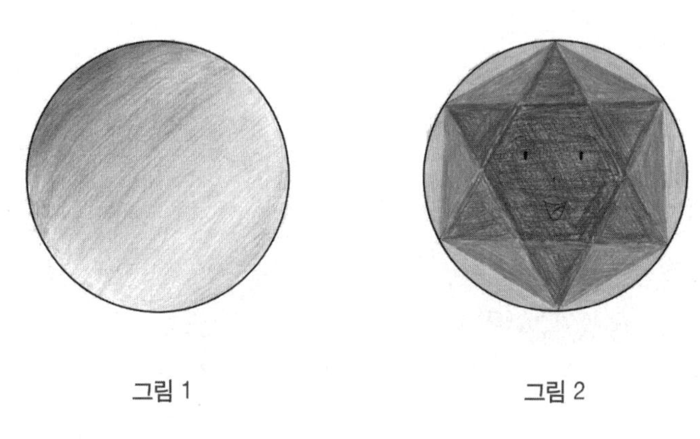

그림 1 그림 2

[그림 4-15] 분할되지 않은 원

[도형 2]

원의 공간을 분할하는 것으로, 하나의 선이 자극이 되고 그 반응으로서 2분할에 의한 대칭성과 이중성이 나타나기 쉽다. 대칭성은 상하와 좌우로 나누는 경우가 있고, 10명이 달과 태양, 바다와 하늘, 낮과 밤 등의 주제로 그렸다. 이중성에 대해서는 5명이 감정과 표정 등을 즐거움과 슬픔, 밝음과 어두움, 차가운 색과 따뜻한 색으로 표현하고 있다. 2분할의 선을 지평선, 수평선, 적도 등의 경계선으로서 파악하고 있는 경우도 많았다. [그림 4-16]의 그림 3은 '이미지가 낮(아침)과 밤이었다. 원의 바깥 부분으로 가면서 시간이 흐르고 있는 것 같은 이미지로 색을 진하게 했다.'(N 씨)라고 한다. 그림 4는 '색은 좌우대칭으로 하고 싶었고 나온 이미지는 시계였다. …… 원색과 검은색을 가지고 있어서 화려한 분위기가 되었다. 처음에는 문자가 적힌 시계를 그리려고 생각했지만 가장자리에 붙여서 그렸기 때문에 모래시계를 그렸다.'(E 씨)라고 한다.

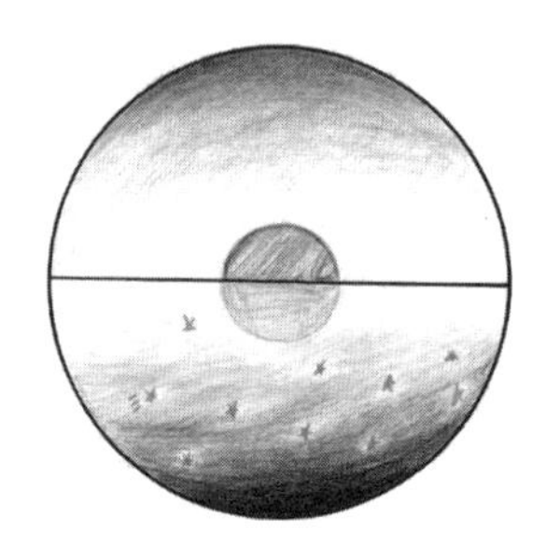

그림 3

그림 4

[그림 4-16] 2분할

[도형 3]

4분할되는 경우 중에는 일본인에게 독특한 자연에 대한 사계절의 이미지가 4명이었다. 4분할에서 시각적 반응으로서 일상적으로 보이는 케이크, 오코노미야키, 원형의 창 등을 이미지로 한 사람이 3명이었다. 차분함, 따뜻함, 즐거움 등의 단어를 사용해 마음을 표현하고 있는 사람은 4명이었다. [그림 4-17]의 그림 5는 '네 가지로 나누어져 있는 것 중 가장 먼저 떠오른 것이 사계절이어서 춘하추동을 표현했다. 봄=벚꽃, 여름=바다, 가을=단풍, 겨울=눈을 그렸다. 색연필로 칠해서 전체적으로 연하게 마무리를 했다.'

(D 씨)라고 한다. 그림 6은 '하트를 대조적으로 그리고 싶다고 생각하여 처음에는 분홍색으로 칠했다. 그러자 곧 '춘하추동'의 이미지가 떠올라서 이미지를 밝은색으로 그렸다. 하트뿐이라 외로웠기 때문에 한가운데에 동그라미를 그렸다. 배경을 칠하기 위해 마주 보는 하트의 색을 배경에 칠했다. 무언가 부족한 느낌이 들어서 갈색 색연필로 하트의 테두리를 쳤다.'(L 씨)라고 한다.

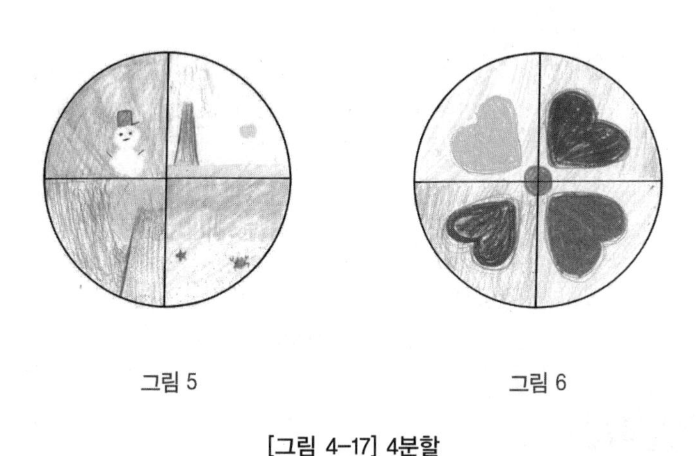

그림 5 그림 6

[그림 4-17] 4분할

[도형 4]

12분할이라는 선이 많은 자극은 12달력, 꽃, 우산, 차 바퀴, 수박 등의 일상적으로 보이는 이미지를 환기한 사람이 8명이었다. 일상적인 이미지는 8분할과 비슷한 반응이었다. [그림 4-18]의 그림 7은 '12분할로 시계가 떠올랐다. 그러나 선이 들어가 있어 그리기 어려웠으므로 12개월로 했다. 각 달의 이벤트(몇 월은 이것)를 그렸다. 11월은 떠오르지 않았다.'(E 씨)라고 한다. 그림 8은 '처음에는 황색과 은색으로 모양을 그리고자 생각하기 시작했는데, 알아차리니까 선을 많이 그려서 모양을 만들어 버렸다. 청색 선을 이을 때는 옛날 일(초등학교 2~6학년 정도)을 기억했고, 녹색 선은 가족, 금색은 자신의 장래의 일을 생각하면서 이어 나갔다.'(Q 씨)라고 한다.

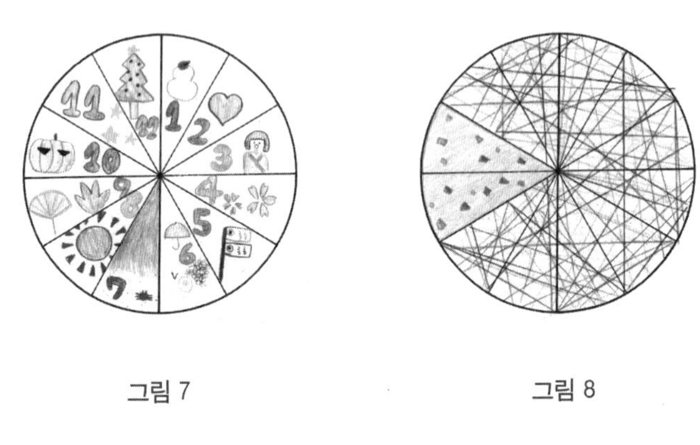

그림 7　　　　그림 8

[그림 4-18] 12분할

[도형 5]

도형 5의 원과 사각형이라는 새로운 패턴에서 일상적으로 보이는 시각적인 이미지로는 후지산, 사진 케이스, 나팔꽃, 야구장, 수조, 종이접기 등이 있었다. 도형에 선을 더 추가한 사람은 10명이었다. [그림 4-19]의 그림 9는 '이 도형을 본 순간 후지산이 떠올라서 후지산과 붉은 후지를 그렸다. 대조적인 느낌으로 완성했다.'(A 씨)라고 한다. 그림 10은 '회전의 이미지로 소용돌이에 휘말려 있는 듯한 느낌이다. 제일 한가운데는 역방향으로 해서 중심을 확실히 하고 있는 것 같은 느낌으로 그렸다. 빙빙 돌고 있는 기분이다.'(P 씨)라고 한다.

그림 9

그림 10

[그림 4-19] 원과 사각형

[도형 6]

도형 6에서 바다, 지구, 네 잎, 강, 꽃, 석양 등의 자연의 이미지를 환기시킨 사람은 6명이었다. 또 움직임이 있는 도형으로 선풍기, 파도, 바람의 이미지를 환기시킨 사람은 5명이었다. [그림 4-20]의 그림 11은 '이 도형을 봤을 때 움직임을 느꼈으며, 점진적으로 색깔을 넣고자 생각했다. 이미지는 진한 분홍색을 선두로 왼쪽 방향으로 돌고, 각각의 색이 남아 있어서 그라데이션이 되어 있는 이미지이다.'(E 씨)라고 한다. 그림 12는 '"풍차 같다!"라고 생각했기 때문에 바람을 이미지로 옥색 깃털을 그리고자 생각했다. 그리고 옥색을 배경으로 칠했기 때문에 청색으로 날개를 그렸다. 유리구슬로 보여서 안에 꽃 모양을 그리고 싶었지만, 잘 그릴 자신이 없어서 하트를 그렸다. 처음에 날개를 그렸기 때문에 하트를 앞에 내세우기 위해 위에서부터 칠하지 않으면 안 되었으며, 더러워질 것 같아서 나중에 그렸다.'(L 씨)라고 하면서 L 씨의 그림에 관한 언급을 전하고 있다.

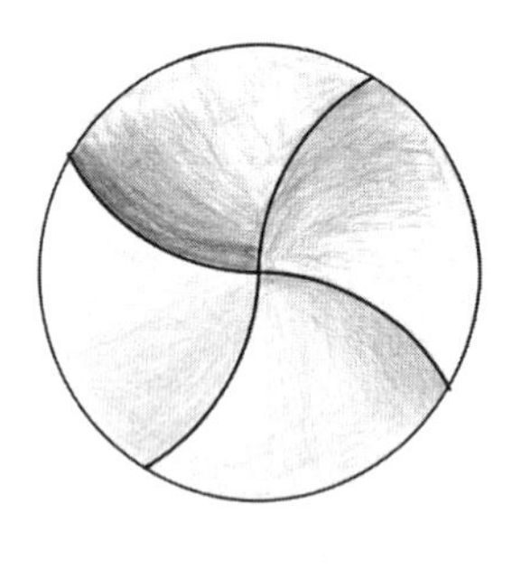

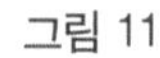

그림 11

그림 12

[그림 4-20] 4분할한 유동적인 원

4) 고찰

필자와 이전에 관계가 있던 내담자가 1년간 그린 300장의 만다라 그림에서 그림의 패턴에 대한 힌트를 얻었다는 것은 앞에서 언급했다. 그 만다라 그림의 모양을 크게 분류하면 ① 분할되고, ② 형체가 있으며, ③ 움직임이 나온다는 세 가지 흐름이 보였다. 그것을 의식해서 이번 도형을 선택했다. 도형은 분할이 없는 원(도형 1), 2분할(도형 2), 4분할(도형 3), 12분할(도형 4)의 네 가지 패턴과 원과 사각형(도형 5), 4분할한 유동적인 원(도형 6)의 두 가지 형상이다. 형상과 도형에 관한 상징성에 대해서 기술하고자 한다.

도형 1의 분할이 없는 원은 글로벌한 상징으로 자리매김하고 있으며, 영원, 우주, 전체통합, 완전, 통일, 자기, 신 등(Cooper, 1978; Vries, 1974; Chetwvynd, 1982) 우주의 진리를 담당하는 본질을 나타내고 있다. 그 의미를 보면 원이라는 상징적인 형태에서 지구, 달, 우주, 별, 무지개라는 대자연과 연결되는 결과가 나온 것은 우리의 집단적 무의식을 자극하고 있는 것은 아닐까 하는 생각이 든다.

이 도형에서 대상자는 이미지가 떠오르기 쉬운 사람과 이미지가 떠오르기 어려운(시간이 걸리는) 사람으로 나뉜다. 이 개인차에 관해서는 검토할 필요가 있다. 도형 1에서 '우선 무언가 그리고자 생각했고, 하트나 귀여운 것을 좋아하기 때문에 흰 종이에 붉은 하트가 어울리나 생각하고 그렸다. 동그라미에서 연상된 것이 지구였으므로, 하트를 대륙으로 하려고 생각했지만, 결국 흰 종이는 컬러풀한 하트가 되었다.'(E 씨), '자신의 마음을 나타냈다. 우선 처음에 옥색 구슬을 그려서 거기에서부터 그 구슬을 에워싸는 것 같이 그렸다. 마음속은 물과 같이 순수하고 깨끗하다고 생각하고 있기 때문에 바깥으로 가면서 오염된 색이 되어 갔다. 처음에는 검은색으로 칠했지만 검은색만이 아닌 가지각색이 혼합되어 있다고 느끼게 되었다.'(O 씨) 등의 발상이 있다. 처음에는 원이라는 단순한 도형에 당황스러움을 느꼈지만, 바로 무언가의 이미지가 솟아올랐다. E 씨는 귀여운 하트를, O 씨는 옥색의 구슬을 연상하는 것으로 그리는 계기를 만들고 대륙과 지구라는 자연, 마음속에 있는 순수성과 속물성을 색을 통해 나타내고 있다. I 씨는 '나는 무언가 하고 싶었다. 동그라미라는 형태가 지켜 주고 있다는 느낌이 든다. 부모와 같은 존재의 느낌이다. 그렇지만 외톨이 같은 느낌이 있다. 겉은 화려하지만 안에서는 울고 있을지도 모른다. 마지막에는 알과 같은 형태가 되었다. 동그라미에 칠할 예정이었으므로……'라고 한다. 원이라는 단순한 도형에서 이와 같은 다양한 연상과 감정이 생겨나는 것은 역시 원이 가진 무의식적인 힘일 것이다. 또 처음에 나온 그 사람의 이미지와 사고의 주제가 그 후의 만다라 칠하기 그림에서 일관되게 나오고 있는 것은 원이 가진 '상징적인 힘', 바꾸어 말하면 '보편적인 에너지'에 의한 것인지도 모른다.

도형 2의 2분할에서 숫자 2의 상징적인 의미는 이원성, 정반대, 대립, 차이 등(Cooper, 1978; Chetwynd, 1982)이다. 일원에서 이원으로, 무에서 유로 변화하는 이미지가 크다. 동양에서는 자연과 공생하는 사상 속에서 자연현상이 모두 '음양'이라는 현상으로 나뉘는 것을 당연한 것으로서 받아들여 왔다.[12] 음양이라는 이원성은 태양과 달, 낮과 밤, 봄과 가을, 더위와 추위, 위와 아래, 좌와 우, 남과 여, 고통과 즐거움 등 따지면 끝이 없을 정도로 우리의 일상에 존재하고 있다.

대상자들은 원형의 공간을 2분할하고 있는 선에 반응하고 있고, 경계가 명확하게 있는 이원성에서 대칭과 결부하기 쉬웠을 것이다. '처음에는 달을 그리고 다음으로 태양을 그려서 옥색으로 칠한 후 군청색으로 칠하고, 별을 그리고자 생각한 후 덧붙였다. 백지 상태일 때 원이 반으로 갈라져 있는 것을 보고 태양과 달을 그리려고 생각했다. 선을 따라 반으로 나누는 것이 아닌, 조금 떨어져서 반으로 나누었다.'(L 씨), '푹신푹신한 이미지를 그리고 싶었다. 그러나 다른 한쪽은 검게 하고 싶었다. 폭신폭신하고 부드러우며 밝은 일면과 흑색 일색으로 어두운 일면이다. 누구에게나 어느 쪽이든 있다고 생각한다. 그리는 동안에 검은색을 칠하면서 반대쪽을 다른 색으로 칠하고 싶어졌다. 달을 그려 보고 싶어졌다.'(I 씨)와 같은 발상을 한다. 도형 2에서도 원이 가진 힘에 의해 지구, 달, 우주, 별, 무지개 등 대자연에 연결된 이미지가 환기되고 있다. 또 일원에서 이원으로 분할되면서 [그림 4-16] 그림 3의 낮에서 밤, 그림

4의 과거(모래시계)에서 현대(문자가 적힌 시계)라는 시간의 주제도 잠재적으로 있다고 생각된다. 또 과거의 기억이 떠오르고 '달 영역의 하늘을 칠했을 때, 초등학생 시절 그림일기 등에서 불꽃그림을 그릴 때, 색연필로 적당히 그라데이션으로 그려서 그 위에 검은색 크레파스로 빈틈없이 칠하고 이쑤시개로 선을 그려서 불꽃그림을 그리는 것이 좋았던 것을 생각해 냈다.'(L 씨)라고 한다.

도형 3의 4분할에 대해서 융은 '생물학 교육을 받은 사람이라면 알 수 있듯이 세포분열의 과정으로, 4분할의 상징은 태고의 옛날부터 항상 존재하고 있는 사자성이라는 하나의 단위가 되어 있어, 만다라의 4분할이 마치 의식화의 과정을 나타낸다.'고 하였다.[13] 숫자 4의 상징적인 의미는 전체, 완전, 완성된 상태를 나타내고 있다(Cooper, 1978; Chetwynd, 1982). 원에서 선이 추가됨에 따라 이미지에 제한이 더해지고, 자연과 일상에 있는 이미지에 결부되기 쉽고, 사자성의 '춘하추동' 이미지 등을 환기시키고 있다. 비교적 안정된 그림이 많은 것은 숫자 4가 가지는 상징적인 완전성을 나타내고 있는 영향 때문은 아닌가 하고 생각된다.

'춘하추동을 이미지로 해서 그렸다. 그림을 그리지 않고 테두리 안에 춘하추동 각각의 이미지가 주는 색을 위에서부터 겹쳐서 계속 칠해 갔다. 칠해 가면서 초등학생 때 자습노트에 그저 내가 하고 싶은 공부를 필사적으로 했던 때를 기억해 냈다. 지금은 필사적으로 무언가 한다는 것을 잊어버리고 있는 것 같은 기분이 들었다.'(M 씨), '달을 그리고 싶다고 생각했지만 잘 그리려면 어떻게 해야 하는지 몰라서 일단 채색부터 해 보았다. 검은색은 밤의 공간, 노란색은 달의 이미지로 점점 형태가 바뀌는 것을 표현하고 싶었다. 칠하고 있는 동안에 "오늘 달을 한번 볼까?"라고 생각하거나 오늘 밤은 달을 보면서 느긋하게 있고 싶다고 생각했다. 그다지 진하게는 칠하고 싶지 않고 연하게 칠하고 싶다고 생각했다. 어딘가에 회색을 넣어 볼까 했지만 이상한 느낌이 들어서 그만두었다. 될 수 있으면 어두운색을 칠하고자 한 것은 자신이 지금 그다지 건강하지 않고 지쳐 있는 경우가 많아서 그런가 하고 생각했다. 앞에 검은색을 칠했기 때문에 달을 연상해서 칠해 보았다.'(I 씨)와 같은 연상을 한다.

I 씨는 달의 이미지로부터 다음에 달을 보고 느긋하게 있어 보고 싶다는 연상을 떠올렸다. 사람에 따라 '달을 보고 싶다.'라는 연상이 떠오르지 않을지도 모른다. 이와 같이 느끼는 I 씨는 감수성이 풍부하다고 생각된다. 또 어두운색을 칠하고자 하는 것은 기력이 없고 우울한 경향이 있다고, 색과 자신의 감정을 스스로 분석하고 있는 점이 흥미롭다.

'이번은 네 개로 나누어져 있으므로, 나의 심정을 색으로 표현하고자 생각하면서 색을 칠했다. 검은색으로 자신이 모르는 부분과 마음을 이미지화하고, 황록색 등으로 다정할 때의 기분과 즐거운 때를 이미지화하면서 칠했다.'(N 씨) N 씨도 I 씨처럼 심정을 색으로 표현하고 있다는 점이 공통적이고, 색채와 감정의 관계가 여기에서도 엿보인다.

도형 4의 12분할에서 12라는 숫자의 상징은 우주의 질서와 관련이 많은 12궁의 수, 방위, 시간과 달 등의 의미로 사용되고 있다(Cooper, 1978; Chetwynd, 1982). [그림 4-18]의 그림 7을 그린 E 씨는 '12분할에서 떠오른 것은 시계였다. 그러나 선이 들어가 있어서 그리기 어려웠으므로 12개월로 했다.'라고 한다. 또 12분할의 도형에서 차 바퀴를 떠올린 G 씨는 과거의 사건을 다음과 같이 기억하고 있다. '그저 바퀴밖에 보이지 않아서 이런 형태가 되었다. 이것을 보고 있으면 유치원 때 소풍을 갔던 것이 기억난다. 거기서 그림을 그렸는데 선생님에게 혼났던 일이 기억났다. 기차를 그려 보자고 해서 그렸고, 검은색으로 바퀴를 그린 기억이 있다. 거기에 기차 이외에 꽃 등을 그렸더니 선생님께서 "기차를 그리라고 했잖아요!"라고 혼을 내셨던 것 같은 생각이 든다. 하지만 좋은 선생님들이라서 그런 것으로 혼내지 않았다고 문득 생각했다.' J 씨는 '유치원 때에 크레파스를 자주 사용했고, 특히 검은색 크레파스를 사용해서 손이 자주 검게 되었다. 검은색 크레파스로 그리는 순간 문득 유치원의 소풍을 기억해 낸 것은, 자신도 잘 몰랐지만 그때 "혼났다."라는 기억이 자신 속에서 여전히 강하게 남아 있어서 이것을 칠할 때에 기억이 서서히 되살아난 것이라고 생각한다.'고 한다. J 씨 마음의 바닥에 잠겨 있던 괴로웠던 기억이 만다라 칠하기 그림을 통해 의식 위로 올라왔던 것이다.

도형 5의 '원과 사각형'에서는 원과 사각형의 상징적인 의미가 주제였다. 원에 대해서는 앞에서 서술했다. 사각형의 상징적인 의미는 네 방향, 대지, 안정, 공고 등이 있다. 도형 5에서 필자의 목적은 원의 '하늘'과 사각의 '대지'에서 환기된 이미지와 사고였다. 결과적으로 [그림 4-19]의 그림 9를 그린 A 씨는 이 도형을 본 순간, 후지산을 떠올려 후지산과 붉은 후지를 그렸다.

도형 6의 4분할한 유동적인 원은 '나선spiral'의 상징을 힌트로 생각하는 것이 타당할 것이다. 태양과 성운이 모두 나선상으로 움직여 수축과 확산을 반복하고 있기 때문이다. 나선의 오른쪽 회전은 창조, 진화, 성장을 의미하고, 왼쪽 회전은 파괴, 퇴화, 죽음을 의미하며, 또 움직이고 있는 우주의 힘이고, 하늘과 지상의 현상의 형태이다(Cooper, 1978; Vries, 1974). [그림 4-20]의 그림 11을 그린 E 씨는 이 도형을 봤을 때 움직임을 느꼈다고 한다. 그림 12를 그린 L 씨는 '풍차 같다고 생각했다.'라며 움직임을 감지하고 있다. 움직임에 관한 도형은 심리임상의 실제에서는 무언가 움직임을 주고자 할 때에 이용하면 좋지 않을까 생각된다. 또 도형에서 움직임이 나오고, 칠하는 것으로 신체감각에 영향을 부여한다고 생각한다.

만다라 그림을 이용한 연구에서 밝혀진 것은 다음의 세 가지이다.

① 도형의 상징에 의해서 이미지가 환기된다.
② 기분과 감정 표출을 통해서 자기통찰이 일어난다.
③ 과거의 기억이 나온다.

도형 1의 원부터 도형 4의 12분할까지 숫자의 상징이 관계하고 있는 것을 알게 되었다. 또 원 안에 선이 한 개씩 추가되면서 공간분할이 일어나 새로운 자극이 발생된다. 이 과정은 인체의 세포분열을 상상하게 하고, 새로운 이미지를 환기시킨다. 또 원과 사각형, 유동적인 원에서도 마찬가지로 상징의 의미와 깊게 관련되어 있는 것이 본 연구에서 확인되었다.

많은 피험자에게, 예를 들면 '어두운색을 칠하는 것은 기운이 없고 가라앉는 경향이 있다.' '빙글빙글 돌고 있는 것과 같은 기분도 느꼈다.' '점점 중심을 향해서 빠지는 것 같은 모양이 되고 …… 그리기를 끝낸 후에는 굉장한 성취감이 있었다.' 등의 기분 변화와 감정이 상승하는 효과가 있었다. 또 '색은 인생이라는 생각이 들어 꽃의 인생을 색에 맞추어서 그려 보았다.' 등 자기분석과 자기통찰을 하는 것을 알게 되었다.

과거의 체험을 환기시키는 것, 예를 들면 '예전에는 생일 때마다 케이크를 사서 모두 나누어 먹었다.'라는 즐거웠던 추억과 '유치원 때 소풍에서 선생님께 혼났던 것을 기억해 냈다.' '청색 선은 옛날의 일을 생각나게 하고, 녹색 선은 가족의 일, 금색은 자신의 장래의 일을 생각하면서 이어 나갔다.'라는 것에 대해서는 일부였지만 여러 가지 과거의 일과 미래의 일을 회상하고 있었다. 이 장에서 사용하고 있는 반구조화 도형 만다라 칠하기 그림에서는 위와 같은 것을 느꼈다.

이번 반구조화 만다라 그림의 연구는 대학에서 '예술치료실습' 수업 중에 실시했다. 집단으로 실시했으므로 열심히 임하는 학생도 있고 이야기하면서 하는 학생도 있어서 개인의 집중도에 따라서 자신의 내부로 눈을 돌리는 자세가 달랐을지도 모른다. 또 주위 사람의 만다라가 자극이 되어서 다른 개인에게 영향을 줄 가능성도 있었다고 생각한다. 또 각자의 속도에 따라서 자유롭게 그리므로 대상자 간에 마무리하는 시간과 집중도에 차이가 있었다고 생각한다. 그러나 대상자의 속도에 맞추어 그리기를 끝낸 후, 두 집단으로 나누어서 이야기 나누기를 한 것과 짧은 인터뷰를 도입한 것 등에 의한 효과는 되돌아보기 용지에 쓰인 내용을 보면 그들이

몰두한 과정이 느껴진다.

도형의 형태에 대해서는 검토할 점이 많다. 도형 4는 원 안에 사각형을 두었지만 실제로는 마름모형으로 인식되는 경우가 있는 듯하여 사각형의 위치를 변경할 필요를 느낀다. 새로운 도형으로서 '원 안에 삼각형' '원 안에 십자'나 유동적인 도형으로서 '원 안에 나선'을 더할 필요가 있을 것이다. 새로운 도형을 이용해서 연구를 하면 상징에 의한 다채로운 이미지를 확인하는 것이 가능하다. 또 도형의 상징에 자극되어 나오는 피험자의 이미지는 본인의 주제와 문제를 알아차릴 실마리가 된다고 생각하기 때문에 본인이 어떤 심리적인 상태일 때 어느 도형을 사용하면 보다 임상적이 되는가를 추구하는 것이 이후의 커다란 과제이다.

도구에 대해서는 24색 색연필과 24색 크레파스를 주로 선택하도록 한 것은 좋았다고 생각한다. 이후에는 파스텔 등의 다른 매체도 더하면 좋을지도 모르겠다. 색에 관해서는 '24색을 자유롭게 선택하도록 할까? 색을 한정시킬까?' 하는 것은 이후의 과제이다. 티베트밀교의 모래만다라는 녹색, 적색, 황색, 백색, 청색의 다섯 가지 색이 기본이다. 이것은 동양의학의 다섯 색과 같은 색이다. 또 인도의학에서 차크라의 일곱 가지 색은 적색, 주황색, 황색, 녹색, 청색, 남색, 보라색(흰색)이다. 이처럼 색을 한정하는 것으로 무의식의 활성화가 달라지는 것은 아닌가 하고 생각된다.

3. 만다라 중심 그리기 기법

1) 서론

평소 친분이 있던 여성과 이야기를 나누던 중에 그녀가 최근 만다라를 그리고 있다는 사실을 알게 되었다. 관심을 가졌고 후에 그녀는 만다라를 보여 주었다. 만다라 중심 그리기 기법은 그녀의 만다라를 기본으로 완성한 기법이다. 그녀는 캐롤 에이드리엔Carol Adrienne의 『인생의 의미』 가운데 '상상력을 향상시키는 만다라' 항목에 쓰여 있는 내용을 따라서 그렸다고 한다. 만다라 그림에 관한 그 부분을 복사해서 받았다. 책에는 '(인생에서 실현하고자 하는) 목표에 관해서 명상을 한 뒤, 원을 그리고 수 분간 그 원을 바라본다. 다음으로 커다란 원 한가운데에 작은 원을 그려 만다라의 중심부를 확정한다. 그리고 그 중심부에 당신의 희망을 상징하는 그림을 그린다.'[14]라는 지시가 적혀 있었다. 커다란 원 안에 그려진 작은 원이 가진 힘이 미스터리 서클mystery circle이 되었다. 루치아 카파치오네Lucia Capacchione의 『아트 힐링』에도 '만다라에 의한 정신통일' 항목이 있다. 그중 연습 1의 목적은 '만다라의 창작을 통해서 자신의 인생으로 눈을 돌린다.'[15]라고 적혀 있다. '종이에 테두리를 그려 주세요. 타원, 직사각형, 정사각형, 원형 등 어떤 모양이라도 상관없습니다. 중심에 당신을 나타내는 이미지를 그리세요. 당신의 사진이라도 좋고, 장미, 나무, 동물 등 당신을 상징하는 형태라도 좋습니다. 중심에 있는 당신의 상징에서 방사상으로 퍼지는 것 같은 원형의 모형을 창작하고, 당신의 현재 생활에서 가장 중요한 요소를 묘사하세요.'라는 지시가 있다. 연습 2의 목적은 원하는 대로의 인생의 모습을 그리는 것이다. '종이의 중심에 당신 내면의 자기, 고차원의 힘 또는 신을 나타내는 상징을 그리세요. 사진을 사용해도 좋고, 독자적인 상징을 디자인해도 좋습니다. 중심의 상징에서 방사상으로 당신이 희망하는 인생의 만다라를 창작하세요.'[16]라고 지시하고 있다. 이 두 사람의 저자가 그린 만다라의 공통점은 그림의 중심에 상징을 연상시키는 것이다. 또 그린 원을 가만히 바라보는(명상 상태) 것으로 변성의식 상태로 이행시켜, 자발적 이미지를 떠오르게 하는 점이다.

2) 기본적인 절차

a. 대상자

12명의 성인(여성 10명, 남성 2명)으로 실시했다. 12명의 피험자로부터 3명을 선택했다. 30대의 A 씨, 40대의 B 씨, 50대의 C 씨이다.

b. 실시 조건

조사표를 보내고 각자의 집에서 실시했다.

c. 실시 과정

① '만다라 중심 그리기'를 준비한다.

❶ 자기 그래프를 작성해서 피드백한다.

❷ 작업 전에 보디스캔을 하고, 피드백한다.

② '현재의 나'와 '과거의 나' 만다라 그리기를 작성한다.

③ 피험자는 8등분한 도화지 또는 A3 용지에 다음과 같이 연필로 원을 그린다.

[그림 4-21]과 같이 '커다란 원'을 그리고, 그 안에 작은 원을 그린다. [그림 4-21]의 (1)은 '현재의 나'이고 (2)는 '과거의 나'이다.

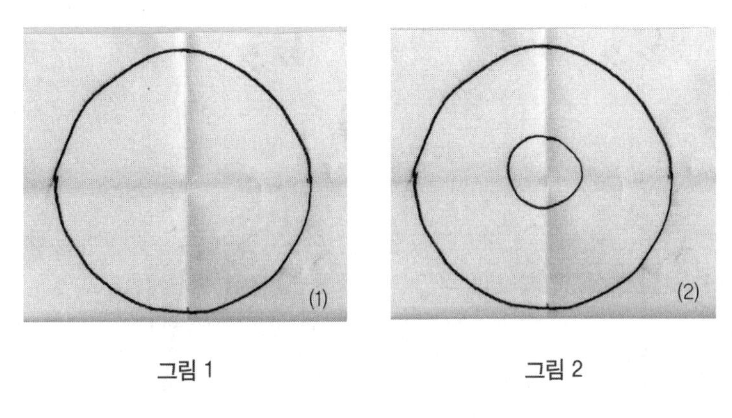

그림 1 그림 2

[그림 4-21] 커다란 원과 그 중심에 있는 작은 원

④ 12색의 색연필, 크레용, 크레파스 등을 이용해서 작성한다.

⑤ (1)과 (2)는 순차적으로 다른 날에 충분한 시간을 가지고 실시한다.

⑥ 피드백 용지(질문용지)에 가능한 한 상세하게 기입한다.

✹ 자기 그래프

'자기 그래프'는 자신의 '인생 그래프'를 작성하고 자신의 인생에 있어 커다란 흐름을 읽고 그 패턴을 아는 것으로, 플러스의 흐름을 파악하고 마이너스의 흐름에 주의를 기울이는 지표가 되는 것이다. 자기 그래프 작성의 예시는 [그림 4-22]와 같다. 가로 축에 자신의 연령을 기입하고 결혼한 사람은 결혼했을 때의 연령에 선을 넣는다. 세로 축은 행복 정도를 나타내며 A(0~50)는 마이너스 상태(괴로웠다, 고통스러웠다, 슬펐다, 절망했다, 불안했다)를 나타내고, B(50~100)는 플러스 상태(즐거웠다, 충실했다, 성취감이 있다, 기쁨을 느꼈다, 안심했다)를 나타낸다. 50을 보통의 상태로 수치화한다(『자기발견 워크북』과 『자기다움을 찾는 심리학』 참조).

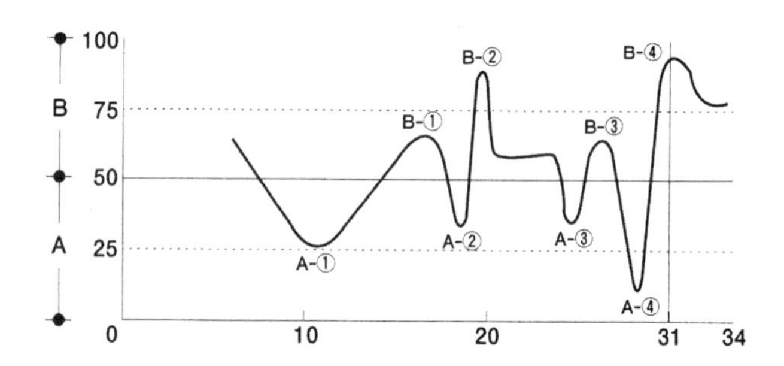

A-① 따돌림과 부모의 불화
A-② 대학 재수생으로 괴로웠음
A-③ 취직하고 싫어하는 부서에 배정됨
A-④ 연인과의 이별로 우울

B-① 고등학교 때 좋은 친구가 있어 행복했음
B-② 대학에 입학해 기뻤음
B-③ 연애하고 마음이 활기를 띰
B-④ 결혼을 하고 최고의 행복을 느낌

[그림 4-22] 자기 그래프 작성의 예

✹ 보디스캔

보디스캔의 방법은 다음과 같다.

① 가볍게 눈을 감는다.

② 마음의 눈으로 머리 위에서부터 눈, 코, 입, 목, 어깨, 가슴, 배, 허벅지, 무릎, 발로 신체를 스캔해 간다.

③ 아래에 표시한 예와 같이 신체에 느끼는 불쾌감, 위화감 등을 체크한다.

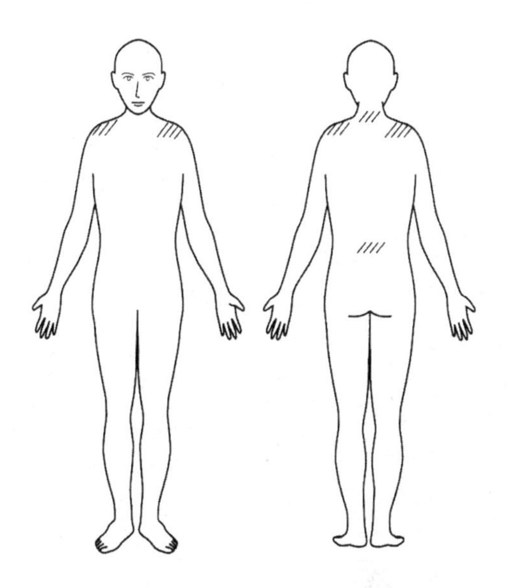

[그림 4-23] 보디스캔 작성의 예

출처: 黑木(1996).

d. 피드백 용지의 질문사항

만다라 중심 그리기 (1) '현재의 나'

1. 그리기를 시작하기 전에, 지금 당신의 신체와 기분을 느끼는 대로 체크해 주세요.
   1-1. 보디스캔을 하고 신체에 관해서 알아차린 것과 연상한 것 등을 무엇이라도 기입해 주세요.
   1-2. 지금의 기분과 감정에 관해서 체크해서 기입해 주세요.
2. 처음에 작성한 '자기 그래프'를 보고, 현재 자신의 상황을 확인해 주세요. 중심원을 바라보면서 '현재의 나'를 의식해서 연상해 주세요. 지긋이 바라보면서 현재의 나(지금, 고민하고 있는 것 등)라고 상상한 이미지와 감정, 연상되는 내용 등을 그려 주세요.
3. 만다라 그림을 그리는 과정에서 떠오르는 기분, 생각, 이미지, 연상되는 것 등을 기억해서 기입해 주세요.
4. 색칠하기가 끝난 후, 지금 당신의 신체와 기분을 체크해 주세요.
   4-1. 처음에 보디스캔으로 체크한 부위의 변화를 기입해 주세요.
   4-2. 색칠하기가 끝난 후의 현재 기분과 감정에 관해서 체크해서 기입해 주세요.
5. 색칠하기가 끝난 후 당신의 만다라 그림을 보고, 인상과 이미지 등 알아차린 것은 무엇이든지 기입해 주세요.

만다라 중심 그리기 (2) '과거의 나'

1. 그리기를 시작하기 전에, 지금 당신의 신체와 기분을 느끼는 대로 체크해 주세요.
   1-1. 보디스캔을 하고 신체에 관해서 알아차린 것과 연상된 것 등은 무엇이라도 기입해 주세요.
   1-2. 지금의 기분과 감정에 관해서 체크해서 기입해 주세요.
2. 처음에는 '자기 그래프'를 바라봐 주세요. 자신의 과거 상황을 확인해 주세요. 지긋이 바라보면서 과거의 나(과거에 있었던 일 등)라고 상상한 이미지와 감정, 연상되는 내용 등을 그려 주세요.
3. 만다라 그림을 그리는 과정에서 떠오르는 기분, 생각, 이미지, 연상되는 것 등을 기억해서 기입해 주세요.

4. 색칠하기가 끝난 후, 지금 당신의 신체와 기분을 체크해 주세요.
   4-1. 처음에 보디스캔으로 체크한 부위의 변화를 기입해 주세요.
   4-2. 색칠하기가 끝난 후의 현재 기분과 감정에 관해서 체크해서 기입해 주세요.
5. 색칠하기가 끝난 후 당신의 만다라 그림을 보고, 인상과 이미지 등 알아차린 것은 무엇이든지 기입해 주세요.
6. 지금 '현재의 나'와 '과거의 나' 만다라 그림을 그렸습니다. '현재의 나'와 '과거의 나' 만다라 그림을 나열하고 나서 한 번 더 바라봐 주세요.
   ① 지금 당신에게 어떤 영향을 주고 있는가
   ② 일어난 여러 가지 일을 통해서 무엇을 배우고 어떻게 성장하고 있는가
   ③ 당신의 긍정적인 측면, 부정적인 측면(콤플렉스)이 미치는 영향
   ④ 가치관, 삶의 방향의 변화
   ⑤ 인간관계
   ⑥ 현재 하고 있는 일(학업, 일)
   ⑦ 당신의 도리, 사명
   ⑧ 당신의 영성에 관한 의미
   알아차린 것은 무엇이든 기재해 주세요. 될 수 있는 한 '자기분석'을 시도해 주세요. (①~⑧은 질문의 예입니다.)

3) 사례의 결과

[사례 1]

그림 13, A 씨(현재의 나)

1-1. 왼쪽 코가 막혀 있다. 목에서 어깨에 걸쳐서 응어리져 있다. 배꼽 위 부분은 차갑게 느껴진다.

1-2. 직장에서 돌아와 편안하게 저녁을 먹고 평온한 느낌이 든다. 단, 지금부터는 만다라 중심 그리기에 몰두할 것이므로 긴장되고, 과연 그릴 수 있을까 하는 불안이 있기도 하다.

2. 아버지의 정년퇴직, 동생의 이사 문제. 나는 어떻게 할 것인가? 피아노, 결혼, 부모님의 악기
3. 3세부터 계속 배워 온 피아노에 숨이 막히는 것 같은 느낌이 있다. 나는 지금 왜 피아노를 계속하고 있는 것인가라고 생각한다. 아버지는 정년퇴직을 하고, 동생은 다른 곳에서 고향으로 이사하고, 나는 간사이에서 혼자 살고 있고, '이것으로 좋은 것인가?'라고 문득 생각한다. 나이도 있고 해서 결혼하고 싶은 생각이 있다. 결혼해도 여러 가지 일이 있을 것이다. 부모와 동생 모두 새로운 생활을 건강하게 하기를 하고 생각한다. 나 자신은 지금 생각해야 할 것과 임해야 할 것에 좀처럼 마주하지 못하고 뚜껑을 덮으려 하고 있다. 엿보는 작은 구멍에서 상태를 살피고 있는 듯한 느낌이 든다. 하지만 지금부터 가족과 적당한 거리를 두고, 경계선을 지키면서 자신의 색을 깊게 해 간다. 그리는 과정에서 '가족'이라는 단어가 떠올랐다. 지금의 내 가족, 아버지와 어머니와 동생

4-1. 차가운 느낌이 있었던 배 부분은 조금 온도가 올라갔다. 따뜻하다고 말할 정도는 아니다. 또 처음에 비해 배 부분에 무언가 막힌 것처럼 가득 찬 느낌이 있다. 불쾌하지는 않지만 무거워졌다.

4-2. 생각했던 것보다도 피곤하지 않고 밝은 기분이 되었다. 말끔해졌다.

5. 처음에 그리기 시작했을 때는 가족과 뿔뿔이 흩어지게 되어서 외로움을 느꼈지만, 결과적으로 가족과 연결되어 있는 이미지가 표현된 것처럼 생각한다.

검은색도 앞이 깜깜해지는 느낌이 되지 않을까 생각했지만, 검은색은 피아노의 색이기도 하고, 또 중심원의 안에 있어 집중하기 쉬운 효과도 발휘하고 있다.

내일부터 또 매일 노력하자, 또 힘내자라고 생각했다.

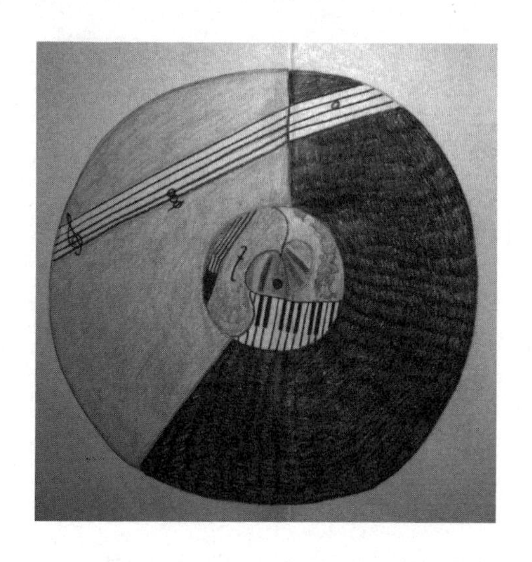

[그림 4-24] 그림 13, A 씨(현재의 나)

그림 14, A 씨(과거의 나)

1-1. 향수 냄새가 코에 닿는다. 발가락의 혈류가 막혔는지 발끝이 차가운 느낌이 있다. 목 뒤쪽에 결림이 있다.

1-2. 오늘은 오전에 일이 없어서인지 밤이 되어도 피곤을 느끼지 않는다. 조용한 환경에서 느긋한 기분이 든다.

2. • 흑백의 뱀이 똬리를 틀고 있다. 항상 어떤 불안이 있는 것 같은 이미지이다.

• 정말이지 슬펐거나 우울하거나 하는 부정적인 감정을 전혀

표출하지 않는 것은 아니지만 자신의 안에서 형태를 바꾸어서 표출되었다.

- 행복은 영원히 지속되지 않고, 완전히 100만큼 좋았다고 생각되는 일도 없다. 무엇에 대해서도 100의 기대는 하지 않는다. 100을 믿지 않는다고 생각하는 쪽이었으며 지금도 그러하다.

3. 뱀은 달라붙어 떨어지는 일이 없고 부정적인 요소라고 마음으로 상상하기 시작했지만, 지금까지의 절망과 슬펐던 일뿐만 아니라 즐거웠던 일, 기뻤던 일도 포함해서 한꺼번에 안아주고 있다는 이미지가 솟아올랐다.

안쪽에서부터 나이테를 그려 갔지만 역시 바깥쪽으로 갈수록 원주가 길어지는 만큼 선의 변화와 흠도 눈에 뜨이게 되고, 산다는 것이 이런 것인가 하고 생각했다. 과거 자신의 축적과 연속이 오늘의 나라는 생각이 떠올랐다.

과정을 진행해 가면서 차츰 긍정적인 기분이 된 것 같다는 생각이 들었다.

4-1. 발가락의 차가움은 해소되었다. 향수 냄새도 신경 쓰이지 않는다. 의외로 목의 결림도 해소되었다.

4-2. 집중해서 피곤했지만 완성된 것을 보고 즐거웠다. 성취감이 들었다.

5. 한가운데가 보석함처럼 되었다.

뱀이 있는 것으로 인해서 이 내용이 좋게도 그렇지 않게도 움직이고 있다. 움직이고 있는 것으로 그들은 생생하게 계속될지도 모른다. 그 흔들림에 눈을 돌리거나 뚜껑을 닫거나 하는 것 없이 바라보는 자세를 가지고 싶다.
내부의 움직임을 통해서 외부가 시들지 않고 계속될 것 같은 생각이 든다.
나이테 선의 일그러짐, 두께의 변화에도 주목하고 소중히 하고 싶다.

6. '자기 그래프'에서 음악과 피아노에 대해 특별히 언급한 것은 없었지만 '현재의 나'에서는 오선지와 피아노 건반, '과거의 나'에서도 흑백의 뱀이 표현되어 있고, 인생을 통해서 음악의 존재가 커다란 비율을 점하고 있는 것을 알았다. 생활의 일부가 되어 있어서 그 존재를 보통은 의식하고 있지 않았던 것 같다.
물론 흑백은 피아노의 건반만이 아닌 사물의 양면성도 나타내고 있다고 생각한다. 나는 "흑백을 가리는" 것이 서툴지만 그 자세에 직면하지 않으면 안 된다.
뱀은 나이테 속에 가라앉지 않고 돌출하고 있다. 나는 과거에 있었던 일은 뚜껑을 덮어 깔끔하게 수습할 만한 곳에 가두는 것이 가능하다고 생각했지만, 그런 연유에도 불구하고 검은 것은 '현재의 나' 중심에 검은 사마귀처럼 나타나고 있다.
과거에 자신 속의 "원죄"(라고 말하는 것?)를 알아차린 것, 여러 방면에서 상처받은 것을 다룰(치유할) 필요가 있다.

[그림 4-25] 그림 14, A 씨(과거의 나)

[사례 2]

그림 15, B 씨(현재의 나)

1-1. 실버 위크 동안 대부분 밖에 나가지 않고 집에서 지내는 일이 많았기 때문인지 몸 전체가 부어 있는 것 같고 산뜻하지 않은 느낌이 있다. 사람들도 '살쪘다.' '한결 부었다.'라고 말해서 가벼운 충격을 받고 있다.

어제는 내 얼굴을 아래쪽에서 거울로 보았는데 이중 턱, 눈 밑의 처짐 등 나이가 선명하게 드러나서 더 우울해졌다. (나이를 의식했다. 젊다고 생각하고 있었는데…….)

1-2. 신체와 연동하는 것과 같이 왠지 무겁다. 순식간에 9월이 끝나고, 올해도 지금까지 무엇을 해 왔는가 하는 가벼운 조바심이 있다. 10월은 회사 근무의 하반기가 시작되는 중요한 달이다. 정체기라고 말할 수도 있지만 충전의 시기

이기도 하다고 스스로 말을 하고, 어떻게든 마음의 안정을 유지하고 있다.

2. • 하늘에 떠 있는 느낌
   • 진공 상태
   • 상승도 하강도 하지 않음
   • 캡슐에 싸여 있는 느낌(마음, 영혼?)
   • 창백한 빛, 달, 9월 28일에 본 달
   • 도넛으로 보여서 배가 고프다. 옛날 라디오에서 '도넛의 구멍은 있는 것 같지만 없고, 없는 것 같지만 있다. 이것이 색즉시공 공즉시색이다.'라는 이야기를 들은 것이 기억났다.
   • 공간 속에 떠 있는 달. 중천中空, 한가운데가 없는 떠 있는 바퀴와 도넛
   • 창백한 색채에서 갈색으로 변화. 명확하게 도넛의 이미지. 굵은 설탕과 설탕 가루가 발린 도넛
   • 관점을 바꾸면 견해, 즉 보는 방법이 바뀐다. 문제의 소재도 변한다.
   • 내부로 향해 있던 관점을 밖으로 옮겨 보면 어떻게 될까? 지금까지는 외부에서 내부로 이동했지만 자신의 내부에 초점을 너무 맞추어 바짝 졸아든 경우도 있다.
   • 그래도 안과 밖을 나누는 것은 도대체 무엇인가? 커다란 원주에도 외부가 있고, 도화지 전체는 종이를 둔 테이블의 안쪽에 있다. 편의적으로 그어 놓은 하나의 선으로 구별되어 있을 뿐 안과 밖은 쉽게 반전한다.
   • 게다가 스스로 도넛의 원주를 빙빙 돌기 시작하고, 달리고

있는 이미지가 나오고 있다.

- 레코드 판
- 연못에 떠 있는 연꽃 잎. 중심이 초록의 이미지. 한가운데에 한 마리의(작은) 개구리, 우물 안의 개구리……?
- 물에 비친 자신의 얼굴
- 어제 거울로 본(아래쪽에서) 자신의 얼굴, 만다라

3. • 2번 질문에서 원을 보는 자신의 관점이 계속 변하고 있는 것이 재미있었지만, 중심원을 자신의 얼굴을 비추는 거울로 보았을 때에 '중심의 그림은 이것밖에 없다.'라고 망설임 없이 결정하고 후련해졌다. (슬롯머신의 주사위 두 개와 같이 딱 하고 맞는 느낌이다.)
- 중심원에는 어제 거울에 비친 자신의 얼굴을 검은 파스텔로 그리기 시작했다. 직전에 보고 들은 정보에 좌우되었다고 생각했다.
- 얼굴 다음은 '촛불'이 떠올랐다. 이 촛불도 지난밤 가만히 바라보며 '촛불의 주변은 원형으로 밝다.'라는 생각이 마음에 남아 있다.
- 그 후 금강계만다라와 같이 중심원을 포함한 전체를 9등분하고, 중앙 부분의 위쪽과 아래쪽 대부분은 염주를 이미지화했다. 또 하단은 물질의 거친 파동, 상단은 정신의 미세한 파동을 이미지로 해서 칠하고 싶은 대로 칠해 나갔다.
- 염주를 이미지로 한 부분은 당초 흰색이었지만(칠하지 않았음) 황색, 녹색, 적색, 청색, 흑색의 순으로 칠하고 싶은 마음이 강하게 들어서 마지막에 색을 칠했다.

4-1. 1시간 정도 집중해서 머리와 손(마음)을 움직이고 있었기 때문에 추위를 전혀 느끼지 않고, 신체가 따뜻해진 것 같은 느낌이 들었다. 그림을 그리고 있는 사이에는 특별히 신경 쓰이는 증상이 없었다. 그리기를 끝낸 직후에 가벼운 피로감, 어깨 결림, 공복감을 기억했다.

4-2. • 작품을 마무리했다는 성취감, 충실감
- 기분 좋은 피로감
- '진정으로 그것이 현재의 나를 잘 표현하고 있는가?' 하는 회의적인 기분
- 중심부에 있는 자신의 얼굴이 마음에 들지 않아 개운치 않은 느낌

5. • 얼굴이 무섭다(불안, 회의, 경직, 긴장 등의 표정). 얼굴과 머리카락의 테두리에 검은색이 너무 강하다. 염주의 검은 쪽이 진하지만 중앙부 쪽에 임팩트가 있다.→결국 검은 테두리선 위에 피부색을 덧칠해서 애매하다. 조금 기분이 가라앉았다.
- 전체적으로 예기치 않게 밝은 색조이다.
- 밀교 만다라의 이미지가 배경에 있지만, 가로와 세로의 선이 십자가처럼 보이고 '세례'라는 말이 떠올랐다. 잎은 월계수 같다. 염주는 로사리오 같다. 무언가 국적이 없는 느낌…….
- 바라보고 있는 사이에 점점 졸려 왔다.
- 보이는 것이 전부인가? 자신의 진정한 모습은 무엇인가? 승화되지 않은 느낌이다. 피카소가 추상화로 표현하고자 한

의미를 조금 알게 된 느낌이 들었다(형태, 구상화한 순간에 거짓말이 되는 느낌).

[그림 4-26] 그림 15, B 씨(현재의 나)

그림 16, B 씨(과거의 나)

1-1. 어제보다는 몸이 가벼운 느낌이다. 바깥 기온은 어제와 거의 같겠지만 오한도 그다지 느껴지지 않는다. 왼쪽 반신이 오른쪽 반신보다 한층 부은 것 같이 당기는 감각이 있다.

- 2를 기입한 후 오른발이 마비되어 버렸다. (이상한 모습으로 앉아 있었기 때문이다.)
- 하체, 특히 무릎 아래에 약간 냉기를 느꼈다.

1-2. 지난밤 잘 자고 일어나 보니 맑은 가을 하늘에 기분 좋은 아침이다. 아침밥으로 어제 저녁에 먹은 카레를 먹고 커피를 마셨는데, 조금 과식했나 하고 후회했다.

과거를 기억하거나 이미지를 떠올리기 위한 감각이 무뎌

져 있는 것 같은 느낌…… (감수성을 얇은 피막이 덮고 있는 것과 같은 느낌)

2. • 그래프를 보고 다시 생각한 것은 '지금의 나는 진짜 자신이 아니다.'라고 항상 느끼고 있다는 것이다. 그 장소에서 도망갈 생각만 해 왔다.
   • 연못 속의 작은 섬(중앙은 녹색)
   • 선禪에서는 '동그라미'를 그리는 것이 수행의 하나였던가? 좀처럼 생각한 대로 선이 그어지지 않았다.
   • 자전, 공전, 궤도, 천동설, 지동설
   • 중심이 푸른 지구로도 보이고 동굴로도 보였다. 역시 도넛으로도 보였다.
   • 망원경의 구멍. 먼 곳을 바라보는 느낌
   • 영화 〈게게게의 키타로ゲゲゲの鬼太郎〉의 눈알 아저씨, 손발을 달고 싶어진다.
   • 확성기를 위에서 바라본 그림
   • 소원을 빌기 위해 신사나 불당 주위를 빙빙 도는 것. 주변을 빙빙 돈다.
   • 나는 어디에 있는 걸까? 중앙은 아니고 외부의 어딘가에 있다. 선의 바깥도 아니다. 만약 인형을 둔다면? → 실제로는 시계의 7시 방향에 지우개를 두었다. 중심원에 넣지 않고 보고 있다.
   • 중앙은 "본래의 나"인가?
   • 중앙을 향해 뻗는 손
   • 중앙으로 들어가는 열쇠: 『비장보약秘藏宝鑰』

- 피노키오(고래 배 속, 코, 놀고 있는 섬)
- 이중, 삼중의 문

3. • 2번 질문에 대답하는 사이에 중심의 상징과 주제는 '진짜 자신'이라고 느꼈다. 이전에 내관内觀을 했을 때, 눈을 감으면 때때로 보라색의 불꽃(아메바 같기도 함)이 커졌다가 작아졌다가 하면서 흔들리는 영상이 나타났고, 이후 내 안에서 생명의 시각적 이미지는 이 불꽃이다. 성화聖火처럼 대대로 이어져 왔다. 이 불꽃을 내가 지금 안고 있는 것 같은 기분이 들었다. 아니, 항상 그렇게 생각하고 있는 것은 아니고 바로 지금 '그렇다.'라고 느낀 것뿐이다.
   - 이 불꽃에 직접 접근하는 것은 불가능하다. 여러 층으로 되어 있는 껍질인듯 막으로 덮여져 있다. 그 때문에 중심원 속에 다시 한번 원을 그리고 불꽃을 감싸도록 했다. 그만큼 소중한 것일지도 모른다. 중요한 것일수록 간단하게 접근할 수 없다는 것도 그림을 그리면서 알아차렸다.

     불꽃은 '나무'에 의해서도 이중으로 보호되고 있다. 잎의 색 중 왼쪽 절반이 인생의 전반이고 오른쪽 절반이 후반이다. 젊은 녹색(아무것도 생각나지 않음)에서 점차 색이 짙어지고, 깊어 가는(체험이 더해져 가는) 이미지이다. 공간의 파랑은 허공의 이미지이다.
   - '나'는 나무에 기대어 낮잠을 자고 있다. 진짜 자신은 기대고 있는 '나무'의 중심에 있으므로 그것을 눈치채지 못하고, 그 나무를 베개 삼아 밖을 응시하고 있다. 하얀 블라우스, 검은 치마 그리고 붉은 신발을 신고 있다. 그리고 갈색

의 작은 새(참새 같은 새로, 참새라고 해도 괜찮음)를 도화지에 그리고 싶어졌다. 무언가를 알려 주려고 하는 것 같다.

- 중앙이 이야기로 가득 차 있기 때문에 바깥은 무언가를 딱히 그리지 않아도 좋다고 생각했다. 다만, 주변에서 중심으로 다가가는 이미지를 표현하고 싶어서 그라데이션으로 표현했다. 나뭇잎 색의 변화와 같은 것이다. (연한 색 → 진한 색, 어린 잎 → 단풍)
- 마지막으로 원의 둘레를 에워싸고 싶어져 파란색으로 윤곽을 덧그렸다. 윤곽선이 없으면 조금 안정되지 않고 '현재의 나'와 닮은 것과 같은 색조였지만, 이 윤곽선을 확실히 하는 것으로 기분이 툭 하고 가라앉았다.

4-1. • 전후의 변화는 특별히 느껴지지 않았으나, 그림의 피드백을 쓰고 있는 동안은 몸에 전혀 신경 쓰이지 않았다.
- (움직이지 않았기 때문인지) 오른손은 뜨겁고 왼손은 차갑다.

4-2. • 하나의 작품이 되었다는 성취감이 든다.
- 마음속에 이 정도의 영상이 들어 있다는 것은 불가사의이다. 이전에 '사과라는 단어를 듣고 사과의 영상을 이미지화할 수 있는 것은 마음속에 빛이 있기 때문이다.'라는 말을 들었던 것을 생각해 냈다. 항상 어두운(빛을 잃고 있는) 마음의 작은 방에 전기 스위치를 넣는 것 같은 감각도 든다.

5. • 나이테인 것 같다. 중앙이 가장 오래된 곳이다. 태고의 기억으로 통하는 곳이 있을지 모른다.

- 앞에 서술한 것과 관련해서 중심의 나무는 전체성이다. 그 나무의 단면이 이 그림의 전체와 같은 이미지이다.
- '현재의 나'가 망원경를 통해서 과거의 나를 들여다보고 있는 것 같기도 하다.
- '현재의 나' 중앙에 그린 자화상의 눈 속을 확대한 것이 '과거의 나' 그림이기도 하고, 양자의 관계가 재미있다.
- '과거의 나'는 더욱 필사적으로 '진짜 자신'을 찾고 있었던 것처럼 생각했지만, 그림 속에서는 한가롭게 낮잠을 자고 있는 것이 의외이기도 하여 한시름 놓았다. 필사적인 것은 나중에 돌아보면 해학적으로 연결되어 있을지도 모른다. 그때는 자신밖에 보이지 않았으니까. 색 사용도 밝고 '의외로 나쁘지 않은 인생인지도 모르겠다…….'라고.
- 어제 새벽에 절 경내의 팽나무에서 수증기가 하얗게 피어오르는 광경이 매우 인상적이었다. 그것도 '나무'를 연상시켰는지도 모르겠다.

6. ① 어떤 에피소드가 빠져도 지금의 나는 되지 않는다. 그러나 중요한 것은 일어난 사건 자체보다도 그 일에 대해서 자신이 파악하는 방법, 반응하는 방법에 의해서 그 후의 전개가 변화하는 것이라고 생각한다. 나의 경우는 플러스(라고 생각)인 사건 후에 마이너스(라고 생각)인 사건 또는 그 역의 패턴이 있고, 고락이 표리일체인 것을 몸으로 느꼈다.
   ② '낙천적' '비관적'이라는 것은 각각 타고난 성향이지 후천적인 것은 아니라고 생각해 왔다. 그러나 최근에는 사물을 보는 방법이 어느 정도의 훈련과 습관에 의해서 몸에 밴다

는 것을 자주 생각한다. 그리고 단순하게 사물의 좋거나 나쁜 면에만 초점을 맞추는 것이 아니라 될 수 있는 한 전방위에서 파악한 다음, 자신은 어느 각도에서 사물을 보는 것을 선택하는가라는 점이 매우 중요하다는 것에 신경 쓰기 시작했다. 직면하는 사건에 대해서 될 수 있는 한 다양한 관점을 가지고자 노력하는 것, 거기에 자신의 관점으로 보다 나은 선택이 가능하도록 하는 것, 지금은 이것이 나에게 배움과 성장의 의미이다.

③ 부정적인 측면은 항상 '앞으로 있을 무언가'를 찾느라 '지금'을 충분히 맛보지 않은 점이 가장 큰 것이다(가장 부정적인 측면이다). 언제나 완전하지 않다는 느낌이 있고 '이러려는 것은 아니었다.'라고 생각하는 것도 있다. 결과적으로 모든 것이 어중간해서 아무것도 이룰 수 없다고 하는 조바심이 있다. 한편, 무언가를 달성해 버리면 그 이상은 이룰 수 없게 될지도 모른다. 내관과 순례를 경험할 수 있었던 것은 충분하지 않은 자신에 대한 좌절감과 조바심이 있었기 때문이라고도 할 수 있다. 이런 생각을 하면 부정적인 측면이라고 생각하는 가운데서도 긍정적인 요소가 들어온다. 그것이 인생의 재미있는 부분이다(라고 말하는 것으로 항상 가라앉고, 결국 발이 땅에 붙어 있지 않은 것 같은 느낌이 된다).

④ 34세부터 36세경에 내관과 순례를 경험했고, 흥미와 관심의 대상이 외적인 것(회사에서의 평가, 사회적인 지위, 결혼 등)에서 내적인 것(자신은 누구인가? 마음이라는 것은 무

엇일까? 혼과 마음과 어떻게 다른 걸까? 등)으로 옮겨 가고 있다. 이보다는 지금까지도 내향적인 경향이 강했지만, 인생의 스승과 내면을 흔드는 것 같은 사건과의 만남을 원하면서 실제로 행동하게 되는 것이 이 시기이다. 40대가 되면서 크게 건강을 해치고, 생명의 위험을 느낀 시기가 있었다. 그때 마음의 스승이자 존경하는 사람으로부터 질병에 대한 견해와 마음가짐을 듣고 '아파도 괜찮다.'라는 심경이 있다는 것을 알았다. 그리고 질병을 받아들이는 동시에 이상하게도 병이 사라졌다. 지금도 질병에 대한 두려움과 불안이 없어진 것은 아니지만, 이때의 경험에 의해서 행복과 불행이라는 것은 사건이 정하는 것이 아니라 자신이 사물을 보는 방법과 선택에 의해서 정해진다는 것을 확실하게 자각했다. 이 일련의 사건을 계기로 내 안의 가치관과 우선순위가 크게 변했고, 지금까지의 일과 삶, 얼마간의 인간관계도 손을 놓아 버렸다.

⑤ 자신의 역사, 그래프, 만다라 그리기, 공히 자신 이외의 인간 또는 인간관계를 나타내는 에피소드와 요소는 그다지 볼 수 없었다. 현실에서 인간관계가 드문 것도 아니고 관계성으로 기뻐하는 것도 많지만, 중요한 관심사는 다른 사람보다도 자기 자신과의 관계에 있다고 생각하는 경우가 있는지도 모른다.

⑥ '지금 이런 공부와 일을 하고 있다.'라고 당당하게 말할 수 있는 것은 아무것도 없다. 사회적 활동의 중심에서 떨어져 있는 감각이다. 아니, 사회적이라는 것보다도 자기 본래의

인생 목적과 의미를 아직도 찾고 있는 상태이다. 최근에 그 길 자체에 흥미가 있는 것인지도 모른다고 자주 생각한다.

⑦ ⑥과 관련해 지금 모색 중이다. ('과거의 나' 그림에 있는 것과 같이 낮잠을 자고 있는 것과 같은 상태이다.) 단, 중심에 있는 보라색의 불꽃(본래의 나)을 자신의 신체로 되돌린다는 이미지는 있다. 아마도 직업에서 무언가를 확립하기보다 근원적인 본연의 자세에 관한 문제라고 생각한다. 언젠가 '나의 길은 이것이다.'라고 말해 보고 싶다. 지금은 말로 할 만큼 마음이 성숙해 있지 않다.

⑧ 보라색의 불꽃. 형태를 바꾸고 시공을 초월해서 이어져 온, 눈에는 보이지 않지만 확실하게 존재하는 무언가, 가까이 있어서 알아차리지 못한 것

[그림 4-27] 그림 16, B 씨(과거의 나)

[사례 3]

그림 17, C 씨(현재의 나)

1-1. 어딘지 모르게 전신이 피로하다. 목이 조금 따끔하다. 머리와 어깨는 뭉쳤다. 가슴, 왼발, 배의 흉터가 딱딱하고 약간 아프다. 종아리가 당기고, 허벅지도 당기고, 발 전체가 부어 있는 느낌이다. 복부도 그다지 활동하지 않고 조금 아프다. '나는 아픈 곳 투성이구나.' '머리, 어깨, 등이 뭉쳐서 당기고 지나치게 긴장한 느낌이다.' '그리고 생각하고 있는 것 이상으로 지쳐 있는지도 모른다.'라고 생각했다. 얼굴과 머리는 상쾌하다.

1-2. 지금은 조금 피곤한 느낌이다. 약간 졸린 상태이다. 오랜만에 인생을 돌아봤고 조금 피곤하다. 최근의 감각과 젊은 시절의 감각에 단절이 있고, 젊은 시절의 기억을 그다지 생각하지 않게 되었다.

2. 들여다보니 아름다운 빛이 보인다. 나는 자유롭게 빛의 존재를 그대로 두고 싶지만, 그 주변을 덮는 껍질 같은 것으로 막혀서 할 수 없었다. 주변을 덮는 것은 자아가 미분화된 행동이라고 생각된다. 이들은 내 본래에 있는 그대로의 모양을 표현하는 것을 막고 있는 것으로, 질병으로 절망하고 있던 때를 떠올렸다. 생각해 보니 어떻게 항상 강한 껍질로 덮여 있었는지를 알았다. 덮고 있는 것은 본래의 내가 아닌데, 그것이 나라는 감각으로 바로 되돌아가 버려 본래의 나를 잊어버리고 만다. '또 생각해 내고 또 잊어버리고……'의 반복이다. 반복하는 사이에 껍질처럼 덮개가 떨어져 나가거나, 금이 가거나,

얇아지거나 하는 부분도 있다. 그렇지만 견고한 껍질이 달라 붙어 있는 곳도 있다. 깨질 것 같지만 또 견고해지거나 한다. 덮개를 전부 걷어치우고 자유롭게 평화롭고 살고 싶다. 그러한 와중에 있는 나를 그렸다.

3. 한가운데 빛은 본래의 나, 에너지체이다. 그 주위에 껍질 같은 덮개가 있고, 그 덮개에 금이 가 있거나 이가 빠지거나 한 이미지를 그렸다.
   우선 크레파스로 연한 부드러운 빛을 먼저 칠했다. 전면이 빛이 되었을 때 그것을 덮어 버리고 싶지 않았다. 그렇지만 현재의 나는 아직도 뒤덮여 있다. 덧칠을 해서 덮개를 그렸다. 칠하고 있는 동안 보다 강렬하게 그리고 싶어져서 크레파스를 사용했다. 처음에는 덮개가 새까만 이미지였다. 그러나 그리다 보니 덮개가 얇아져 있는 곳과 균열로 떨어진 곳이 생각보다 많게 완성되었다. 덮개는 깨진 것처럼 되어 있지만, 또 견고하기도 해서 항상 유동적이다. 전부를 확 걷어치워서 자유롭고 온화하게 살고 싶다. 그 갈등을 그렸다.

4-1. 신체는 전체적으로 편안했다. 따뜻하고 피의 순환이 좋아졌다. 왠지 전신의 불편함이 사라졌다.

4-2. 피곤했지만 후련했다. 자신의 변화에 안절부절못했지만 생각하고 있던 것보다 조금씩 자유롭게 되고 있는 기분이 들었다.

5. '본래의 나는 빛이며 껍질 같은 덮개는 내가 아닌 나를 막는 것'이라고 두 존재를 분리시킨 뒤, 덮고 있는 것을 걷어 버리려 하면 할수록 덮개가 견고하게 되는지도 모르겠다. 걷어 내

려고 하는 움직임 그 자체가 덮개인지도 모르겠다. 내부에서 덮개를 동화하거나 해서 흡수하면 좋을까?

나는 '자신이 생각하는 대로 있는 순간에 바로 그것을 유지하고자 하는 힘이 들고, 전혀 생각한 것처럼 되지 않아 낙담하고 절망하며, 자신의 무력함을 인정하지 않을 수 없게 되고, 그래도 저항하면서 마지못해 인정하고, 무언가를 포기했을 때 해방되는 것'을 반복하고 있는 기분이 들었다.

해방되려고 하지 않고 무언가가 되려고 기대하지 않으며 마음대로 산다면(될 수 있는 한 빛의 에너지에 동조해서) 좋을지도 모른다. (빛의 에너지에 동조하고 있을 때의 감각은 마음이 가볍고 편안한 느낌은 아닐까?) '질병으로 절망할 때 대부분의 것을 포기하고 그저 살아 있는 것으로 해방된 것'과 완전히 해방되었다고 생각했다. 돌연, 맹장염에 걸려 또 마음껏 자신의 약함을 드러낼수록 더욱 해방된다는 점에서 '나 또는 모든 존재가 가진 에너지의 크기'와 '큰 상처를 입고 폭력적인 치료를 받아도 확실히 나아서 건강하게 기능하는 신체'에게 이전보다 더욱 경외심이 솟아났다. 이것은 노력했기 때문에 그런 존재가 된 것은 아니고, 처음부터 그랬던 것이라고 생각했다.

알아차린 것을 유지하고자 하거나 철저히 하려고 하지 않고, 그것을 잊어버리고 그저 마음대로 살고자 생각했다.

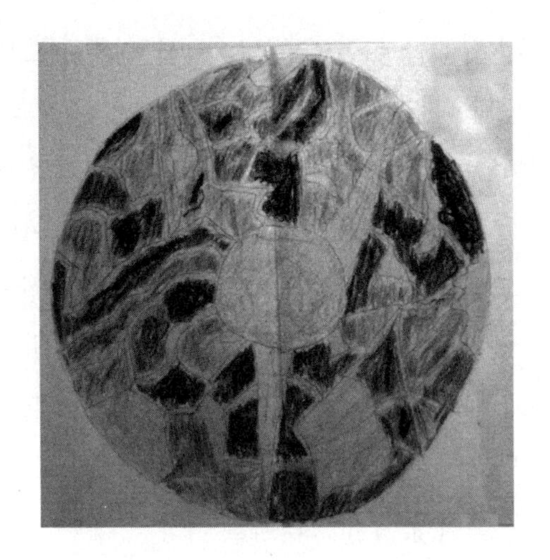

[그림 4-28] 그림 17, C 씨(현재의 나)

그림 18, C 씨(과거의 나)

1-1. 오늘은 전체적으로 나른한 느낌

얼굴과 머리는 이완되었지만 목과 어깨는 단단히 뭉쳐 있다. 등이 당기고 있다. 하복부에 근육통이 있다. 허벅지가 당기고 약간 딱딱하다. 언제나 얼굴과 머리는 이완하고 있다고 생각한다. 머리와 그 아래는 단절되어 있는지도 모른다.

1-2. 어제의 사건으로 마음이 가라앉은 채 그것을 질질 끌고 있어서 기분이 무겁다. '내가 무언가 과거의 것을 질질 끌어서 무거워지는 패턴의 전형과 같은 기분이다.' 지금까지라면 그것을 분석해서 대처하고자 했겠지만, 그 무거운 채로 마음 내키는 대로 해 보고자 실험 중이다. 그래서 예정되었던 작업을 하기로 했다.

2. 내 과거의 사건을 순서대로 되돌아보면 커다란 벽의 이미지가 떠올랐다. 그것은 검고 단단하고 높아서 타고 넘어갈 수 없는 것이었지만, 그저 눈앞에 있는 것으로 그냥 우회하면 바로 지나갈 수 있을 것 같은 벽이다. 또 격자 이미지가 떠올랐다. 가고 싶지만 막혀 있는 것 같고, 마음이 상처를 입어서 굳었고, 밧줄로 묶어 놓았다거나 갑옷을 입어서 몸이 움직이기 어렵게 되고, 불에 그을리거나 늪에 잠겨서 몸부림치면 칠수록 가라앉거나 하는 이미지가 계속 떠올랐다. 하지만 그것을 그릴 능력이 없어서 그리기를 시작할 때 곤란했다. 그때의 기분을 말로 써서 이미지를 떠올리고자 생각했지만 떠오르지 않았고 그대로 그 말들을 벽의 전면에 써서 채워 보게 되었다.
3. 간단하게 우회하면 벽이 아니게 되는 벽과 가고 싶은 방향으로 가는 것을 방해하는 격자를 어떻게 그릴지 곤란했다. 묶는 끈, 족쇄, 상처받아 흐르는 피를 생생하게 그리고자 했지만 기량이 없어서 (기량의 문제만이 아닌, 비참한 것은 아니었는지 모른다고 생각하면서) 집 안에서 우왕좌왕하거나 눕거나 했다. 우선 내가 구하고 있지만 막혀 있는 것이 무엇인지 중심에 표현해 보았다. 사람과 웃는 얼굴로 연결되어서 양육하는 이미지가 떠올랐다. 웃는 얼굴과 연관시키고 싶은 이미지가 솟아나오므로 그것을 묘사해서 격자를 그렸다. 그다음은 벽이다. 양 끝에 약간의 우회의 가능성을 시사했다. 벽은 검은 이미지였지만 벽의 전면에 마음의 소리를 겹쳐서 써서 검게 칠했다. 그 내용은 '왜?' '어떻게?' '용서할 수 없다.' '억울하다.' '하고

싶지 않다.' '죽고 싶다.' '내가 나쁘다.' '한심하다.' '창피하다.' '어차피 몰라줘.' '내가 바보야.' '내가 이상하다.' '어떻게 하면 좋지?' '좀 더 분발하지 않으면' '이제 애쓰지 않아.' '뭔가 되지 않아.' '왜 도와주지 않았지?' '왜?' 등이었다.

언제나 떠오르는 익숙한 목소리를 자꾸 쓰고, 멈추지 않고 어느 정도 계속 써 가자 마음이 풀린다. '왜?' '어떻게?'가 많은 것을 알아차렸다.

4-1. 신체 전체의 나른함은 없어졌다. 머리, 어깨의 뭉침은 대부분 편해졌다. 하복부의 근육통, 종아리의 당김은 약간 경감되었다. 등의 당김도 경감되었다. 전체적으로 피가 돌아서 활성화된 느낌이다.

4-2. 무언가 자신의 생각을 그림으로 그렸기 때문에 한시름 놓았다. 만족감과 성취감이 들었다. 항상 나를 괴롭히고 있는 마음의 소리를 마음껏 써내자 후련했다. 어제부터 질질 끌고 있던 무거운 기분도 해소됐다.

5. 나는 '그저 사람과 즐겁게 지내면서 무언가를 키우고 싶다. 재미있는 것과 즐거운 것을 하며 지내고 싶은 것뿐이었다.'라고 생각했다. 평소 '혼자서 자연 속에 있는 것이 좋고, 식물이 좋고……'라고 생각했던 것은 이런 것이 이루어지지 않기 때문에 생각만 하고 있을 뿐, 사실은 사람과 관계하고 싶고, 교류하고 싶고, 기르고 싶다는 욕구가 있는가 하고 생각했다. 자신이 생각한 것처럼 사람과 접촉하지 않았거나 자신이 생각한 것처럼 되지 않으면, 학대받거나 구속되거나 고문당하거나 배신하거나 폄하하거나 그렇게 된 것처럼 상처받고, 마

음속에서 이와 같은 목소리가 솟아 나와서 빙글빙글 돈다. 주로 '왜?' '어떻게?' '어떻게 하면?'이라는 질문들로 답이 나오지 않는다. 대개 답이 나오지 않는다. 이유가 없는 그저 그렇기 때문에 그런 거다라고 밖에 말할 수 없다. 받아들일 수밖에 없는 일과 자신의 의지로 피할 수 없고, 그렇게 되어 버린 것에 대해서 '왜'라고 계속 말해 왔다고 생각한다.

만약 전생이라는 것이 있다고 한다면, 그런 끔찍한 체험을 했을지도 모른다. 이번 생에서는 약간의 상처로 전생에 있던 상처의 잔존이 부활하여 심하게 상처받고, 현실이 보이지 않게 되고, 불행감에 사로잡혀 버리는 것이 아닌가 생각한다. 그저 조금 생각대로 되지 않은 것일 뿐…… 그것뿐이다. 그것을 받아들이지 않고, 모든 것을 생각한 대로 하고자 지나치게 노력해서 눈앞에 벽을 스스로 만들었는지도 모른다. '벽을 넘고자 노력했지만 그 방향성이 달라서 막다른 골목에 들어가 버렸을 때, 불행한 사건이 일어나고 그 때문에 생각할 수 없게 되고 마음의 소리가 떠오를 여유가 없을 정도로 기가 죽어 버렸을 때에 버둥거리고 있으면, 문득 벽을 우회하는 것이 가능하다.'라는 것을 지금까지 반복해 왔다고 생각한다. 그것을 희미하게 깨닫고 있었지만 거듭 확신했다. 약간의 상처받은 체험을 있는 그대로 받아들여 그만큼 상처받고, 그 이상은 하지 않고 그냥 두고, 하고 싶은 것을 하면 되는 것 같다고 생각한다.

6. 자기 그래프에서 봐도 알 수 있듯이 나의 인생은 외적으로 가끔 불행한 사건이 일어나고 충격을 받지만 대단한 불행은 아니고, 대부분 축복받고 사랑받으며 잘되고 있는 인생인 것이

다. 하지만 내적으로는 강렬한 피해를 받아서 상처받은 사람이 느끼는 것 같은 불행감이 항상 마음속에 있다.

① 불행한 사건을 통해서 '모든 것은 인간의 의지我欲대로는 되지 않는다. 이것을 넘는 위대한 법칙에 의해서 움직이고 있는 무상한 것으로, 나의 욕망을 놓아 버리면 마음이 고뇌에서 해방된다.'라는 것을 배우고 있는 것 같다고 생각한다. 지금까지의 불행을 스스로 극복했다는 느낌이 있었지만, 질병을 노력으로 넘어가고자 했지만 어떻게 해도 되지 않고 죽음이 다가왔을 때 처음으로 그것을 깨달은 기분이 든다.

② 나의 긍정적인 면은 무언가 휘몰아치는 에너지가 있는 것이라 생각된다. 무언가 강한 마음이 있지만, 그것이 주위를 기쁘게 하지 않고 파괴적인 것이라는 강렬한 믿음 때문에 그 에너지를 한껏 제어하고 있다. 액셀과 브레이크를 최대한 가동하고 있는 힘든 상태로, 소진되어 창조성을 잃어가고 있다. 만약 전생이 있다고 한다면 자만심 때문에 많은 사람에게 강렬하게 상처 준 경험이 있을 것 같은 생각이 든다. 그 경험의 잔존 때문에 결코 그런 일을 하지 않도록 통제하고 있지만, 인간으로 있는 한 불가능한 것이다. 그것을 인정하는 것이 불가능해서 그렇게 되지 않도록 하고자 하는 마음이 너무 강해 괴롭고, 그것이 마음의 소리에 에너지가 된 것이라고 생각한다. 휘몰아치는 강한 마음이 있으면서 자유롭게 표현하는 것을 통제하고, 그 마음을 억눌러 버리고 있었다고 생각한다. 그 억누르고 있었던 마음의 에너지가 마음의 소리 에너지가 되어 버린 것 같다.

③ 같은 곳을 빙글빙글 돌면서 갈등하는 이 괴로운 마음은 어떤 것을 배워도 해결되지 않고 괴로웠다. 질병으로 죽음에 직면해서 정말로 절망하고, 무언가 하고자 하는 것을 포기하지 않을 수 없게 되었을 때 겨우 조금 깨달았다. 이것은 중요하다. 건강하게 되면 그것을 잊어버릴 수 있지만 한순간이라도 깨달은 것은 중요하다.

④ 이전의 인간관계는 '사람과 관계할 때 항상 자신을 어느 정도 제어하지 않으면 상대방에게 상처를 입힌다.'라는 믿음이 있었고, 될 수 있는 한 상대에게 폐를 끼치지 않고 상처주지 않도록 엄청난 에너지를 소비했다. 그 결과 주변은 양호한 관계로 있지만 고독했다. 그러나 지금은 설령 상처를 주고받더라도 사람과 관계하고 싶고 교류하고 싶다는 생각이 싹튼다. 우선, 자신을 그다지 제어하지 않고 정직하게 표현하고자 하는 기분이 강해지고 있다. 온화해진 자신의 기분과 생각과 소망을 표현하고자 하는 느낌이 강하다. 그렇게 하면 주변은 어떻게 바뀔지 불안하지만 자신을 해방시키고 싶다. 어떻게 될지 체험하고 싶다.

⑤ 오랫동안 내가 주로 에너지를 쏟아 온 것은 현재의 일이다. 항상 머릿속에 있고 무엇보다도 의식을 향하게 했다. 지금 이 일에 관련되어 있는 사람들은 함께 방황하고 있는 동지일지도 모른다. 이전이라면 '일에 역할을 다하지 않는……'이라고 자신을 비난하고 있었을지 모른다. 하지만 지금은 '그것은 그것대로 어떤 역할을 하고 있는 것이다. 필연적인 것은 아닐까?'라고 생각한다. 지금은 업무

상 또는 인생에서 지금까지 모색해 온 것에 대한 대답을 어렴풋이 알기 시작한 느낌이 있다. 이 변화가 일과 관련되어 있는 사람들에게 전해져 그쪽에서도 무언가가 변해간다. 나와 연결되어 있는 누군가의 무언가가 변하면, 나를 통해서 업무상 관련이 있는 사람들에게 또 어떤 영향을 준다. 그 전체가 우주의 법칙에 의해서 꿈틀거리고 있는 것은 아닐까 하고 생각한다. 나는 의식의 깊은 곳에서 인류 전체와도 연결되어 있고, 우주의 법칙대로 매일 움직이고 있을 뿐…… 그 흐름에서 마음속으로 거스르려고 해도 결코 거스를 수 없는, 그저 그것을 인정하고 맛볼 수밖에 없다고 생각한다. 마음속에서 고뇌를 체험하며 사는 것보다 '그저 살다 보면 좋을 것……'이라는 생각이 들었다. 나의 일은 인생 그 자체로 그 이외의 활동과 그리 다르지는 않지만 보다 진지하게 인생을 마주하는 '장'이다. 지금부터는 모든 순간에 있어서 그저 그 장을 살아가고, 거기에서의 체험을 있는 그대로 맛보고 싶다. 그렇게 하고 있으면 저절로 이끌리는 느낌이다.

⑥ 내 영혼의 임무는 나 개인이 자아에서 깨어나 해방되어 인생을 그저 즐기는 것이 가능하게 되는 것으로, 인류 전체 의식의 진화에 일조하는 것이라고 생각한다.
상처받았던 마음을 그대로 인정하고, 필요 이상으로 어떻게 해 보려고 하지 않고, 그저 우주의 흐름에 맡기고 있으면 저절로 치유된다. 신체의 상처가 인간의 의지를 초월하는 힘에 의해 항상 좋은 상태로 인도되는 것처럼 말이다.

구체적으로는 우선 이 육체와 이 마음으로 이 영혼을 통해서 이 현실, 생활, 활동을 마음껏 맛보는 것을 즐길 수 있게 되는 것이 중요하다고 생각한다.

⑦ 나의 영성은 위대한 우주 에너지(파동) 중의 극히 일부이다. 그것이 '나'라는 육체를 가진 나를 만드는 작용을 하고 있다. 위대한 우주의 에너지는 우주의 법칙을 따라 어떤 방향으로 항상 변화하고 있다. '나'를 포함한 모든 존재는 유일무이한 존재이지만 모든 것은 위대한 우주의 에너지에 의해서 그 법칙에 따라 계속 작용해 가고 있는 하나의 존재인 것 같다. 유일무이한 '나'는 육체의 죽음을 따라 영원히 끝난다. 우주의 위대함에서 보면 정말 일순간의 사건이다. 이 다시없는 순간을 소중하게 살고 싶다.

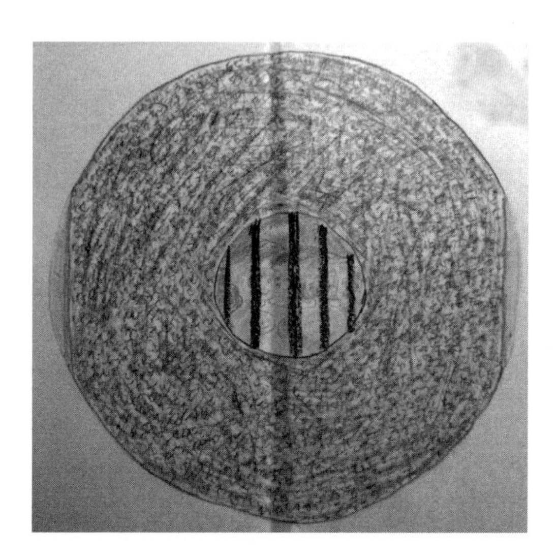

[그림 4-29] 그림 18, C 씨(과거의 나)

4) 고찰

(1) 상징과 이미지를 파악한 '자아'

만다라 중심 그리기는 '현재의 나'와 '과거의 나'에 관해서 작성하도록 했고, 과거의 내가 어떤 다양한 경험을 통해서 현재의 나로 존재하고 있는가를 아는 것이 목적이다. '중심원을 바라보면서 "현재의 나"와 "과거의 나"를 의식해서 이미지를 표현해 주세요.'라고 말하고 있다. 이 '현재' 또는 '과거'라는 단어에 자극되어 각자의 인생 경험이 이미지화되어서 나온다. 피험자의 '현재의 나'와 '과거의 나' 만다라 그림에 관해서는 카도노의 '자아와 무의식과의 관계에서 상징과 이미지'라는 그림[17]을 이용해서 무의식으로부터 흘러나오는 상징과 이미지, 다양성, 방향성, 각자의 주제 등에 대해서 고찰한다.

융의 '마음의 구조'에 대해서는 제3장에서 서술했으므로 참고하길 바란다. 이미지와 상징은 무의식(개인적 또는 집단적)에서 생겨나는데, 이들이 예술 영역에서 표현되는 메시지를 잘 알아차리는 것이 중요하다. 융은 상징에 관해서 '자연적 상징'과 '문화적 상징'을 구별하고 있다.[18] 자연적 상징은 마음의 무의식으로부터 파생되고, 근원적인 원형적 심상의 다양한 변화를 나타내며, 고대의 기록과 원시인의 사회에서 나타나는 관념과 이미지를 나타낸다. 문화적 상징은 다양한 종교에서 사용되고 있는 '영원의 진실'로 그 근원은 누미노제와 마력을 지니고 있고, 어떤 사람들에 대해서는 깊은 정서적인 반응을 일으키는 것이 가능하다고 한다.

이와 같은 무의식에 잠재한 상징이 의식의 표층으로 드러나는 과정을 나타낸 것이 [그림 4-30]이다. 카도노는 '인간의 내면에 존재하는 집단적 무의식에서 일어나는 상징이 그 인간의 의식까지 도달하면, 그것들로부터 여러 가지 이미지가 분화되어 자아에게 받아들여진다. 그리고 자아는 그들의 메시지를 통해서 집단적 무의식을 통찰하고 의식화를 행하고 있는 것이다.'[19]라고 한다. 원형적 이미지에 대해서 융은 스스로의 경험에서 '무한한 다양성을 가지고 있지만, 그 기초가 되고 있는 유심적類心的, psychoid[20] 형식은 모든 단계에서 스스로의 성격을 가지고 있다.'[21]라고 서술하고 있다. A 씨, B 씨, C 씨의 만다라 중심 그리기에서 무의식의 층으로부터 이미지와 상징이 중심원에서 상기되는 것은 흥미롭다.

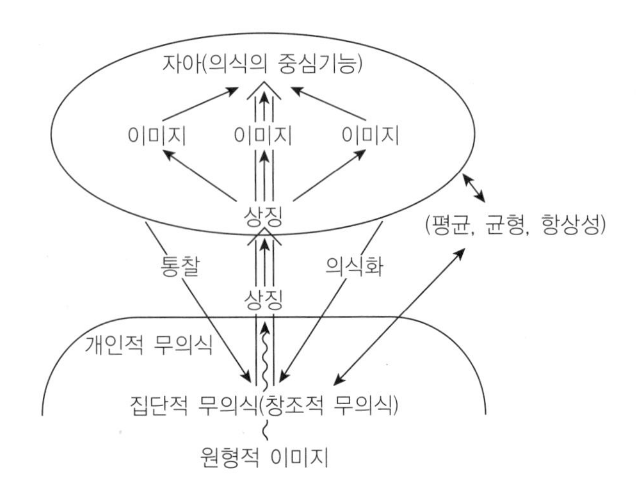

[그림 4-30] 자아와 무의식과의 관계에서 상징과 이미지

출처: 角野(2004).

(2) 이미지의 상기와 주제

A 씨의 만다라 그림

'현재의 나'라는 과제에서 A 씨는 중심원을 바라보고 '아버지의 정년퇴직, 동생의 이사 문제, 나는 어떻게 할 것인가?, 피아노, 결혼'이라는 현실생활에 입각한 의식에 가까운 이미지를 떠올렸다. 이 이미지군은 개인적 무의식에서 표출했다고 생각된다. '자기 그래프'에 의해서 자극되고 있는 '3세부터 계속하고 있는 피아노'로 시작해, 현재의 중심에 있는 A 씨의 현실적인 문제, 아버지의 정년퇴직, 동생의 이사, 자신의 처지와 결혼 등의 이미지를 떠올렸다. 가족의 커다란 변화 속에서 '해야 할 일을 좀처럼 대면하지 않고 뚜껑을 덮고자 하는' 자신, '가족과 적당한 거리를 두고 경계선을 지키면서 자신의 색을 찾아 가자'고 하는 새로운 자립, 자기를 실현하고자 하는 과정이 [그림 4-24]의 그림 13에 그려져 있다.

'과거의 나' 과제에서 중심원을 바라보고 '흑백의 뱀이 똬리를 틀고 있는' 이미지가 상기되고, 항상 어떤 불안이 있는 것 같은 부정적 감정이 자신 속에서 형태를 바꾸어 표출되어 왔다고 생각하고 있다. 뱀의 이미지는 A 씨로부터 떨어지는 일 없이 계속 묘사되고 있고, 뱀은 부정적 요소라고 상상하기 시작했지만 슬픔과 기쁨 모두 포함하여 나를 안아 주고 있다는 이미지로 변화했다고 한다. 뱀은 모든 원초적인 우주의 힘을 나타내는 고대의 기본적인 상징의 하나이고, 모든 동물 가운데에서도 가장 영적인 동물이라고 여겨지고 있다. 뱀은 껍질을 벗는 것으로 변용과 재생을 의미하며 생명과 치유력에 관계하고 있는 지혜의 구현자라고 알려져 있다.

또 나이테를 안에서부터 밖으로 그려 가는 과정에서 '살아간다는 것은 이런 것인가?' 하는 기분이 들고, '과거의 내가 겹겹이 쌓인 연속이 지금의 나라는 생각이 떠올랐다.'라고 서술하고 있다. [그림 4-25]의 그림 14를 그리면서 '점차 긍정적인 기분이 되었다.'라고 과정을 말하고 있다.

A 씨가 만다라 중심 그리기를 그린 시기는 인생의 과정에서 가족이 변화하는 이행기였다. 만다라 그림의 중심원에 그려진 이미지와 상징을 보면, A 씨는 현재의 나에서 피아노, 부모가 배우기 시작한 바이올린, 일본 지도, 무지개색의 하트와 가족의 연결을 그렸고, 과거의 나에서는 보석이 여기저기 박힌 보석 상자에 흑백의 뱀이 그려져 있다. 가족의 존재가 변화하는 것으로 A 씨에게 던져졌던 주제는 뱀이 껍질을 벗는 것, '스스로가 변용하고, 자신의 길을 찾는 것'인 것이었다. 지혜의 구현자인 '자기'가 말하고 있는 것처럼 생각된다.

B 씨의 만다라 그림

B 씨는 '현재의 나'를 그리는 중심원을 바라보고, 넘칠 정도의 다양한 이미지를 계속 표출하고 있다. 그것은 창조적인 이미지의 보고였기 때문이다. 모든 이미지는 '원'이 일으키는 무의식으로부터의 메시지이다. '원을 보는 자신의 관점이 계속 변화해 가는 것이 재미있었다.'고 한다. 넘쳐 나오는 이미지 중에서 요점은 '중심원이 자신의 얼굴을 비추는 거울'로 보인 것이다. 이 반응은 융의 '자기' 개념이 상징화된 것처럼 보인다. 그리고 B 씨는 양초의 이미지에서 금강계만다라의 9등분, 위쪽과 아래쪽 다수에는 염주, 하단에는 물질의 거친 파동, 상단에는 정신의 미세한 파동 이미지를 그

리고 있다. 완성된 그림은 종교적인 요소가 포함되어 있는 [그림 4-26]의 그림 15이다.

'과거의 나'에서는 중심원을 바라보는 B 씨에게 여러 가지 이미지가 떠오르는데, '원'이라는 형태에 자극받아 자신의 인생 경험으로부터 자연계 차원에서 일상 차원까지 반응하고 있다. 그리고 B 씨는 직관적으로 중앙의 상징과 주제는 '진정한 자신'이라고 느꼈다고 한다. 이전에 내관[22]을 받았을 때와 앉아서 묵상하고 있을 때, 보라색의 불꽃이 확대와 수축을 반복하면서 흔들리는 비전이 나타났다고 한다. 그 이후 B 씨는 이 불꽃을 '생명의 시각 이미지'로 파악해 '성화와 같이 계속해서 이어지고 있고, 이 불꽃을 자신이 지금 가지고 있다는 기분이 든다.'라고 했다. B 씨는 [그림 4-27]의 그림 16을 그리면서 이 '생명의 불꽃'은 몇 겹으로 가려져 있고, 그만큼 중요한 것이기 때문에 간단하게 접근할 수 있는 것이 아니라는 것을 알아차리게 되었다. 불꽃은 '나무' 가운데에 있고 이중으로 보호받고 있으며, 그림에서 '"나"는 나무에 기대어 낮잠을 자고 있다. 진짜의 나는 기대고 있는 "나무" 속에 있지만 그것을 알아차리지 못한다.'라고 기술하고 있다.

'나무'의 상징에 관해서는 많은 해석이 있다. 우주의 생명, 우주나무, 하늘을 향한 성장, 세 가지 세계(뿌리는 지하세계, 기둥은 대지, 잎은 하늘)를 연결시키는 요소, 생명의 나무, 태어나고 죽어 가는 인생의 과정, 가족의 나무(가계도[23]) 등이 있다. B 씨의 만다라 그림에서 중심원에 그려진 이미지는 '현재의 나'에서는 자신의 얼굴을 비추는 거울, '과거의 나'에서는 커다란 나무에 의지하는 나, 그 나무의 내부에는 '생명의 불꽃'이 그려져 있다. B 씨는 '생명의 불꽃'

이라는 비전을 통해서 면면히 흐르는 생명의 실재, 아니 '영혼의 존재'를 한번 체험해서 알고 있다. 융이 말하는 누미노제 체험을 통해서 '자기'의 영역에 닿아 있는 것으로 보였다. 그러므로 궁극의 실재와 세속의 실재의 왕복운동에 자신을 있는 그대로 맡기는 것은 아닐까? 또 그와 같이 의식화하는 것으로 B 씨의 주제는 '진정한 자신이 되는' 것, 개성화의 과정이 자동적으로 가속되고 있는 것은 아닐까 생각된다.

C 씨의 만다라 그림

C 씨는 '현재의 나' 만다라에서 중심원을 바라보자 '아름다운 빛'이 보였다고 한다. '자유로운 빛의 존재' 그대로 있고 싶으나, 그 주변을 덮은 껍질과 같은 것으로부터 방해받아서 빛 그대로 될 수 없는 자신이다. C 씨는 인생에서 절망했던 순간에 이들 껍질의 본성이 '자아가 미분화한 충동'이라고 알아차렸다고 한다. 그림을 그리면서 '덮고 있는 껍질은 본래의 나는 아니지만, 그것들이 나로 있다는 느낌으로 바로 돌아가 버려 본래의 나를 잊어버리고 마는' 것을 몇 번이나 반복하고 있다는 것을 알아차렸다. 덮개를 전부 걷어치우고 자유롭게 살고 싶다는 소망을 그린 것이 [그림 4-28]의 그림 17이다.

빛이 상징하는 의미는 원초의 빛, 우주의 에너지, 상상력, 신앙, 은총, 자비, 영적 생활 등이 있다.

'과거의 나'에서는 중심원을 바라볼 때 '커다란 벽'의 이미지가 떠올랐다고 한다. 그것은 검고 딱딱하고 높은 벽으로, 뛰어넘을 수는 없지만 그저 눈앞에 있기만 한 것으로, 우회하면 통과할 수 있는 벽이다. 다음에 나오는 이미지는 가고 싶지만 격자로 저지당하고 있다. 거기에서 중심에 내가 요구하고 있지만 거부당하고 있는 것을 연상하면 사람과 웃는 얼굴로 연결되는 이미지가 떠오른다. 그리고 검은 벽에는 마음에 상처를 받아 굳어지고, 밧줄로 묶이거나 갑옷으로 몸을 움직일 수 없게 되어 화형에 처해지거나 늪에 빠지려 하지 않을수록 빠져드는 이미지가 계속 떠오르고 있다. 괴로운 수난의 이미지를 언어로 그린 벽에 헤아릴 수 없이 많은 문자를 써 넣은 것이 [그림 4-29]의 그림 18이다.

만다라 그림의 중심원에 그려진 것은 '현재의 나'로, 아름다운 빛으로 있으며 그대로의 빛으로 있고 싶지만 방해받아서 빛이 될 수 없다. '과거의 나' 그림에서는 내가 구하고 있지만 방해받고 있는 것이 '사람과 웃는 얼굴로 연결되는' 이미지로, 가족인지 성인 남녀와 아이들을 격자로 가두는 것 같이 되었다. 그러나 관점을 바꾸면 벗어나는 것이 가능한 벽이다. C 씨의 주제는 스스로를 '방해하는 것으로부터 해방'이라고 말할 수 있을 듯하다. 그 장애물은 C 씨가 이미 알아차리고 있는 스스로의 '자아' 또는 '미분화된 충동'으로, 관점을 바꾸는 것만으로도 좋을 것이다.

(3) 피험자의 '알아차림'을 통해서

A 씨가 '현재의 나' 만다라 중심 그리기를 할 때는 가족의 상태가 변화하는 시기였다. 그림을 그릴 때 그것이 의식화되어 '가족과 따로따로 떨어지게 되므로 외로움을 느꼈다.'라고 한다. 그러나 만다라 중심 그리기를 하면서 '가족과 연결되어 있는 이미지'로 내일부터 매일 힘내자라고 생각했다고 한다. 또 '과거의 나'에서 뱀의 이

미지가 등장하는 것은 이후 자신의 인생이 '좋게도, 그렇지 않게도' 움직일 가능성이 있기에 스스로의 움직임에서 눈을 돌리거나, 덮지 않고 계속 보고 싶다고 자신에게 말을 걸고 있는 것처럼 생각할 수 있다. A 씨는 '현재의 나'에는 오선지와 건반(백과 흑)이, '과거의 나'에서는 흑백의 뱀 모양이 무의식적으로 그려졌으며 '사물의 이중성'을 나타내고 있다고 스스로 분석하고 있다. 그리고 가족 상태의 변화와 함께 자신에 대해서도 '나는 흑백을 가지는 것이 서툴지만 그 자세에 직면하지 않으면 안 된다.'라는 것을 알아차렸다. 그러므로 외적인 현실에서는 지금 이상으로 '자기표현'을 하는 것이 필요하다. 또 '현재의 나' 그림에서 검은 것은 내적인 현실에서는 '검은 사마귀'처럼 나타나고 과거에서 자신 속의 '원죄(라고 불리는 것?)'를 알아차리고, 여러 장면에서 상처받은 것도 치유가 필요하다고 느끼고 있다.

B 씨는 '현재의 나'와 '과거의 나'를 그리는 것으로 많은 알아차림을 얻은 것으로 보인다. 현재까지의 인생에서 '어떤 에피소드가 빠져도 지금의 나는 되지 않는다.'라는 자기인식을 하고 있다. 그리고 중요한 것은 일어난 사건보다 그것에 대한 자신의 인식과 반응 방법에 있다고 생각한다. '고락이 표리일체인 것을 몸으로 느꼈다.'라고 한다. 그러므로 직면하는 것, 가능한 한 다양한 관점을 가지고자 애쓰는 것이 공부와 성장이라고 생각하고 있다. B 씨에게 있어서 인생의 전환기는 34세에서 36세경에 찾아왔다. 내관요법과 시코쿠 순례를 경험함으로써 흥미와 관심이 외적(일의 평가, 사회적 지위, 결혼 등)에서 내적(나는, 마음은, 영혼은)으로 옮겨 가고 있다. 그리고 마음의 스승으로 불리는 사람으로부터 질병에 대한

견해와 마음가짐을 배운다. 그 후 불가사의하게도 병이 없어졌고, 그 사건을 계기로 회사를 그만두고 지금의 생활을 하고 있다.

B 씨는 만다라 중심 그리기를 통해 지금까지의 인생을 돌아보고, 현재 '자신의 존재'를 다시 확인한 것으로 보인다. 그리고 자신의 인생의 목적과 의미를 찾고 있고, '그 길 자체에 흥미가 있는지도 모른다.'라고 깨닫고 있다. 인생의 '목적과 의미'는 저편에 보이는 한 점의 신호인지도 모르겠다. 그것과 비교해 보면 '길'이라는 점의 연속인 선은 걸어 온 '삶의 증거'이다. 어쩌면 그 삶의 연속이 목적과 의미를 명확하게 한다. '과거의 나' 만다라 그림에서 시공을 초월한 보라색의 불꽃이 중심에 있는 나무에 기대어 자고 있는 B 씨, 누구나 잠이라는 의식 상태 속에서 영원한 것에 닿는지도 모른다.

C 씨는 불행한 사건을 통해서 '모든 것은 나의 의지대로 되지 않으며 그것을 뛰어넘는 커다란 법칙에 의해서 움직이고 있는 무상한 것이므로, 나의 욕망을 놓아 버리면 마음이 고뇌로부터 해방된다.'라는 것을 배웠다고 한다. 자신의 질병 역시 '무엇이든 자신의 노력으로 뛰어넘는다.'는 신념으로 뛰어넘고자 하였지만, 죽음에 도달했을 때 '어떻게 해도 되지 않는 것이 있다.'라고 깨닫게 되었다고 한다.

그리고 자신의 마음 심층에서 솟아 나오는 '소리'에 관해서 검증하고 있다. 인생의 커다란 흐름에서 외적으로는 불행한 일이 일어나고 충격을 받았지만 기본적으로는 혜택을 받고 사랑받으며 잘 살고 있다. 그러나 내적으로는 강렬한 피해를 받아서 상처 입은 사람이 느끼는 것 같은 불행감이 항상 마음속에 둥지를 틀고 있다.

그와 같은 마음의 소리 '왜' '어떻게?' '어떻게 하면?'이라는 질문이 빙빙 돌고 답이 나오지 않는다. 그와 같은 피해의 느낌은 '주위(의 사람들)를 기쁘게 하지 않는 파괴적인 것이라는 강렬한 생각 때문에 그 에너지를 체념하고 제어하고 있다. 액셀과 브레이크를 최대한 가동하고 있는 괴로운 상태로, 소진되어 창조성을 잃고 있다.'고 한다. 그리고 C 씨는 '전생'에 관해서 언급하고 있다. 전생이 있다면 그런 가혹한 체험을 했을지도 모르겠다. 전생에서 생긴 상처의 잔재가 이번 생의 작은 상처로 부활하고, 심하게 상처를 입어 현실이 보이지 않게 되고, 불행감에 사로잡히고 마는 것은 아닌가 한다. 또 전생에서 '자신의 자만심 때문에 많은 사람에게 강렬하게 상처를 준 경험이 있는 것 같은 느낌이 든다. 그 경험이 잔존하기 때문에 결코 그런 것을 하지 않도록 금지하고 있는 것은 아닐까?' 전생으로부터 현세로 연결되어 있다는 생각이 '너무 강하고 괴로워서 그것이 마음의 소리에 에너지가 되는 것'은 아닌가 한다. '같은 곳을 빙글빙글 돌면서 갈등하는 괴로운 생각은 어떤 방법을 배워도 해결되지 않고 괴로웠다.'라고 반복하고 있다.

A 씨, B 씨, C 씨의 만다라 중심 그리기를 통해서 한 사람 한 사람의 마음속 이야기에 끌려든 것이 아닌가 생각한다. 3인이 각자 다르게 스스로의 내적인 세계를 진지하게 마주하고 있어서 무언가 우리의 마음 깊은 곳에 있는 것을 자극한다. 그것은 무엇일까? 우연히도 A 씨는 30대, B 씨는 40대, C 씨는 50대로 세대가 달랐다. 개인적인 주제는 전혀 달랐지만 나이가 들수록 세대의 내적 성숙에 있어 차이를 볼 수 있었다. 40대를 경계로 인생의 전반과 후반

이 나누어지는 것처럼, 우리는 외적으로도 내적으로도 변용해 나가지 않을 수 없다. 심리임상의 세계에서는 '사례 그 자체에 이야기하라.'고 한다. 바꾸어 말하면 무의식의 생명의 움직임에 맡기라는 것이다.

A 씨, B 씨, C 씨의 만다라 중심 그리기에서 각각을 '생명의 움직임의 언어'로 파악하는 것이 중요하다고 다시 한번 생각하게 된다.

4. 만다라 그리기 기법

1) 서론

심리임상 현장에서 '만다라 그리기 기법'을 이용하여 치료를 시작한 지 25년이 지났다. 만다라 그리기 기법은 이전의 '원'을 그린 8절 도화지 또는 B4 용지를 사용해서 원 안에서 자유롭게 그림을 그리는 방법이다. 먼저 그리기 전에 도화지에 그려진 원을 가만히 바라본다. 바라보고 있는 가운데 떠오르는 이미지를 그리는 것이다.

융은 만다라를 스스로의 무의식을 탐구하는 방법으로, 또 일상 속에서 내담자의 임상 현장에서 나타나는 내용으로 임상에 받아들였다. 그는 '만다라는 특히 방향 상실, 패닉, 혼란한 마음의 상태의 바로 뒤에 잘 나타난다. 즉, 만다라는 혼란을 질서로 옮긴다는 목적을 가지고 있는 것'[24]이라고 한다. 그러나 만다라 그리기 기법의 모든 것이 방향 상실, 패닉, 혼란한 마음의 상태의 뒤에 나타나는 내용을 상정하고 있는 것은 아니다. '그들의 그림이 작용하는 것은 그것이 그들 자신의 공상에서 생겨났기 때문이 아니라, 그들의 주관적인 상상에서 법칙적인 모티브와 상징이 의외의 형태로 튀어나와 의식에서는 좀처럼 잡히지 않는 개념과 상황을 표현해 준다.'[25]는 것을 목적으로 행한다. 그림 그리기는 치료 과정의 어느 단계에서 그려졌는지에 따라서 내담자의 내적 표현이 달라진다. 만다라 그림을 그리는 것으로 정화 작용이 초래되어 많은 내담자의 기분이 좋아지고 고요해진다고 한다. 또 스스로 그린 만다라 그림을 보고 많은 알아차림을 얻는 것 또한 사실이다.

여기에서는 영적인 요소가 강한 내담자의 내적 체험은 무엇인지에 대해 내담자가 그린 약 300장의 만다라 그림 일부를 사례의 흐름에 따라서 설명하고, 융이 말한 만다라 상징주의에 관해서 검토한다. 또 스타니슬라프 그로프Stanislav Grof와 크리스티나 그로프Christina Grof가 여러 해에 걸쳐 임상실천에서 발견한 영적 위기Spiritual Emergency: SE 개념을 도입하여, 이 사례의 정신적인 위기에 관해서 고찰한다.

2) 기본적인 절차

a. 색채

- 도형 배포: 인쇄된 '반구조화 만다라' 그림
- 4색 색연필, 24색 크레파스 등
- 채색에 관한 조건: '집에서 이 만다라 그림에 자유롭게 그려 주세요. 그리고 원 밖으로 나가지 않도록 해 주세요.'라고 제시한다.

b. 종료 시의 지침

① 그리기가 끝나면 그것을 잠시 바라보고, 알아차린 것을 조목조목 쓴다. 만다라 일기를 쓴다.

② 새로운 만다라를 그린다(하루 1장 이상 그려서는 안 된다).

③ 몇 장이 모이면 그것을 나열해서 관찰하고, 알아차린 것을 만다라 일기에 꼼꼼히 쓴다.

3) 사례 '영적 위기'

(1) 사례의 개요

40대 기혼여성 D 씨는 아이가 학교에서 괴롭힘을 당한 것이 원인이 되어 괴로워하고 있다. 문진표에는 '혼란스러워서 도움을 원한다.'라는 한마디가 적혀 있었다. 이미 편지를 받아서 어느 정도 내용을 이해하고 있었다. 그녀의 양친은 장사에 바빴고, 할머니가 그녀를 키웠다. 경제적으로 어려움은 없었다. 어머니와 갈등이 있어 자주 혼났으며, 엄했던 아버지가 그녀를 가장 잘 이해해 주었다고 한다. 19세 때 지금과 똑같은 정신상태가 발생했는데, 신의 소리가 들렸고 악령에 빙의된 가운데 자동 글쓰기가 나타났다. 영적 세계에 흥미를 가지고 있던 아버지가 영적 능력자가 있는 곳으로 그녀를 데리고 가서 '봉인封印'을 받는 것으로 해결하였다. 이번에는 아이의 괴롭힘 문제와 시어머니와의 관계에서 고민하기 시작했던 때부터 현재의 상태가 시작되었다. 면접 횟수는 17회이다(이하 책 머리 그림 pp. ii - iii 참조).

(2) 사례의 경과

제1기(# 1~# 5 혼란이 계속되는 날들)

〈내담자의 편지에서 발췌〉

'…… 사람과 만나면 피곤해진다. …… 혼자 있고 싶다. 혼자가 되면 마음속 깊은 곳에서 눈물이 흘러나온다. …… 24시간 보일러실의 경고음이 들리는 것처럼 귀가 울리고, 에너지 과잉의 느낌으로 힘들다. …… 마음속에서 부글부글 무언가가 솟아오르고 안절부절못하는 날이 계속된다. 우선 종이와 연필을 쥘 수밖에 없고, 자동 글쓰기로 만다라를 그려 내거나 무언가 내면에서 "영혼에 사랑이 집중되는" "사랑" "평화" "아름다운 빛이 가까워지고……"라는 목소리가 들리기 시작한다. 그것을 노트에 적어 두자 문장이 되기 시작한다. 또 밤에는 자지 못할 정도로 부글부글하고 솟아 나오는 에너지와 같은 것을 느낀다. …… 어떤 때에는 계속 자신의 어린 시절에 있던 사건을 꽤 상세하게 기억해 냈다. 그것은 기저귀를 하고 자고 있거나 '네네.' 하고 있던 때의 기억할 리 없는 하루이거나 유치원에 다니고 있던 행복한 날들이었다. 졸업 앨범을 보고 있으면 성가가 들려온다…….

그 여름, 이미 신비한 체험을 했다. 보름달이 아름답게 빛나고, 하늘 가득 여덟 개의 선이 한없이 방출되고, 그것이 겹쳐져 하나가 되어 십자가가 되는가 하면, 보름달의 커다란 십자가가 하늘 가득해서 너무 아름다운 광경이었다. 나는 달이 산으로 넘어갈 때까지 보고 있었지만 그 아래의 빛이 나의 가슴으로 퍼져 나의 몸에 연결되었다. 다음날 일출은 일곱 가지 색의 프리즘 무지개와 같았고,

또 그 일대에 작은 빛도 다이아몬드와 같이 빛나고 눈부셨다. 이때 나는 위대한 힘에 이끌려서 고독이라는 말이 생에서 소멸되고 한없이 신에게 사랑받고 있다는 행복을 느끼고, 신의 힘은 대단하다고 생각했다. 나는 사람을 사랑하지 않고 믿지 않는 때가 자주 있었지만, 이렇게 사랑을 받고 사람을 사랑하게 될 것이라고 생각했다. …… 매일 계속되는 자동 글쓰기는 대단한 에너지를 사용했으며 내용은 엄정했다. 미지를 체험해 가는 것은 정말 대단했다. 선생님, 나의 생각을 속달로 보냅니다. 받아 주세요…….

1

초기면접에서 내담자는 불안과 공포가 뒤섞여 안정되지 않는 모습이었다. (이하 ' '는 내담자의 발언, 〈 〉는 치료사의 발언). 또 일상의 현실과 영적인 현실의 사이에서 꽤 혼란스러워했다. 그것은 '영화 두 편이 동시에 상영되는 것'과 같아서 과잉 에너지를 느꼈다. 그것에 의한 컨디션 불량과 이명으로 수면 부족 또는 자신이 붕괴될 것 같은 불안이 있었다. 다른 사례와는 다르게 진단과 유효한 치료 방침을 세울 필요가 있었다. 영적 영역, 심신 상관 등에 관해서 심리학적인 설명을 하고, 영적인 것에 관한 서적을 소개했다. 또 단전호흡법을 가르쳤다. 내담자는 호흡 후 치료사의 〈괜찮을 거예요.〉라는 말에 안심하는 모양이었다. 또 내담자는 자신에게 일어나고 있는 것을 노트에 기록했다.

2

체력적으로 상당히 소모되고 있는 모습이었다. 아무것도 하고 있지 않으면서 곧바로 지쳐 버리는 것이었다. 그로 인해서 집안일이 불가능하고, 게으름을 피우는 것으로 보이는 건 아닌지 신경을 쓰고 있었다. 의료적 배려가 필요하다고 판단해서 의사에게 진찰받도록 권했다. 내담자는 최초의 영적 위기(19세 때)에 관한 이야기를 했다. 당시의 영적인 체험으로 매우 혼란스럽고 휘둘려서 부친이 아는 수행자에게 봉인을 받았다. 이 에피소드에 관해서는 후에 두 번 화제로 삼는다. 그 이야기를 듣고, 20년의 시간을 넘어서 그 봉인이 해제된 것 같다고 치료사는 생각했다. 또 에너지에는 음양이 있고, 양=정正, creative, 음=사邪, distractive가 있으므로 정의 메시지와 사의 메시지를 나누는 것이 필요하다고 생각하여 그것을 내담자에게 전했다. 그리고 그녀는 어떤 초월한 존재에 의해서 쓰인 자동 글쓰기에 압도되어 있었으므로, 오전 중에 15분에서 30분 정도의 시간을 내는 작업(조직화)이 가능할지 제안했다.

#3

'자동 글쓰기가 조금 감소했고, 쓰지 않아도 대화가 될 정도가 되었고, 필요한 것을 물으면 대답은 해 주었다.' '여기에 오는 것으로 몸은 거의 괜찮아졌다.' 노트에는 넘쳐 나는 것을 적어 두었다. 짧은 회기에 그 노트를 대충 보는 것만으로도 시간이 걸렸다. 이날은 이전부터 써 놓았던 노트를 지참하고 왔다. 그 노트에는 자동 글쓰기의 내용과 만다라 그림이 그려져 있었다([그림 4-31]의 그림 1과 그림 2). 치료사는 이 노트를 대충 보고, 내담자가 영적 위기에 있다고 확신했다. 그때부터 만다라 그리기를 집에서 그려서 면접 시에 지참해 오도록 했다.

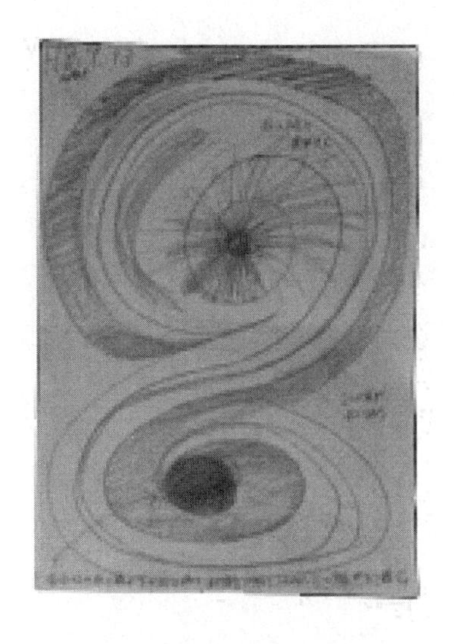

그림 1

그림 2

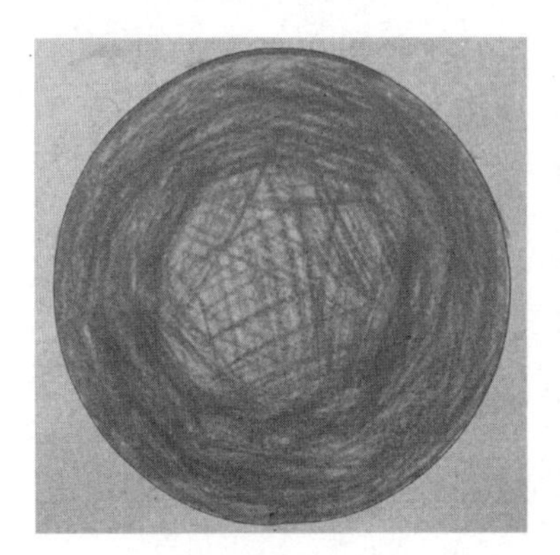

그림 3

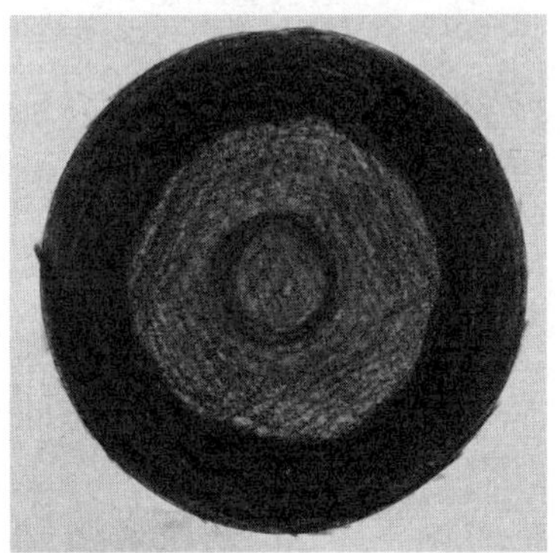

그림 4

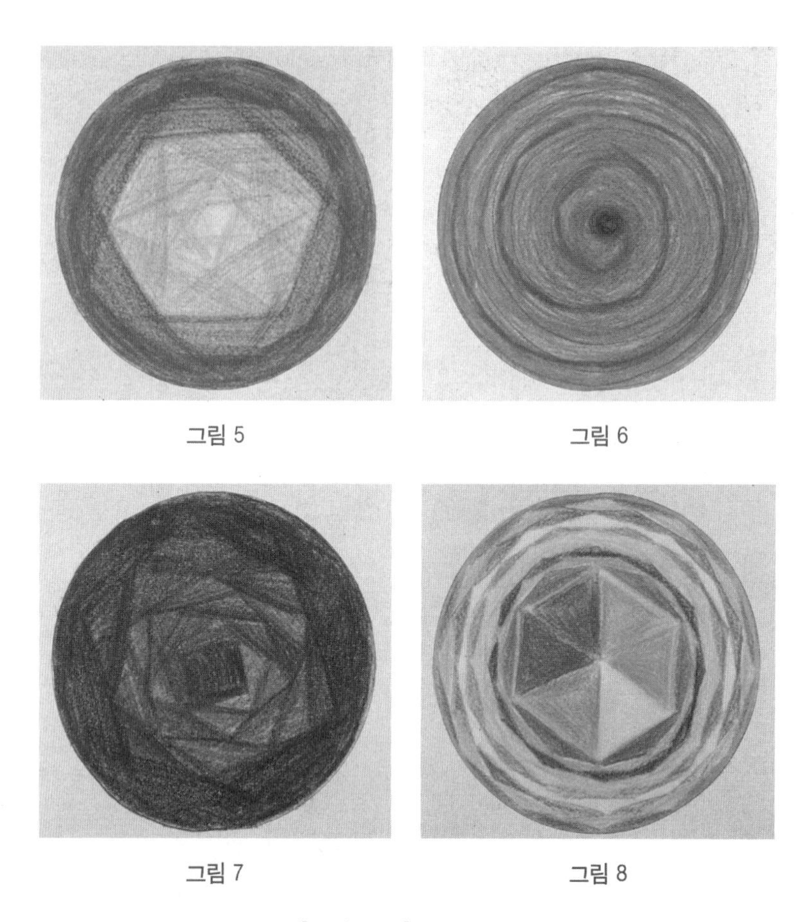

[그림 4-31] 그림 1~8

#4

우선 노트를 훑어본 뒤 만다라 그림을 책상에 나열하고, 둘이서 이를 바라보면서 상담했다. 만다라 그림은 총 12장이었다. [그림 4-31]의 그림 3과 그림 4는 그때 가지고 온 만다라 그림이다. 만다라 그림을 보면서 치료사는 내담자가 지금 필요한 지식으로서 고차원의 자아[26] 등에 관해서 설명을 했다. '어깨 결림과 두통은 괜찮아졌지만 끊임없이 보일러실에 있는 것 같은 잡음은 들리고 있다.' '피로하다. 사람과 만나면 매우 피곤하고, 나쁜 기운을 받고 있는 느낌이 든다.'라고 해서 진언밀교의 행법 가운데 하나인 호신법護身法[27]을 가르쳤다.

5

'어깨 결림과 두통은 증가, 기분이 나쁠 정도의 이명은 괜찮아졌지만 끊임없이 보일러실에 있는 것 같은 잡음은 들린다.' '몸의 에너지를 방출한 채로 소모해 가는 느낌이 주기적으로 있다.' 지도령指導靈과 대화하면서 자동 글쓰기가 가능하게 되었다. 만다라를 그리면서 자동 글쓰기가 줄어들어 즐거워졌다고 했다.

제2기(# 6~# 11 혼란에서 알아차림으로)

6

'이번 연말연시는 내가 살아 있는 동안 가장 힘들었다. 정월 3일 동안 깊이 잠들어 버렸다. 지금까지 체험한 적이 없을 정도로 힘들었다. …… 1월 6일 정도부터 조금 즐거워졌다.' '자동 글쓰기는 피곤해지므로 만다라 그리기 방법이 좋다.' '들려오는 소리를 ① 고차원 자아, ② 수호령, ③ 혐오하는 것으로 분리했다.' '고차원 자아는 내가 물으면 답한다. 수호령(마스터, 교사)은 영혼(영혼의 집합체)이 진화하는 소리로, 저편에서 들려온다. 혐오하는 것의 소리(저차원)는 내가 살아가고자 하는 것을 방해하는 것이다.' 라고 구분할 수 있게 되었다. 종합병원 검사 결과 모두 이상이 없는 것으로 나왔다.

7

19세 때에 일어났던 영적 위기를 말했다. 아버지의 소개로 영적 능력자에게 '봉인을 받았다. 반년만에 보통 상태로 돌아갔다.' '이번에는 부친에게 의뢰하지 않았다.' '마주하는 것은 자신밖에 없다.' '이 세계에서 미치든가 마주하든가.' 불안이 높았기 때문에 〈두려워하지 않을 것. 크게 붕괴되는 것은 없으므로 괜찮다.〉라고 조언했다.

8

'지난 회기의 치료 이후 돌아가는 전철 속에서 계속 울었다.' 새까만 만다라에서 '나의 성장환경을 다시 생각했다. 영혼이 비명을 지르고, 마음과 몸도 부정적으로 살아왔다. 그 매우 강했던 에너지.' '검은색 크레파스로 이제 저항하지 않는다고 생각하며 그리자 [그림 4-32] 그림 9가 되었다.' '12월부터 1월에 걸쳐서 상당히 힘들었지만, 지금은 그것에 비해서 대부분 편하다.' '새로운 삶의 방법을 시작하고 싶다는 기분이 매우 강하게 들고 있다.' 외기공을 한다.

9

'나의 귀는 소리에 대해 초민감해서 괴로울 때가 많다. "첨단 귀마개"를 사서 외출하고 있다.' '집안일은 궁리해서 할 만하게 되었다. 게으른 사람으로 대강대강 살면 충분하다. 움직이지 않은 날 낮에는 몸이 쉬도록 이부자리에 들어가고, 가족이 모이는 짧은 저녁시간에 몸 상태가 좋으면 초조해 하지 않고 지낸다. 이제 안달하는 것을 그만두었다. 매일매일이 그럭저럭하다.' '쿠로키 선생의 기공氣功 덕분인지 스스로도 즐겁고 재미있는 그림이다. 그런데 대지의 기와 하늘의 기를 구슬로 단전丹田에 받아들이니, 따뜻한 빛이 들어앉는다는 이미지 효과가 그림 그대로이다.' '만다라의 변화가 눈에 보이는 마음의 움직임(영혼이라는 표현 같은 것)인 것을 초심자인 나도 알 수 있다. 그리고 자극이 되기도 했다.' '때때로 메시지가 흘러나왔다. 내적 소리를 메모했다.' '조금씩 자신을 신뢰하는 것이 중요한 것임을 느낀다.' '만다라를 그리고 있을 때는 보호받고 있는 기분이 들고, 눈에 보이고 느껴지므로 신뢰할 수 있고 안심할 수 있는 시간이다.'

10

'두 세계를 생각하지 않고 영적 위기를 끝내는 것은 보통의 일상생활로 돌아가는 것이라고 생각하고 있지만, 나는 아직 깊은 곳을 향해서 걸어가고 있다. 채널링은 나에게 여러 가지 것을 가르쳐 주었지만, 현실에서 생활하고 있는 사람들에게 이야기할 정도의 내용과는 거리가 먼 것 같다. 이 세계를 뭐라고 말할 수 있을까?'

'자동 글쓰기를 할 때, 내 의식이 있지만 이를 생각하지 않고 마음의 여백을 한가득 넓히면 써진다. 쓴 후에 바로 다시 읽지 않으면 그다지 기억에 남지 않게 된다. 스스로 "에~ 이런 것을 썼단 말이야?" 하며 놀라서 고친다. 나는 곧이곧대로 받아들이지 않고, 믿을 수 없는 내용이 많으므로 자신 속에서 잘 받아들여지지 않는다. "사니와審神(고대 신도)"[28]라는 단어를 알고, 나를 바르게 인도해 주는 존재를 정리해 볼까?" 하고 생각한다.'

'나의 속마음에서 벽은 아버지의 존재와 영에 대한 공포이다.'

'나의 과거를 되돌아보니 나에게 매우 커다란 문제가 있다. 아버지에게 모든 면에서 마음을 속박당하고 있었다고 생각했다. 아버지는 젊을 때부터 스스로의 삶의 방식에 자신감과 의욕이 넘쳤던 사람이었다. 나를 세상과 자신(아버지)에게 어울리는 인간상으로 맞추려고 하였고, 나는 반발도 꽤 했지만 야단맞고 비굴해졌다. 아버지의 점占에 의하면 고독한 소녀였을 시절의 나는 "가족 가운데 가장 운세가 약한 데다가 조상이나 멋진 영과도 연결되어 있지 않아 불쌍하구나. 너는 그런 운명으로 태어났다."고 했다. 나는 그런 아버지가 만능으로 보였다. 언제나 뛰어넘을 수 없는 사람이었다. 실제로 나는 아버지를 존경했고 아버지는 나에게 소중한 사람이자 나의 남성상이었다. 나는 어느새 내가 반려자로 택한 사람이 아버지와 가장 가까운 이미지의 사람은 아닌가 하고 생각하게 되었다. 영적 위기가 왔을 때 그런 자신이 참을 수 없었고 싫었다.' '내게 영적인 변화가 있었을 때 아버지에게 의뢰하는 것이 싫었다. 아버지는 방위학方位學, 사주 명리학으로 인생을 완벽하게 살고자 노력하고 있다. 그렇지만 영적 능력이 있는 점쟁이에게 10년 이상이나 다녔고, 나는 그 속에 휩쓸려서 거북한 생각을 하고 싶지 않았다. 나는 항상 "진정한 신은 반드시 있다. 언젠가 만날 수 있다."라고 믿고 있었다. 자신과 직접 연결된 신과 만날 수 있다. 자신 속에 신성이 있다고 하는 것에 앞으로 더욱더 확신을 가질 수 있게 되면, 이런 나에게 커다란 벽이었던 아버지로부터 마음이 해방되고 대등하게 영혼끼리 서로 도울 수 있게 될 것이다. 그것이 영에 대한 편견을 버리게 하고, 이제 무서워하지 않게 된다면 좋겠다고 생각한다.'

그림 9

그림 10

그림 11

그림 12

그림 13

그림 14

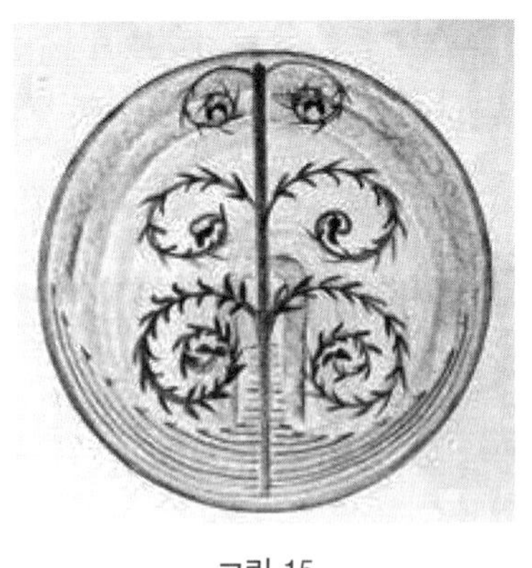
그림 15

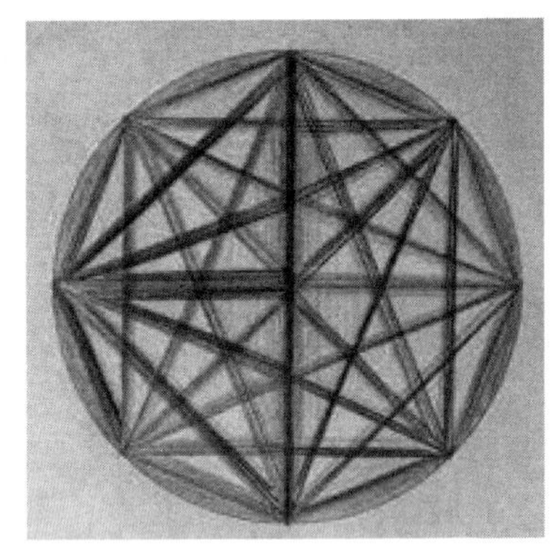
그림 16

[그림 4-32] 그림 9~16

11

'아이들의 봄방학이 내게는 길고 피곤했다. 약과 귀마개가 또다시 필요해졌고, 우선 충분히 자고 싶다.' 4월에 절의 법회가 있고, 1개월 전부터 아미타경, 관음경, 반야심경을 읽는 연습회와 법회의 선膳 등 작법을 배웠다.

'노트에 정리했다. 고유명사와 혼동한 것, 반복해서 겹치는 것을 생략해서 써 보면 스스로도 혼란스러워서 보이지 않았던 것도 조금은 확실해진다. 자동 글쓰기를 거부하거나 부정하면서도 쓰고 있던 때가 많았고, 더구나 이때는 두통, 이명, 과호흡, 불면 등을 겪으면서 썼기 때문에 정리해서 이해할 수 있을까? 원래의 노트 13권을 대학 노트 3권으로 정리했다.'

제3기(# 12~# 17 알아차림에서 자기수용으로)

12

'4월 10일경부터 나는 활동적이 되었고, 무언가가 변했다.' 절의 법회(3일간)가 끝났다. '주지스님으로부터 매듭 끈(그것은 30년에 1번 밖에 볼 수 없는 관음상의 오른손에 묶었던 것)을 받았다. 주지스님은 "이 끈을 가지고 있으면 저세상으로 갈 때 극락으로 갈 수 있도록 관음보살이 이 끈을 당겨서 데리고 가 주는 고마운 것입니다."라고 말했다. 내가 이 예쁜 매듭을 수호신으로 정했을 때, 도움을 준 기쁨과 함께 "지구의 끈"을 받은 것 같은 기분이 들었다.'

'법회가 끝나자 남편이 "이상하게도 피곤하다."라고 했다. 불가사의한 힘이 나왔다. 이것을 계기로 밖에 나가는 것에 자신감이 생겼다.' '내과 약(수면제)을 매일 먹고 그 후에도 피곤해졌지만, 시어머니는 "조상이 기뻐한다."라고 말하며 즐거워했다. 절의 낙성식에서 새로운 인간관계가 생겨서 "뭔가 상쾌한 치유를 계속 체험하고 있네."라고 생각했다.' 지역 주최의 소년 야구 대회 준비활동에 참가하고 있다. '아직 사람이 많은 것은 좋아하지 않는다. 정신세계에 관한 책에는 일반적인 개성이 없는 대답뿐이다. 나의 답은 무엇일까? 어떻게 될까?' '겨우 뿔뿔이 흩어진 자신이 정리되기 시작했다는 생각이 든다.' '정말 이것이 내가 그린 것이고 썼던 것인지 질문하면서 이전과 같은 불안은 없지만 물음표가 계속되는 매일이다.' '소년 야구 대회 후 힘들어서 다음날은 하루 종일 잠에 빠졌다. 그리고 일어날 수 없을 정도가 되어 4개월만에 침 치료를 받았다. "파도는 컸지만 좋은 방향으로 향하는 파도이다. 반드시 또 좋아질 것이다."라고 생각했고, 이전처럼 "이게 도대체 뭐지? 왜 이렇게

힘들어진 것일까?"라고 추궁하지 않고 "몸을 돌보며 그저 쉬면 괜찮아."라고 생각했다.'

13

'완전히 건강하다고 생각하고 있었는데 지난주부터 심한 두통을 느끼고 쉽게 피로해졌다. 에너지를 지나치게 느껴서 힘들었다. 하지만 생활이 되지 않을 정도로 힘든 것은 아니었다.' '이 1, 2년간 무언가 많은 사람과 헤어지고 또 좋은 만남을 했다. 좋은 관계는 꽤 깊어져 가는 것처럼 보인다. 기분 좋은 착각일까?' '이전 회기의 상담에서는 몸 상태가 매우 좋았는데, 5월 후반은 파도가 불안정하게 오는 바람에 잠을 많이 자면서 쉬었다. 몸이 힘들 때마다 갈등하고 있는 나 자신이 있다. 막연히 정체를 알 수 없는 에너지, 과잉 에너지가 나를 항상 보일러실에 가둬 평온함을 빼앗는 것 같아서 모든 것을 잊어버리고 푹 자고 싶다. 조용한 곳에서 혼자 있고 싶다. 문득 사라지고 싶고, 자기혐오로 떨어지는 경향이 있다. 어느 정도 갈등했지만 더 이상 보통의 생활로는 돌아갈 수 없다. 영적인 삶의 방법을 의식하지 않았던 때의 자신으로는 돌아갈 수 없음을 알았다.'

14

'새로운 만남으로 바빠진 것은 좋지만, 그렇지 않은 경우도 많아서 흐물흐물하고 너덜너덜하다. 아들의 소년 야구단의 임원이 되었고, 하면 할수록 허공 주변을 계속 옥신각신한다. 그로 인해 나의 한마디로 상대를 화나게 해 버리는 일이 여러 번이다. 집에 돌아와서는 울어서 소진되어 버린다. 슬프지만 나는 자신을 깊게 바라보는 것이 지나쳐서, 상대의 침입해서는 안 되는 곳까지 모르고 깊숙이 들어가 버린 것은 아닌지, 생각한 대로 역할을 맡은 사람이 움직여 주지 않아서 내가 강하게 나와 버린 것인지도 모르겠다. 다시 집에 돌아왔을 때는 전혀 제어가 되지 않고 두서없이 균형이 잡히지 않은 상태에서 눈물, 눈물이 난다…….'

'이렇게 바쁘고 고민이 다양한 가운데 장애물 달리기라도 하고 있는 것처럼 숨을 하아~ 하아~ 쉰다. 짧은 휴식 후에 또 달리기…… 그런데 자동 글쓰기와 만다라는 언제나처럼 계속하고 있다……. 그러므로 오히려 지금의 나에게는 이것도 이대로 좋다고 생각한다. 울고 싶으면 사양하지 말고 울면 된다. 에너지 과잉도 자주 있는데, 지금은 "아, 이것은 나의 소리, 기의 에너지가 강하구나. 왔다 왔다."라는 느낌이다. 나의 소리로서 긍정하기 때문에 이것은 힘들지 않다. 둘이 하나로 있고 하나가 둘이 되는, 땅과 무늬가 매일 변하거나 파악하는 방법이 변하거나 하나의 풍경이 되는 체험이라고 조금씩 생각한다.' '소수파 인간'

'나는 내면에서 나오는 소리의 울림에서 여러 가지 숙제를 부여받았는지도 모른다. 단, 이런 깊고 깊은 자신과 마주하는 것은 처음이고, 어떤 한계의 벽이 제거되어 자신이 가장 만나고 싶었던 자신과 만나고 있는지도 모른다. 전혀 다른 견해가 되어 지금의 가치관으로 나는 행복하다고 생각한다. 감사하고 있다. 재출발!' '퀴블러 로스Kübler-Ross, 마더 테레사Mother Teresa=무조건의 사랑과 허용, 비법은 고차원의 자아를 통해서 근원과 에너지(빛)로 연결되어 있다고 계속 느끼는 것이다.' '현실의 생활을 하고 있는 자신(외향화로 건강이 보통)과 마음속에서 나의 존재(살고 있는 곳)를 알 수 없게 된 것 같은 가혹한 슬픔의 눈물이 나는 자기 자신. 그 사이에서 숨이 끊어질 것 같이 힘든 신체의 파동이다.'

15

'어쩌면 나는 이제 괜찮다. 앞으로도 또 몸의 부조화와 시련은 오겠지만 어떻게든 될 것이다. 나의 몸에 돌연 닥쳐올 것 같은 체험을 모두 "이것으로 괜찮아!"라고 겨우 생각하면 편안한 느낌이다. 채널링이라는 것도 받아들여서 나대로의 새로운 삶의 방법을 해 보았다.'

'쿠로키 선생님의 가이드를 받아 간신히 지금처럼 생각한다. 게다가 도쿄의 ○○ 씨, 가까운 곳의 △△ 씨, 이해해 주는 사람이 소수라도 있어 줘서 그걸로 충분하다.' '몸의 상태는 상당히 좋다. 슈퍼에 물건을 사러 갈 수 있고, 기차를 타도 괜찮고...... 청각 이상으로 압도되는 것도 없고, 온몸의 에너지가 빠져서 비틀거리는 일도 없어졌다. 가장 기쁘고 자신감이 생긴 것은 2년 만에 라이브 콘서트에 갈 수 있었던 것이다.' '나에게 영적 위기는 인생 최대의 위기. 그 사이에 궁극의 위기에 있는 사람들과 격렬한 해후는 진정으로 영혼을 급성장시키고 있다고 생각한다. 그러므로 나를 보다 이해해 주는 사람과 깊은 대화가 가능해지고, 깊은 것이 고민이었는데 깊은 곳까지 가면 사람과 사람이 연결되어 만난다는 것을 알고 안심했다. 앞으로 관계가 더욱 네트워크화되는 것 같은 생각이 들었다. 고독하지 않다.'

16

'이제 괜찮다고 생각하니 여름방학에 들어간 아이들과 바쁜 나날이다. 귀의 상태는 다시 나빠져서 또 쉽게 피로해졌다. 귀마개가 필요한 날도 종종 있다. 과감히 이비인후과 진료를 받았고 이상 없음, 내과 MRI의 검사도 이상 없음이었다. 처음에는 빛에 매우 민감해서 선글라스를 끼고 외출하는 날도 있었다. 그리고 소리에 민감해서 두통, 이명, 호흡 곤란으로 매일 드러누워 있었는데 의학적으로는 모두 정상이었다.'

'지금의 나는 오히려 이 정도로도 다행이라고 생각한다. 또 힘듦의 정점이 지나가서 여파余波의 반복에 지나지 않는 것이라고 생각하고 있다.'

'매우 민감한 귀로 사람에게는 들리지 않는 소리를 채널링하고 있으며, 어둠 속에 살았던 인간이 어느 때를 계기로 빛과 함께 어떤 영성에 눈을 뜬다. 오감을 초월한 체험의 격렬함에 신체와 마음과 영성의 균형이 무너지고, 새로운 나의 조화를 찾아 방황한다. 만약 잘되고 있다면 새로운 나는 제대로 착지할 수 있을지도 모른다고 생각했다.'

'영혼에도 양생養生이 필요한 것 같다. 나는 나의 내면에 있는 어떤 면도 모두 받아들이겠다고 결정했다. 안으로 인도하는 진실의 부분을 믿고 "아, 이것으로 좋다."라고 생각했던 날부터 나는 나의 내면을 정적의 상태 그대로 "가만히, 살짝, 잠시 그대로 내버려 두고……" 그렇게 생각했다.'

'지금부터 앞으로가 더 힘들지도 모르겠지만, 그런 것은 이제 괜찮다. 지금을 소중히 하고 싶다. 지금 내가 자연스럽게 이끌려 가

그림 17

그림 18

그림 19

그림 20

그림 21

그림 22

그림 23

그림 24

[그림 4-33] 그림 17~24

는 삶의 방법이 꼭 맞는 길이라 믿어 보고자 생각한다.'

17

'긴 문장과 노트를 정리했기 때문에 안심이 되어 최근 아무것도 쓰지 않는다.'라는 것이었다. 지금까지 그린 만다라 그리기를 보면서 이 1년을 되돌아보는 회기가 되었다. 상담 종료 후 2개월 사이에 만다라 그리기 29~308을 마무리했다.

(3) 만다라 상징주의에 관해서

융은 내담자가 그리는 그림이 심리적으로 작용하는 것은 그들의 상상에서 태어난 것이 아닌, 어떤 법칙적인 모티브와 상징이 무의식으로부터 의외의 형태로 떠올라 와서 의식에서는 이해할 수 없는 번득임과 이해가 일어나고, 그것들이 표현하고자 하는 사실에 환자가 감동하기 때문이라고 말하고 있다.[29] 무의식으로부터 뜻밖의 형태로 튀어 올라오는 보편적인 모티브와 상징이 내담자 개인의 이야기에 영향을 주는 것은 만다라가 가진 심리학적인 의미일지 모른다.

융은 만다라 상징주의의 형태적 요소에 관해서 다음과 같이 말하고 있다.

1. 원 내지는 구 또는 계란 형태
2. 원의 형태는 꽃(장미, 수련-산스크리트어로는 빠드마) 또는 바퀴로 그려져 있다.
3. 중심은 태양, 별, 십자형으로 표현되고 대부분은 네 개, 여덟 개 내지 열두 개의 광선을 방사하고 있다.
4. 원, 구, 십자형은 종종 회전하고 있는 것(卍)으로 그려졌다.
5. 원은 중심을 에워싼 뱀에 의해 원 모양으로(우로보로스) 또는 소용돌이 모양으로(오르페우스의 알) 그려져 있다.
6. 사각과 원의 조합, 즉 사각 속의 원 또는 그 반대
7. 사각 또는 원형의 성, 마을, 정원(성역)
8. 눈동자(동공과 홍채)
9. 사각의(또는 4의 배수의) 모습 외에, 극히 드물게 있지만 삼각과 오각의 모습이 나타났다. 그것은 …… '왜곡된' 전체상으로 보인다.[30]

융이 정리한 만다라 상징주의를 참고로 치료과정에서 D 씨가 그린 만다라에 관해서 다시 한번 검토해 본다.

제1기의 만다라 그림

일상의 의식 상태는 '영화 두 편을 동시에 상영하는 것'과 같은 혼란스러운 현실감으로 혼연일체가 되어 있다. 그것에 의해 컨디션이 좋지 않고 이명, 수면 부족, 무너질 것 같은 불안, 자동 글쓰기 등의 상황을 방황했다. D 씨는 이전부터 스스로 연필을 이용해서 [그림 4-31]의 그림 1, 그림 2와 같은 만다라 그림을 그렸다. 그 만다라 그림은 선으로 그린 그림(선묘화)으로, 움직임이 있고 일정한 형태가 있으며 에너지의 움직임이 있는 그림이었다. 이와 같은 에너지가 D 씨의 신체 내부를 둘러싸고 있는 것이라고 생각되었다.

만다라 그리기 기법은 테두리가 있는 원 가운데에 내담자의 이미지와 에너지를 표현하고 있다. 만다라 그리기 기법을 제공하는 것으로 자동 글쓰기는 줄어들었으며, 쓰는 것으로부터 대화가 가능하게 되었다. 그만큼 체력 소모가 줄어들었고 신체는 편안해졌다고 한다. 심신의 상태는 불안정한 파동이 있고, 기분이 나빠지는 것 같은 이명이 약간 개선되었지만 보일러실에 있는 것 같은 잡음은 계속되었다. 만다라 그리기는 그림 3과 같이 원의 가운데에 형태가 형성되어 있지 않고, 색을 칠하고 있지만 중심이 떠올라 왔다. 그림 4가 되자 분명하게 중심원이 생겨났다. 그림 5에서는 중심에 다비드의 별이 있고 그 주변을 육각형으로 둘러싸고 밖의 선이 명확하게 그려져 있다. 그림 6에서는 처음으로 소용돌이 형상이 출현했는데 오른쪽으로 움직이고 있다. 소용돌이의 상징성은 오른쪽으로 도는 것은 의식의 방향을, 왼쪽으로 도는 것은 무의식의 방향을 의미하고 있다. 그림 7에서는 사각형의 모자이크상이 중심을 향하는 것처럼 그려져 있으며, 검은색 크레파스로 짓눌러 칠해져 있다. 그림 8에서는 원 가운데에 육각형이 구성되어 있고, 여섯 개의 삼각형이 적색, 청색, 분홍색, 녹색, 황색, 주황색으로 컬러풀하게 채색되어 있다.

제1기의 만다라 그림은 무형에서 차차 형태가 나타났다. 원 가운데의 원, 사각형, 육각형, 팔각형, 2분할, 4분할, 십자형, 별 등 원의 중심으로부터 움직임이 나타나고 있고, 점차 역동적으로 되었다. 2분할의 청색과 적색, 기하학적 모양이 나타나고, 검은색이 그림 속에 들어갔다. 본인의 심신이 모두 피곤해졌을 때는 새까맣게 짓눌러 칠하는 일이 일어났다. 매일 약 1장 정도의 만다라 그림을 그리기 시작했다.

제2기의 만다라 그림

D 씨 치료 중 커다란 전환점은 7회째의 치료에서 일어났다. 그것은 19세경에 일어난 영적 위기로, 영능력자에 의해 봉인되었던 것이 시공을 초월해서 풀렸기 때문이다. D 씨는 이것을 마주해야만 했다. D 씨뿐만 아니라 어떤 내담자라도 치료과정에서 커다란 전환이 반드시 일어난다. 그것은 내담자가 자신의 영혼과 접촉하고 '죽음과 재생'이 일어날 때이다. 심리치료는 그 지점을 살피면서 행하면 좋다. 그 전환점을 맞이하면 내담자 스스로가 자동적으로 변용하는 치료의 흐름이 일어난다. 치료사는 그 지점을 바라보고 있으면 좋다.

이 시기에 [그림 4-32]의 그림 9와 같은 새까만 만다라가 자주 출현하게 된다. D 씨는 '나의 성장을 다시 생각했다. 영혼이 비명을 지르고, 마음과 몸도 부정적으로 살아왔다. 그것은 굉장했던 에너지…… 검은색 크레파스에 이제 저항하지 않는다.'라고 말하고 있다. 이 새까만 만다라는 연금술의 네 가지 과정인 '흑화黑化'라 불리는 암흑의 영역이다. 내담자는 '살아오면서 가장 힘들었다. 지금까지 체험한 적이 없을 정도의 힘듦이었다.'라고 한다. 이 '흑화'는 '죽음에 이은 재생'의 의미가 있는데, 제2기는 내담자에게 있어서 죽음과 재생의 시기였다고 할 수 있다. 흑화의 끝을 알리는 것은 칠흑의 용액, 표면에 빛이 나타나는 '예지의 메르쿠리우스(수은, 헤르메스의 신)'의 존재이다. 그림 11에서 흑색, 은색, 금색을 사용한 만다라 그림이 출현하고 있다. 또 원 가운데에 은색 또는 금색만으로 빈틈없이 칠한 만다라 그림이 이 시기에 그려지고 있다. 이 메르쿠리우스는 융이 말하는 '자기'의 표현인 것이다.

그림 12와 같이 안에서 밖을 향해서 시계 방향으로 도는 격렬한 움직임을 다양한 색을 이용해서 그린 움직임이 있는 만다라에 관해서 '쿠로키 선생의 외기공 덕분인지, 스스로도 즐겁고 재미있는 그림이라고 한다. 땅의 기와 하늘의 기를 구슬로 단전에 받아들이자, 따듯한 빛이 들어온다는 이미지 효과가 그림 그 자체'라고 한다. 그림 13과 그림 15는 대지에 뿌리를 내린 것일까? 나무의 이미지로서 표현되고 있는 것은 그녀의 중심 축이 정해졌다고 생각된다. 또 D 씨는 자와 컴퍼스를 이용해서 다양한 색채를 기하학 모양으로 표현한다. 그 만다라 그림이 그림 16이다. 이 섬세한 기하학 모양은 섬세하게 실을 뽑는 것처럼 스스로의 거칠고 엉성한 의식 상태를 섬세한 의식 상태로, 거칠고 엉성한 신체에서 섬세한 신체로 변용하는 작업을 하고 있는 것처럼 D 씨의 영혼을 생각하게 한다. 또한 그림 10과 같이 자신의 집단적 무의식에서 격렬하게 튀어

오르는 에너지를 원의 테두리 안에 넣는 것으로, 스스로 '삶' 그 자체를 조절하고 있는 것 같다.

제3기의 만다라 그림

D 씨는 지역 활동으로 3일간 사찰의 법회에 참석했다. 그 법회에서 30년 동안 공개하지 않은 관음상의 문을 열었다開扉. 주지스님으로부터 '매듭 끈(관음상의 오른손에 묶여 있던 끈)'을 받았다. 주지스님이 이 끈을 가지고 있으면 관음보살이 이끌어 준다고 이야기해 주었다고 한다. 내담자는 이 매듭을 수호자로 정해서 법회에 도움이 되었다는 기쁨과 함께 '지구의 끈'을 받았다고 느꼈다. 기분의 고저가 있고 불안정함이 계속되었지만, 뿔뿔이 흩어졌던 자신이 겨우 정리되기 시작했다는 생각이 들었다고 한다. '그저 이렇게 깊게 자신과 마주한 것은 처음인 데다, 어떤 한계의 벽을 제거하여 자신이 가장 만나고 싶었던 자신을 만나고 있는지도 모른다.'라고 실감하고 있다. 만다라 그림을 빈틈없이 검게 칠하는 것이 없어진 대신 메르쿠리우스의 '은색' 채우기로 변하고 색채는 금색과 은색을 많이 사용하고 있다. [그림 4-33]의 그림 20에서는 원이 2분할되고 금색과 은색으로 빈틈없이 채워졌다. 기하학 모양이 고도화되고 십이각형, 이십사각형으로 보다 복잡해짐과 동시에 세분화하고 있는 것이 그림 18이다. 또 구슬 아홉 개의 성장을 나타내는 그림 17과 꽃 시리즈로 변화하고 있는 것이 그림 19이다. 그림 21, 그림 22, 그림 23은 무지개 색으로 칠해져 있는데 연금술에서는 '공작의 색채'로 이해된다. 이 무지개색의 빛과 움직임은 영혼의 움직임 또는 시공을 초월한 영혼의 입구 등 다양한 연상이 떠오르는 역

동적인 만다라 그리기이다. 열일곱 번째의 회기에 가지고 온 그림 24에는 완성도가 높은 꽃華 만다라가 그려져 있다.

만다라 그리기 기법은 기본적으로 원 안에 자유롭게 그림을 그리는 방법을 이용하고 있다. 많은 내담자의 경우는 구상적인 그림이 대부분인데, D 씨와 같은 만다라(기하학 모양)의 시리즈를 그린 사례는 처음이었다. 내담자 중에는 이것을 평면이 아닌 '구형球体'으로 표현하는 경우가 있다. 그와 같은 말을 들으면 '원'에는 무의식의 힘이 있는 것을 재확인할 수 있다. 원의 형태는 최종적으로 꽃으로 나타나는 경우가 있다. D 씨의 그림 24는 그 전형이다. 만다라의 중심에 태양과 별 등의 자연이 그려져 있는 것이 D 씨의 만다라에서 증명되고 있다. 원의 중심에 상징적인 우주, 자연, 신과 붓다 등이 앉아 있는 것은 당연한 것이다. 천공(하늘)의 '원'과 대지의 '사각' 이것도 시대와 문화를 초월한 상징이다. 또 융이 말한 '4'의 상징, 지 · 수 · 화 · 풍의 4대 원소, 이들이 하나가 될 때에 숫자 '4'는 완성의 숫자가 되는 것은 흥미롭다.

(4) '영적 위기'에 관한 견해

앞에서도 서술한 것처럼 영적 위기라는 개념은 스타니슬라프 그로프와 크리스티나 그로프가 오랜 세월에 걸친 임상실천에 의해 태어난 것이다. 그들이 심리임상을 기본으로 한 연구가 전통적인 정신의학과 심리학에 새로운 패러다임을 제공하고 있는 것은 말할 것도 없다. 그것은 정신병과 신비주의를 구별하고, '비일상적 의식 상태의 발현 대부분이 (극적이고 정신병적 차원에 도달하고 있는 것조차) 반드시 의학적인 의미에서 질병의 증상은 아니다.'[31]라는 사고방식에서 출발하고 있다. 또 그로프는 비일상적 의식 상태를 경험하고 영적한 요소를 강하게 체험하는 사람들에 대해서 영적 위기의 상태를 인식시키고, 적절하게 대응함으로써 자기성장과 치료에 이르는 과정을 강조하고 있다. 그리고 그들에 의해서 영적 출현과 영적 위기라는 두 가지 개념이 생겨났다. 영적 출현은 '그 인간의 존재 전체에 관한 깊은 심리적 변용을 가져오는 고난으로서 체험하는 결정적인 여러 단계라고 정의할 수 있다. 그것은 비일상적 의식 상태라는 형태로 나타나며 강렬한 정감과 비전, 그 외의 여러 감각의 변화, 평소와 다른 사고, 심지어 다양한 신체적 징후를 일으킨다. 이런 수많은 체험은 종종 영적인 테마를 둘러싸면서 전개되는데 심리적인 죽음과 재생, 전생의 기억이라 생각되는 체험, 우주와의 일체감, 다양한 신화상의 존재와의 조우, 그 외에 그와 유사한 주제를 포함하고 있다.'[32] 또 영적 출현이 생길 가능성은 인류에게 갖추어진 특징이다. '영적으로 성장하는 능력은 우리의 신체가 육체적인 발달로 향하는 성질과 같이 자연스러운 것으로, 영적 재생은 생물학적 탄생과 같이 인간의 삶의 정상적인 부분이다.'[33] 라고 정의하고 있다. 영적 출현이 매우 급속하게 그리고 극적으로 일어나는 자연의 과정이 영적 위기가 된다고 한다.

이 두 가지의 차이를 그로프는 15항목으로 나누어서 설명하고 있다(〈표 4-1〉 참조). 일부를 예로 들면, 다음과 같은 차이가 있다. 영적 출현에서 내적 체험은 유동적이고 온화하며 통합이 용이하고, 생각과 통찰이 생활 속에 침투해 있고, 수용 가능한 에너지의 체험을 한다. 또 내적 체험과 외적 체험의 구별은 용이하고, 하나

하나 일어나고, 비일상적 의식 상태를 일상생활에 통합하기 쉽다. 영적 위기에서 내적 체험은 역동적이며 조화를 잃고 통합이 곤란하고, 경험과 통찰이 압도될 정도로 흘러들어 신체가 덜덜 흔들리거나 떨리는 체험과 일상생활을 방해하는 에너지 체험이 있다. 때로는 내적 체험과 외적 체험의 구별이 곤란하고, 양쪽이 동시에 일어나기도 하며, 내적 체험이 일상생활을 중단시키고 방해하는 까닭에 제어할 필요가 있다고 한다.

〈표 4-1〉 영적 출현과 영적 위기

영적 출현	영적 위기
내적 체험은 유동적이고 온화하며 통합이 용이하다.	내적 체험은 역동적이고 조화가 없으며 통합이 곤란하다.
새로운 영적 통찰은 바람직한 확산을 가진 것으로서 환영받는다.	새로운 영적 통찰은 철학적인 도전과 위협이 될 수 있다.
생각과 통찰이 서서히 생활 속에 침투해 간다.	경험과 통찰이 압도될 정도로 흘러들어 온다.
수용 가능하고, 쉽게 제어 가능한 에너지 체험을 한다.	신체가 덜덜 흔들리거나 떨리는 체험, 일상생활을 방해하는 에너지 체험을 한다.
내적 체험과 외적 체험의 구별은 용이하고, 하나하나 일어난다.	내적 체험과 외적 체험의 구별이 어렵고, 양쪽이 동시에 일어난다.
비일상적 의식 상태를 일상생활 속에 통합하는 것이 용이하다.	내적 체험이 일상생활을 중단시키고 방해한다.
자기와 세계의 알아차림이 천천히 점진적으로 변화한다.	자기와 세계의 인식이 돌연 급속하게 변화한다.
일어나는 내적 체험에 흥분하고, 그것들과 협동해 가고자 하는 기분과 능력을 가진다.	내적 체험에 대해서 상반되는 감정을 가진다. 그러나 가이드가 있다면 협조하고자 하는 기분과 능력을 가질 수 있다.

변화에 대해서 수용적인 태도를 취한다.	변화에 저항한다.
제어를 포기하는 것이 쉽다.	제어할 필요가 있다.
과정에 신뢰를 둔다.	과정을 싫어하고 신뢰하지 않는다.
곤란한 체험을 변화를 위한 기회로 받아들인다.	곤란한 체험은 압도하는 것으로 나타나고, 환영받지 못하는 경우가 많다.
긍정적인 체험을 선물로서 수용한다.	긍정적인 체험은 좀처럼 수용되지 않고, 바람직하지 않는 것으로 느껴지며, 고통이 된다.
체험에 대해 토론하고자 하는 욕구가 그다지 일어나지 않는다.	체험을 토론하고자 하는 절박한 욕구가 자주 일어난다.
과정에 관해서 전할 때를 판단할 수 있다(언제, 누구에게, 어떻게 전할까).	무분별하게 과정을 전하고자 한다(언제, 누구에게, 어떻게 전할까 생각하지 않음).

출처: Grof (1989).

이와 같은 일과성一過性 정신상태와 증상은 엘렌버거Ellenberger의 '창조의 병', 랭Laing의 '문제해결성 분열병', 다브로프스키Dąbrowski의 '긍정적 파괴', 일반적으로 알려져 있는 '샤먼의 병'이라 불리는 영역과 관련이 있다고 생각한다. 미국 정신의학회APA의 『DSM-IV』에 작지만 '종교 또는 신의 문제'라는 것이 덧붙어 있다. 이것도 획기적인 것으로 자아초월 심리학자와 임상가의 공적이라고 할 수 있다.

D 씨의 경우는 우선 회기 전에 받은 편지에는 강한 신비체험에 의한 강렬한 비전을 보는 가운데 '신에게 사랑받고 있다.'라는 지복감, 과잉 에너지에 의한 이명, 자동 글쓰기와 만다라적 그림의 묘사, '영혼에 사랑이 집중되고' '사랑' '평화' '아름다운 빛이 다가와

서……'라고 하는 환청 등 보통과 다른 의식 상태로 여러 가지 신체적 징후, 여러 감각의 변화가 있었다. 첫 회기 때도 '영화 두 편을 동시에 상영'하고 있는 것 같은 현실감각과 과잉 에너지에 의한 신체적 피로감에 의한 혼란이 보였다. 그로프는 의학적 접근이 필요하다고 생각되는 과정의 특징과 영적 위기에 대한 처리법이 유효하다고 생각되는 과정의 특징도 의학적 진단기준과 심리학적 진단기준으로 나누어서 더욱 세밀하게 서술하고 있다. 의료적 접근이 필요하다고 생각되는 심리학적 기준에 관해서는 ① 유소년기 때부터 대인관계의 심각한 문제, ② 심리적 기능의 혼란, ③ 제한 없는 감정과 행동의 변화, ④ 자폐적 은둔형 외톨이, ⑤ 공격성, ⑥ 지배적 조작적 행동, ⑦ 행동화, ⑧ 기본적 안도감의 결여, ⑨ 치료적 규칙이 지켜지지 않는 것 등을 지적하고 있다.[34] 그로프가 조현병과 인격장애를 염두에 둔 의학적 배려를 생각한 것은 그가 정신과 의사로서 진단과 치료에 관해서 신중하다는 것을 의미하고 있다. 이 점에서 D 씨는 심리학적 기준에 따라서 영적 위기에 해당한다고 판단된다.

4) 마무리

수년 동안 심리치료를 하고 있으면, 누구나 자신의 영혼이 주제를 가지고 이번 생에 태어난 것을 깨닫게 된다. 그것들은 각자가 현실에서 안고 있는 문제, 심신의 증상, 삶의 방법, 가치관, 가족문제, 사회상황 등의 많은 요소가 얽혀서 나타난다. 현세에서 각자의 표층에 나타나는 그런 문제의 깊은 곳에 그 사람의 영혼의 주제가 잠겨 있다.

인류에게 갖추어진 특징으로서의 영적 출현Spiritual Emergence(영성, 정신성의 출현)은 영적으로 성장하는 능력으로, 그것이 급속하게 또한 극적으로 일어나는 자연적인 과정이 영적 위기라는 그로프의 연구 성과를 알지 못했다면, 치료사는 심리치료 현장에서 잘못된 진단을 할 가능성이 높아진다. 그런 의미에서도 치료사는 윌버가 『의식의 스펙트럼』으로 보여 준 의식과 무의식의 영역을 자신의 변성의식 상태를 구사해서 순환하면서 이동하는 '기술'을 연마하고, 내담자가 안고 있는 일상 수준의 문제에서 영혼의 영역까지를 다루는 것이 필요하다고 생각된다.

D 씨가 영적 위기에 빠졌을 때 그리고 있던 그림이 만다라에 친화적이었으므로 '만다라 그리기 기법'을 도입하게 되었다. 이 치료법은 내담자의 내적 세계를 비추고 자신의 영적인 영역을 정리한 것이다. D 씨가 영적 위기에 빠졌다가 회복하는 과정은 만다라 그리기를 통해서 영혼이라는 시각화할 수 없는 영역을 보여 준 귀중한 사례이다. D 씨의 몸부림치는 비통한 일상의 실재와 영적 실재로부터 들려오는 다양한 메시지를 이해하는 것 자체가 하나의 면면히 흐르는 리듬이 되고, 내용 변화와 함께 '영혼의 여행'을 한 것처럼 보인다. 만다라 그리기 기법을 연구하고 있는 필자에게 만다라 그리기 기법은 내담자 한 사람 한 사람 영혼의 주제가 떠오르는 것으로, 우리의 보편성을 구현하는 방법은 아닐까 하고 생각한다.

∈ 미주 ∋

1. 入江, 1993, p. 15.
2. 森谷, 2012, p. 76.
3. 森谷, 2012, p. 76.
4. 黒木, 2013, p. 25.
5. 入江, 1993, pp. 15-16.
6. 頼富, 2003, p. 158.
7. 正木, 2007, p. 20.
8. ユング, 河合ほか訳, 1972, p. 278.
9. ユング, 湯浅・定方訳, 1980, pp. 58-59.
10. 青木, 2009, p. 31.
11. ユング, 林訳, 1991, pp. 224-225.
12. 黒木, 2006, p. 4.
13. ユング, 河合ほか訳, 1972, p. 107.
14. アドリエンヌ, 住友訳, 2005, pp. 255-256.
15. カパチオーネ, 長谷川訳, 1993, p. 197.
16. カパチオーネ, 長谷川訳, 1993, p. 200.
17. 角野, 2004, p. 13.
18. Jung, 1964, p. 93, ユングほか, 河合監訳, 1975, p. 141.
19. 角野, 2004, p. 12.
20. 융에 의하면 마음의 가장 깊은 부분에 다다르면 심리적인 상황이 생리적(신체적)인 것들과 구별할 수 없게 되는, 즉 유심적인 상태가 된다고 한다. 이 영역을 유심적 무의식이라 부른다(ユング, 老松監訳, 2009, p. 86).
21. ユング, 老松監訳, 2009, p. 86.
22. 내관법을 말한다.
23. フリース, 山下ほか訳, 1984, p. 650.Vries, 1974, p. 404.
24. ユング, 林訳, 1991, p. 184.
25. ユング, 林訳, 1991, p. 185.

26. 고차원의 자아higher-self란 이탈리아의 정신과 의사인 로베르토 아사지올리Roberto Assagioli(1888-1974)의 정신통합psychosynthesis 개념에서 마음의 모델 등에 사용된 개념이다. 고차원의 자아는 심신의 중심에 있는 에너지로, 대단한 것과 연결되어 있고 끊임없이 의식과 교류를 행하고 있다. 융이 말하는 자기Self의 개념과 유사하다.
27. 호신법이란 밀교에서 수행자가 수행방법과 독경을 시작할 때 통상 끝맺음하는 표시의 진언을 말한다. 정삼업, 불부삼매야, 연화삼매야, 금강부삼매야, 피호신의 5종으로 구성된다. 정삼업으로 자신이 본래 청정한 것을 확인한 후, 불부, 연화부, 금강부의 각 부에 속하는 여러 존자의 몸, 말, 뜻의 삼업 각각에 가사를 받아, 최후에 중생제도를 위한 대자비를 갑옷처럼 몸에 두르고, 심신을 견고히 수호하고 명상해서 수행의 완성을 기원한다(中村元ほか『岩波仏教辞典』).
28. 사니와란 일본 신도에서는 신들린 트랜스 상태에서 현실에서 인식되기 어려운 말과 예언 등을 말해도 냉정하게 그것들의 내용을 따져서 명확하게 인식을 가져올 것을 말한다(鎌田東二『宗教と霊性』).
29. ユング, 林訳, 1991, p. 185.
30. ユング, 林訳, 1991, pp. 185-186.
31. グロフ, S &グロフ, C., 編著, 高岡ほか訳, 1999, p. 4.
32. グロフ, S &グロフ, C., 安藤ほか訳, 1997, p. 61.
33. グロフ, S &グロフ, C., 安藤ほか訳, 1997, pp. 65-66.
34. グロフ, S &フ, C., 安藤ほか訳, 1997, pp. 421-423.

맺음말

『만다라 미술치료: 밀교와 융심리학의 만남』을 다 썼을 때, '나의 이야기'가 이 책 속에 다 내포되어 있는 것을 알아차리게 되었다.

나는 20대 후반부터 30대 초반에 미국 캘리포니아주 버클리(샌프란시스코 건너편에 있는 도시)에 살았다. 베트남 전쟁이 끝나고 5년 정도 지난 시기였다. 그 도시에서 캘리포니아 주립대학교(헤이워드교) 대학원에서 산업상담을 전공하고 있던 이모토 요시아키井本惠章 씨와 버클리 시내의 사찰 주지였던 이마이 료도쿠今井亮德 씨를 만났다. 나는 그때 이마이 씨의 스승인 미유키 모쿠센目幸默僊 선생(캘리포니아 주립대학교 교수이자 융분석가)의 강연회에 참가했다. 지금도 선명하게 기억하고 있는 것은 미유키 선생이 칠판에 원을 단숨에 그리고는 '원을 두 부분으로 되게 해 보세요.Let's the circle become two part.'라고 우리에게 지시했다. 나는 원을 그리고, 수직선을 그어 반원으로 만들었다. 많은 일본계 참가자가 나와 같이 그렸다. 선생은 원 속에 작은 원을 그리고, 그 그림을 이용해서 자아와 자기에 대한 이야기를 이어 갔다. 이것은 발상의 전환으로, 임팩트가 있었다. 이때를 계기로 미유키 선생과의 인연이 시작되었고, 융심리학과 불교에 홍미를 가지게 되어 대학원에서 임상심리학을 전공하고자 생각했다.

어린 시절부터 그림 그리는 것을 좋아했던 나는 대학원에 입학하기 전에 익스테이션 프로그램으로 '미술치료' 과목을 이수했다. 샌프란시스코 남쪽에 있는 노트르담 대학교를 차로 통학하며 다녔다. 그 수업의 주제는 그림, 콜라주, 점토 등을 이용해서 자기표현을 하고, 그것을 통해서 스스로의 내면을 바라보는 것이었다. 이 수업은 나 자신을 바라보는 전환점이 되었고, 더욱더 임상심리학에 흥미를 가지게 되었다.

그 후 나는 이모토 씨와 이마이 씨가 졸업한 같은 대학원의 교육심리학부에 입학했다. 임상상담을 전공으로 정했고, 스티브 크레이프Steve Crape 박사가 나의 지도교수가 되었다. 당시 수업에서도 화제가 되었던 베스트셀러 책이 있었다. 그것은 문화인류학자인 카를로스 카스타네다Carlos Castaneda가 야키 인디언의 주술사 돈 후안Don Juan에게서 배운 샤먼 체험을 기록한 『돈 후안의 가르침』이었다. 이 책은 '일상의 실재'와 '또 하나의 실재'에 관해서 서술하고 있었다. 나는 이 책의 시리즈를 통해서 샤머니즘에 관심을 갖게 되었고 「현대 샤먼으로서의 미술치료사」라는 주제로 석사논문을 썼다. 논문의 삽화에 자신의 내면 세계를 그린 1장의 그림을 더했다. 그 그림은 지금으로 말하면 융의 '만다라'이다. 1981년 10월 15일에 그린 것으로, 제목을 '우주로부터의 소리Voice from the Cosmos'라 명명했다. 이 그림은 계란형의 원형 왼쪽 아래에서 오른쪽 위로 계단이 뻗어 있고, 오른쪽 위에는 빛과 함께 커다란 양손이 있으며, 그 계단을 올라가고 있는 자신을 묘사하고 있다. 이때 아직 융의 만다라가 내 안에 뿌리를 내리고 있지 않았는데 무의식 속에서 먼 미래를 보고 있었던 것이다.

일본으로 돌아와 내가 가장 먼저 읽은 책은 문화인류학자 이와타 케이지岩田慶治의 『하나님과 신: 애니미즘 우주의 여행』과 종교인류학자 나카자와 신이치中沢新一의 『무지개의 계단: 티베트밀교의 명상수행』이었다. 이 두 권의 책은 나의 심리임상 관점을 바꾸어 놓았다. 그 후에도 이 두 사람의 신간이 나오면 다 찾아서 읽었다. 오사카의 '다카이시 클리닉'에서 심리사로서 일한 지 3년이 지났을 때, 캘리포니아의 많은 친구가 목표로 하는 길인 '개업'을 할 결심을 했다. 처음에는 집에서 개업했지만 공간이 비좁아 아시야에 상담실을 열게 되었고, 이름을 '아시야 심리치료연구소'로 했다. 개업도 차분했고 순조롭게 운영이 가능하게 되었을 때, 나는 연구회와 학회에 참가하여 교육분석을 받게 되었다.

교육분석은 버클리에 있는 자아초월 분석가인 실러 크리스탈 Sealer Crystal로부터 받았다. 매년 8월에 10일 정도 휴가를 내어 미국으로 돌아가서 교육분석을 받았다. 그러나 일상적인 사례의 상담도 있어서 일본에서 분석가도 찾았다. 현재까지 3명에게 융학파의 교육분석을 받고 있다. 그런 와중에 융과의 친화성이 나왔다.

개업하고 있으면 어려운 사례의 많은 내담자가 모여든다. 당시는 경계선 성격장애의 내담자로 인해서 많은 정신과 의사와 임상심리사가 고생했다. 어려운 사례에 대해서 융학파의 카와이 하야오河合隼雄 선생이 '고치지 않기'라고 말한 의미를 당시에는 몰랐다. 경계선 성격장애에 대한 어려움으로 인해 압박받고 있던 나는 동양의학 의사와 침구사가 모이는 기 연구회에 참가했다. 이 연구회에서 배운 것은 기공을 통한 의식의 변성상태, 이미지의 사용방법, 외기공 등이었다. 기 훈련을 통해 경계선 성격장애의 사람들이 무의식과 연관되는 방식을 나름대로 이해할 수 있었으며, 이후 약 3년간 동양의학과 기공에 몰두했다. 그런 가운데 유선적으로 움직이는 기의 움직임과 만다라 원 안에서 꿈틀거리는 에너지가 연결되었다. 그때 배운 기의 움직임에 관해서 정리한 것이 세이와서점에서 출판한 『'기'의 심리임상입문』이다.

그리고 22년 전에 효고현 남부 대지진이 발생했다. 당시 고베시 동남구에 살고 있었던 나는 커다란 타격을 받았고 재기불능이 되었다. 여기에서 내담자 D 씨로부터 영향을 받은 나의 에피소드에 대해서 말하지 않을 수 없다. 지진재해로부터 2년 후, D 씨는 나의 치료를 받게 되었다. 과정은 이 책에 써 놓은 대로이다. 나는 그 경험을 통해서 만다라 그리기 기법에서 초래된 영적인 변용을 배웠다. 그 후 지진재해의 피해 등을 치료하기 위해 자동차로 시코쿠를 여행했다. 거기에서 눈에 들어온 것은 차창에서 본 순례길을 걷는 사람들이었다. 여행에서 돌아와 그해 연말을 마무리 짓고 순례길에 나섰다. 도쿠시마현을 마치고 고치현에 들어가 노네까지 진행해서 거기에서 끝냈다. 나는 왜 순례길이 문득 떠올랐을까 하고 생각했다. 지진으로 인한 생과 사의 틈에서 느낀 나의 영적 위기와 임상에서 만난 D 씨의 영적 위기가 공명했을지도 모른다. 심리치료에서는 치료사가 내담자에게 영향을 주지만 그 반대도 있다. D 씨에 의해서 치료사인 나의 영적 채널이 열린 것이다. 그러나 그로부터는 일상에 쫓겨 시코쿠에 오랫동안 가지 못했다.

2008년 대학에서 1년간 연구년을 가졌다. 오사카 대학교의 인문과학연구과 교수인 오이마츠 가츠히로 선생에게 부탁하여 국내 유학처가 정해졌고 1년간 학교에서 해방되었다. 나는 오사카 대학교

대학원의 주 1회 사례검토 수업과 가끔 오이마츠 세미나에 참가했다. 그리고 연구의 주제를 '시코쿠 순례길에서 임상학적 연구'로 하고, 걷기 순례를 체험하면서 심리치료의 관점을 얻기로 했다. 이전에 도쿠시마현을 끝냈었지만 초심으로 돌아가 첫 번째 순례 참배지인 료센지부터 시작했다. 그 1년간 17회 시코쿠로 이동하고, 1,200km를 걸어서 마쳤다. 나에게 1년간의 그 여정은 '속된 고베'와 '성스러운 시코쿠'를 왕복하는 것이 되었다. 시코쿠에서는 큰 스님과 함께 시내를 걸으면서 산속의 순례길로 들어가고, 길에서 만난 순례객들이나 지역 주민과도 대화하며, 참배지의 본당과 대사당에서 『반야심경』을 읽었다. 그저 '걷기' '먹기' '자기'의 일상이었다. 이 1년간은 홍법대사 쿠카이와 함께 살았던 시간으로, 나의 연구방향이 차츰 명확해졌다. 그 후 두 번째 걷기 순례를 시작해 현재 카가와현 제69번 참배 장소인 관음사에서 마무리했고, 그 후 1주일 정도로 결원結願하는 곳까지 왔다. 이 순례의 과정에서 사원들에 있는 불상과 만다라가 나의 뇌리에 새겨졌고, 시코쿠의 88개소 원 모양의 여정을 걷는 수행 그 자체가 만다라인 것도 깨달았다.

이와 같은 만다라에 매료된 나는 2013년 1월부터 요리토미 모토히로頼富本宏 선생의 고베신문 문화센터에서 진행된 강좌 '만다라의 세계-의식과 그 견해'를 수강했다. 요리토미 선생의 친정이 있는 실상사에서는 어린 시절 내가 자랐던 고베의 푸르름 속에 있는 것 같은 친근감을 느꼈다. 전문가가 아닌 나에게 강의는 어려운 내용이었다. 요리토미 선생으로부터 2년여간 양부만다라에 대해서 배웠지만, 불행하게도 2015년 3월말 선생님이 돌아가셨다. 나는 만다라를 좀 더 깊이 배우고자 생각하게 되었다. 그해 4월부터 대학에서 반년간의 두 번째 연구년을 얻은 나는 고야산 대학교의 밀교 문화연구소에 국내 유학을 하게 되었다. 반년간이라는 단기간이었지만, 아파트를 빌려 체류하면서 연구했다. 고야산高野山에서 만다라를 임상적으로 연구한다고 해도 단서가 없었다. 거기에서 티베트의 라싸로 여행할 때 만난 문화인류학자인 무라카미 다이스케村上大輔 선생(스루가다이 대학교원)으로부터 고야산 대학교에서 비상근 강사를 하고 있는 카와사키 카즈히로川崎一洋 선생(시코쿠 88개소 영장 제28번 참배지 대일사 주지)을 소개받았다. 기이하게도 고야산에서 시코쿠의 영험한 곳靈場의 주지인 카와사키 카즈히로 선생을 만났고, 티베트밀교 수업을 청강할 수 있게 되었다. 학생과 책상을 나란히 하고 배우는 것은 신선한 체험이었다. 이 수업을 받는 것으로 티베트밀교를 이해하는 방법이 조금씩 보이기 시작했다. 이것은 내가 이전부터 지원하고 있던 달라이 라마가 행한 '관정'과 연결되는 것이었다.

처음으로 달라이 라마의 강연을 들은 것은 2010년 11월 인텍스 오사카INTEX OSAKA였다. 그때의 강연은 '항구적 세계평화의 실현'이라는 주제로 열렸다. 그 후 2015년 4월 동경의 쇼와 여자대학교에서 개최된 '관음보살 허가관정', 2016년 5월 오사카 국제회의장에서의 '입보살행론, 문수보살의 허가관정', 2016년 11월 오사카의 세이후 고등학교에서 열린 '식차마니타라 공동 허가관정과 불공不共의 신체만다라의 허가관정'을 계속 들었다. 역시 만다라의 본질을 알아가려면 현실에서 달라이 라마와 마주해 체감해 가는 수밖에 없다. 이들의 관정은 대회장에 따라 1,000명에서 2,000명이 모였다. 참가하고 있는 우리는 다 같이 관정을 받았지만 한 사람 한 사람이 달라이 라마와 양자관계로서 관정을 받고 있었다. 나는 관정이라는 의례를 통해서 만다라의 의미와 실재를 조금씩 보기 시작했다. 이것은 순례 중에 쿠카이와 나 자신이 연결되어 있었던 양자관계와 같은 것이라고 생각했다.

이와 같은 다양한 과정을 통해서 나는 만다라라는 것을 배웠다. 그 결과로 이해한 것은 자신의 심신 에너지와 위대한 것이 융합해서 영적인 변용을 가져오는 것이 만다라의 세계관 속에 있다는 것이다. 그것은 고대부터 계속 이어져 온 지혜이다. 융이 무의식의 대결로 접촉한 만다라의 비전은 밀교에서 말하는 '공'의 세계였다. 나도 융이 말한 무의식의 실재를 만다라 연구를 통해서 겨우 엿본 느낌이 들었다.

이 책이 세상에 나오기까지 많은 분에게 신세를 졌다. A 씨, B 씨, C 씨, D 씨 그리고 '예술치료실습' 과목을 수강한 학생들로부터 사례를 제공받았다. 특히 D 씨와의 만남은 나 자신을 변화시키는 계기가 되었다. 또 오사카 경제대학교의 연구 시스템이 없었다면 두 번의 국내 유학을 할 수 없었을 것이다. 오사카 대학교 인간과학연구소 오이마츠 가츠히로 선생, 고야산 대학교 이노우에 위마라井上ウィマラ 선생, 두 선생에게는 국내 유학을 허락받았다. 고야산 대학교에서 후기밀교 강의를 받을 수 있도록 허락해 준 카와사키 카즈히로 선생, 이 원고를 정리해 준 오사카 경제대학교의 대학원생 후지와라 토모코藤原朋子 씨, 우에무라 테츠오上村哲夫 군, 니시무라쇼西村翔 군, 소겐샤創元社 편집부의 카시와바라 타카히로柏原隆宏 씨, 특히 와타나베 이케미渡辺明美 씨에게 막대한 협력을 받았다. 편집부의 하라아키라原章 씨는 친절하고 정중하게 원고를 읽어 주었고, 덕분에 많은 조언을 받았다.

이와 같은 많은 분의 협력이 없었다면 이 책은 빛을 보지 못했을 것이라 생각한다. 진심으로 감사를 드린다.

2017년 1월 6일

쿠로키 겐이치黑木賢一

참고문헌

Adrienne, C. (1998). *The Purpose of Your Life: Finding Your Place in the World Using Synchronicity, Intuition, and Uncommon Sense*. N.Y.: William Morrow. (アドリエンヌ, C. 住友進(訳) (2005). 人生の意味. 主婦の友社)

青原令知(編) (2015). 倶舎―絶ゆることなき法の流れ. 自照社出版.

青木智子 (2009). マンダラ・コラージュ―自己理解の可能性. 文京学院大学健康医療技術学部紀要, 第2巻.

秋山さと子 (1985). ペルソナと自己 青年心理. 金子書房.

The American Psychiatry Association. (1994). *DSM-IV(Diagnostic Statistical Manual Disorders Fourth Edition)*. The American Psychiatry Association. (高橋三郎・大野裕・染矢俊幸(訳) (1995). DSM- IV 精神疾患・統計診断マニュアル. 医学書院)

Aromatico, A. (1996). *Alchimie: Le grand secret*. Gallimard. (アロマティコ, A. (1997). 種村季弘(監修) 後藤淳一(訳). 錬金術―おおいなる神秘. 創元社)

Brauen, M. (1992). *Das Mandala. Der heilige Kreis im tantrischen Buddhismus*. Köln: Du Mont. (ブラウエン, M.. 森雅秀(訳) (2002). 図説曼荼羅大全. 東洋書林)

Capacchione, L. (1990). *The Picture of Health: Healing Your Life with Art*. Santa Monica, Ca: Hay House. (カパチオーネ, L. 長谷川寿美(訳) (1993). アート・ヒーリング―絵の魔術. たま出版)

Carotenuto, A. (1980). *Diario di una segreta simmetria. Sabina Spielrein tra Freud e Jung*. Rome: Astrolabio. (カロテヌート, A. 入江良平・村本詔司・小川捷之(訳) (1991). 秘密のシンメトリー―ユング・シュピールライン・フロイト. みすず書房)

Chetwynd, T. (1982). *A Dictionary of Symbols*. NewYork: Granada Publishing.

Cooper, J. C. (1978). *An Illustrated Encyclopaedia of Traditional Symbols*. London: Thames and Hudson.

Cornell, J. (1994). *Mandala: Luminous Symbols for Healing*. Illinois: Quest Books.

ダライ・ラマ14世テンジン・ギャムツォ 石浜裕美子(訳) (1995). ダライ・ラマの密教入門―秘密の時輪タントラ灌頂を公開する. 光文社.

ダライ・ラマ14 世テンジン・ギャツォ マリア・リンチェン(訳) (2011). ダライ・ラマの般若心経―日々の実践. 三和書籍.

ダライ・ラマ14 世, 茂木健一郎 マリア・リンチェン(訳) (2011). 空の智慧, 科学のこころ. 集英社.

Dieckmann, H. (1978). *Träume als Sprache der Seele: Einführung in die Traumdeutung der analytischen Psychologie C. G. Jungs*. Bonz: Fellbach. (ディークマン, H. 野村美紀子(訳) (1988). 魂の言葉としての夢―ユング心理学の夢分析. 紀伊国屋書店)

Fincher, S. F. (1991). *Creating Mandalas: For Insight, Healing, and Self-Expression*. Shambhala.

Gregory, R. L. (1971). *The intelligent eye*. New York: McGraw-Hill.

Grof, S. & Grof, C. (1989). *Spiritual Emergency: When personal transformation becomes a crisis*. Los Angeles: J. Tarcher. (グロフ, S & グロフ, C. 編著 高岡よし子・大口康子(訳) (1999). スピリチュアル・エマージェンシー―心の病と魂の成長について. 春秋社)

Grof, C. & Grof, S. (1990). *The Stormy Search for The Self: A guide to personal growth through transformational crisis*. Los Angeles: J.

Tarcher. (グロフ, S & グロフ, C. 安藤治・吉田豊(訳) (1997). 魂の危機を超えて―自己発見と癒しの道. 春秋社)

Hannah, B. (1976). *Jung, his life and work: A biographical memoir.* New York: Putnam Adult. (ハナー, B. 後藤佳珠・鳥山平三(訳) (1987). 評伝ユング―その生涯と業績(1・2). 人文書院)

八田幸雄 (1988). 秘密マンダラの世界. 平河出版社.

Heisig, J. W. (1979). *Imago dei: A study of C. G. Jung's psychology of religion.* Bucknell University Press. (ハイジック, J. W. 纐纈康兵・渡辺学(訳). ユングの宗教心理学―神の像をめぐって. 春秋社)

本庄良文 (2015). 輪廻する生き物たち. 青原令知(編). 倶舎―絶ゆることなき法の流れ. 自照社出版.

井上ウィマラ・葛西賢太・加藤博己(編) (2012). 仏教心理学キーワード事典. 春秋社.

乾仁志 (2004). マンダラの瞑想と儀礼. 高野山大学出版部.

入江茂 (1993). 美術史におけるコラージュの変遷. 森谷寛之・杉浦京子・入江茂・山中康裕(編). コラージュ療法入門. 創元社.

James, W. (1902). *The Varieties of Religious Experience: A Study in Human Nature.* Cambridge, Mass. (ジェイムズ, W. 桝田啓三郎(訳) (1970). 宗教経験の諸相(下). 岩波書店)

Jung, C. G. (1928a). *Die Beziehungen zwischen dem Ich und dem Unbewußten.* Darmstadt: O. Reichl. (ユング, C. G. 野田倬(訳) (1982b). 自我と無意識の関係. 人文書院)

Jung, C. G. (1928b). *Die Beziehungen zwischen dem Ich und dem Unbewußten.* Darmstadt: O. Reichl. (ユング, C. G. 松代洋一・渡辺学(訳) (1995). 自我と無意識. 第三文明社)

Jung, C. G., Wilhelm, R. (1929). *Das Geheimnis der goldenen Blüte: Ein chinesisches Lebensbuch.* München: Dornverlag. (ユング, C. G. 湯浅泰雄・定方昭夫(訳) (1980). 黄金の華の秘密. 人文書院)

Jung, C. G. (1933). *Die Psychologie des Kundalini-Yoga: Nach Aufzeichnungen Des Seminars 1932.* (ユング, C. G. 老松克博

(訳) (2004). クンダリニー· ヨーガの心理学. 創元社)

Jung, C. G. (1944/1952). *Psychologie und Alchemie*. GW Bd.12. Routledge & K. Paul. (ユング, C. G. 池田紘一・鎌田道生(訳) (1976a). 心理学と錬金術 I . 人文書院)

Jung, C. G. (1944/1952). *Psychologie und Alchemie*. GW Bd.12. Routledge & K. Paul. (ユング, C. G. 池田紘一・鎌田道生(訳) (1976b). 心理学と錬金術 II . 人文書院)

Jung, C. G. (1945). *Der philosophische Baum*. Basel. (ユング, C. G. 老松克博(監訳) (2009). 哲学の木. 創元社)

Jung, C. G. (1946). *Die Psychologie der Übertragung*. Zürich: Rascher. (ユング, C. G. 林道義· 磯上恵子(訳) (1994). 転移の心理学. みすず書房)

Jung, C. G. (1954). *Von den Wurzeln des Bewusstseins: Studien über den Archetypus*. Zürich: Rascher.

Jung, C. G. Jaffé, A. (1962). *Erinnerungen, Träume, Gedanken*. German: Exlibris. Jung, C. G. (1963). *Memories, Dreams, Reflection*. Pantheon Books. (ユング, C. G. ヤッフェ編 河合隼雄· 藤縄昭· 出井淑子(訳) (1972). ユング自伝ー思い出· 夢· 思想1. みすず書房)

Jung, C. G. (1964); von Franz, M-L. *Man and his symbols*. Aldus Books, London. Garden City, N.Y.: Doubleday. (ユング, C. G.ほか 河合隼雄(監訳) (1975). 人間と象徴ー無意識の世界(上). 河出書房新社)

Jung, C. G. Jaffé, A. (1965). *Erinnerungen, Träume, Gedanken. German: Exlibris*. Jung, C. G. (1963). Memories, Dreams, Reflection. Pantheon Books. (ユング, C. G. ヤッフェ編 河合隼雄· 藤縄昭· 出井淑子(訳) (1973). ユング自伝ー思い出· 夢· 思想2. みすず書房)

Jung, C. G. (1970). *Mysterium Coniunctionis: An Inquiry into the Separation and Synthesis of Psychic Opposites in Alchemy*.

Volume 14 in *The Collected Works of C. G. Jung*. Princeton University Press. (ユング, C. G. 池田紘一(訳) (1995). 結合の神秘 I. 人文書院)

Jung, C. G. (1972). *Mandala Symbolism*. Princeton, N.J.: Princeton University Press.

Jung, C. G. 林道義(訳) (1982a). 元型論ー無意識の構造. 紀伊國屋書店.

Jung, C. G. 湯浅泰雄・黒木幹夫(訳) (1983). 東洋的瞑想の心理学. 創元社.

Jung, C. G. 林道義(訳) (1991). 個性化とマンダラ. みすず書房.

Jung, C. G. Shamdasani, S. (2009). *THE RED BOOK*. N.Y.: W.W. Norton. (ユング, C. G. シャムダサーニ編 河合俊雄(監訳) (2010). 赤の書. 創元社)

Jung, C. G. Shamdasani, S. (2012). *THE RED BOOK: A Reader's Edition*. N.Y.: W.W. Norton. (ユング, C. G. シャムダサーニ編 河合俊雄(監訳) (2014). 赤の書 (テキスト版). 創元社)

角野善宏 (2004). 描画療法から観たこころの世界ー統合失調症の事例を中心に. 日本評論社.

鎌田東二 (1995). 宗教と霊性. 角川書店.

河合隼雄 (1967). ユング心理学入門. 培風館.

河合隼雄 (1978). ユングの生涯. 第三文明社.

川崎一洋 (2005). 後期密教の源流. 松長有慶(編著). インド後期密教(上). 春秋社.

川崎信定 (1989). 原典訳チベットの死者の書. 筑摩書房.

河東仁 (2001). ユングの思想と宗教心理学. 島薗進・西平直(編). 宗教心理の探究. 東京大学出版会.

弘法大師空海全集編輯委員会(編) (1983). 弘法大師空海全集第二巻. 筑摩書房.

国吉知子 (2006). 「マンダラ塗り絵」の心理的意味についての一考察 プシュケー. Vol. 5. 京都ノートルダム女子大学心理学部.

黒木賢一 (1996). 〈自分発見〉ワークブックー記入式・隠された「わたし」に出会う本. 洋泉社.

黒木賢一 (1998).「自分らしさ」を見つける心理学ーセラピストと行く生き方発見の旅. PHP研究所.

黒木賢一 (1999). 魂の危機ーマンダラ画法からのメッセージ. 日本心理臨床学会第18回大会発表論文集.

黒木賢一 (2001). 魂の試練ー「汚れた私」からの変容. 日本心理臨床学会第20回大会研究発表集.

黒木賢一 (2006).〈気〉の心理臨床入門. 星和書店.

黒木賢一 (2012).「般若心経」の心理学 大阪経大論集, 63(1).

黒木賢一 (2014).「たましい」の心理療法. 鎌田東二 (企画・編). 講座スピリチュアル学 第2巻. スピリチュアリティと医療·健康 ビイングネットプレス.

黒木幹夫 (2013). 四国遍路の人体科学的考察ー旅とスピリュアリティ. 人体科学会23回大会抄録集.

馬済人 浅川要(監訳) (1990). 中国気功学. 東洋学術出版社.

増田秀光(編) (1992). 道教の本ー不老不死をめざす仙道呪術の世界. 学習研究社.

増田秀光 (1994). チベット密教の本 死と再生を司る秘密の教え. 学研プラス.

正木晃 (2007). マンダラとは何か. 日本放送出版協会.

松長有慶 (2000). 秘密集会タントラ和訳. 法蔵館.

松長有慶 (2005). 秘密集会タントラ. 松長有慶(編著). インド後期密教(上). 春秋社.

松長有慶 (2010). 大日経住心品講讃. 大法輪閣.

宮坂宥勝 (1992). 和訳大日経. 東京美術.

宮坂宥洪 (2006). 金剛界曼荼羅見方・考え方 大法輪 これで分かる〈曼荼羅〉. 大法輪閣.

森雅秀 (1997). マンダラの密教儀礼. 春秋社.

森雅秀 (2007). 生と死からはじめるマンダラ入門. 法蔵館.

森雅秀 (2008). マンダラ事典ー100のキーワードで読み解く. 春秋社.

森谷寛之 (1984). イメージの多様性とその統合ーマンダラ画法につい

て. 日本教育心理学会総会発表論文集 (26).
森谷寛之・杉浦京子・入江茂・山中康裕(編) (1993). コラージュ療法入門. 創元社.
森谷寛之 (2012). コラージュ療法実践の手引き―その起源からアセスメントまで. 金剛出版.
本山博 (1978). チャクラ・異次元への接点. 宗教心理学研究所出版部.
Myss, C. (1996). *Anatomy of the spirit: The seven stages of power and healing*. Harmony Books. (メイス, C. 川瀬勝(訳) (1998). 7つのチャクラ: 魂を生きる階段―本当の自分にたどり着くために. サンマーク出版)
中村元 (2002). 龍樹. 講談社.
中村元ほか(編) (2002). 岩波仏教辞典 (第二版). 岩波書店.
西平直 (1997). 魂のライフサイクル―ユング・ウィルバー・シュタイナー. 東京大学出版会.
野口圭也 (1999). 後期密教の思想と実践. 立川武蔵・頼富本宏(編). インド密教. 春秋社.
Noll, R. (1997). *The aryan Christ: The Secret Life of Carl Jung*. Random House. (ノル, R. 老松克博(訳) (1999). ユングという名の〈神〉―秘められた生と教義. 新曜社)
老松克博 (2000). アクティヴ・イマジネーション―ユング派最強の技法の誕生と展開. 誠心書房.
老松克博 (2001). サトル・ボディのユング心理学. トランスビュー.
老松克博 (2004a). 無意識と出会う―アクティヴ・イマジネーションの理論と実践: ユング派のイメージ療法1. トランスビュー.
老松克博 (2004b). 成長する心―アクティヴ・イマジネーションの理論と実践: ユング派のイメージ療法2. トランスビュー.
老松克博 (2004c). 元型イメージとの対話―アクティヴ・イマジネーションの理論と実践: ユング派のイメージ療法3. トランスビュー.
老松克博 (2016). 身体系個性化の深層心理学―あるアスリートのプロセスと対座する. 遠見書房.

李敏子 (1996). 課題画としてのマンダラ. 心理臨床学研究, 14(2).

盧玉起・鄭洪新(編) 堀池信夫・管本大二・井川義次(訳) (1990). 中国医学の気ー黄帝内経医学の基礎. 谷口書店.

Rosen, D. H. (1996). *The Tao of Jung: The way of integrity*. Viking Books (ローゼン, D. H. 老松克博(監訳) 串崎真志・上西幸代(訳) (2002). ユングの生涯とタオ. 創元社)

竜樹(ナーガールジュナ), 西嶋和夫訳 (1995). 中論. 金沢文庫.

坂出祥伸 (1993).「気」と養生ー道教の養生術と呪術. 人文書院.

坂出祥伸(責任編集) (1994).「道教」の大事典ー道教の世界を読む 新人物. 往来社.

Samuels, A., Shorter, B., & Plaut, F. (1986). *A critical dictionary of Jungian analysis*. Routledge. (サミュエルズ, A. ほか山中康裕(監修) (1993). ユング心理学辞典. 創元社)

佐和隆研(編) (1975). 密教辞典. 法蔵館.

Serrano, M. (1966). *C. G. Jung and Hermann Hesse: A record of two friendships*. Schocken Books(NYC). (セラノ.M 小川捷之・永野藤夫(訳) (1985). ヘルメティック・サークルー晩年のユングとヘッセ. みすず書房)

染川英輔ほか(編) (2013). 〈縮刷版〉曼荼羅図典. 大法輪閣.

佐和隆研(編) (1995). 密教辞典. 法蔵館.

立川武蔵 (1986).「空」の構造ー『中論』の論理. 第三文明社.

立川武蔵 (1996a). マンダラー神々の降り立つ超常世界. 学習研究社.

立川武蔵 (1996b). マンダラ宇宙論. 法蔵館.

立川武蔵 (1999). インド密教の歴史的背景. 立川武蔵・頼富本宏(編) インド密教. 春秋社.

立川武蔵 (2006). マンダラという世界. 講談社.

立川武蔵 (2007). 空の実践. 講談社.

立川武蔵 (2013a). ブッダから.`ほとけへー原点から読み解く日本の仏教思想. 岩波書店.

立川武蔵 (2013b). ヨーガの哲学. 講談社.

立川武蔵 (2015). マンダラ観想と密教思想. 春秋社.

田嶌誠一 (1992). イメージ体験の心理学. 講談社.

田嶌誠一 (2003). 心理臨床における動作とイメージ. 臨床心理学, 3(1).

田上太秀(監修) (2010). 図解ブッダの教え. 西東社.

高橋豊 (2001). ユングの精神的危機と個性化過程. 湯浅泰雄・高橋豊・安藤治・田中公明. ユング心理学と現代の危機. 河出書房新社.

田中公明 (1984). 曼荼羅の歴史と発展について. チベット文化研究所.

田中公明 (1987). 曼荼羅イコノロジー. 平河出版社.

田中公明 (1993). チベット密教. 春秋社.

田中公明 (1994). 超密教時輪タントラ. 東方出版.

田中公明 (1996). コスモグラム・サイコグラムとしての曼荼羅ー曼荼羅の哲学的解釈はいかにして可能か. 立川武蔵(編). マンダラ宇宙論. 法蔵館.

田中公明 (1997). 性と死の密教. 春秋社.

田中公明 (2004). 両界曼荼羅の誕生. 春秋社.

田中公明 (2006). インド密教の総決算. 松長有慶(編著). インド後期密教(下). 春秋社.

田中公明 (2010). インドにおける曼荼羅の成立と発展. 春秋社.

田中公明 (2012). 図説チベット密教. 春秋社.

栂尾祥雲 (1927). 曼荼羅の研究. 高野山大学出版部.

栂尾祥瑞 (1975). ユングのマンダラ・シンボルー外国人のみた密教(1). 密教文化, 1975(111).

栂尾祥瑞 (1988). マンダラの起源と変容 即身 密教パラダイムー高野山大学百周年記念シンポジウムより. 河出書房新社.

津田真一 (1995). 和訳金剛頂経. 東京美術.

津田真一 (2008). 反密教学. 春秋社.

Vries, A. de. (1974). *Dictionary of Symbols and Imagery*. North-Holland. (フリース, A. ド. 山下主一郎ほか(訳) (1984). イメージ・シンボル事典. 大修館書店)

Wehr, Gerhard. (1969). *C. G. Jung*. Rowohlt Bildmonographien. (ヴェ

ーア. G. 村本詔司(訳) (1994). ユング伝. 創元社)

Wilber, K. (1977). *The spectrum of consciousness*. Quest Books. (ウィルバー, K. 吉福伸逸・菅靖彦(訳) (1985). 意識のスペクトル1. 春秋社)

Wilber, K. (1979). *No boundary: Eastern and Western approaches to personal growth*. Shambhala. (ウィルバー, K. 吉福伸逸(訳) (1986). 無境界ー自己成長のセラピー論. 平河出版社)

山折哲雄(編) (2000). 仏教用語の基礎知識. 角川書店.

頼富本宏 (1991). 曼荼羅の鑑賞基礎知識. 至文堂.

頼富本宏 (2000).『大日経』入門ー慈悲のマンダラ世界. 大法輪閣.

頼富本宏 (2003). 密教とマンダラ. 日本放送出版協会.

頼富本宏 (2004). すぐわかるマンダラの仏たち. 東京美術.

頼富本宏 (2005).『金剛頂経』入門ー即身成仏への道. 大法輪閣.

頼富本宏 (2013). 初期密教経典の曼荼羅. 高橋尚夫・木村秀明・野口圭也・大塚伸夫(編). 初期密教ー思想・信仰・文化. 春秋社.

湯浅泰雄 (1980). 古代人の精神世界. ミネルヴァ書房.

湯浅泰雄 (1989). ユングと東洋. 人文書院.

湯浅泰雄 (1991).「気」とは何かー人体が発するエネルギー. 日本放送出版協会.

초판 일람

이 책에 수록할 때 모두 수정했다.

제1장

「インド密教におけるマンダラの変遷」,『大阪経大論集』67(1), 2016년.

제2장

「ユングにおけるマンダラ事例」,『大阪経大論集』66(6), 2016년.

제3장

「『般若心経』の心理学」,『大阪経大論集』63(1), 2012년.

제4장

「『たましい』の心理臨床」,『講座スピリチュアル学 第2巻 スピリチュアリティと医療・健康』ビーイング・ネット・プレス, 2014년.
「魂の危機―マンダラ画法からのメッセージ」, 日本心理臨床学会第18回大会発表論文集, 1999년.
「『マンダラ描画法』の実際」, 日本芸術療法学会誌, 36(1), 2007년.
黒木賢一・小田純也.「『マンダラ塗り絵』に関する心理学的研究(1)」,『大阪経大論集』63(6), 2013년.
「『 マンダラ塗り絵』に関する心理臨床学的研究(2)」,『大阪経大論集』66(1), 2015년.
「マンダラ・コラージュ技法(1) 時空における方形と円形」,『大阪経大論集』64(6), 2014년.

찾아보기

인명

내용

저자 소개

쿠로키 켄이치黒木賢一
일본 모모야마가쿠인 대학교 사회학부 졸업
미국 캘리포니아 주립대학교 교육심리학연구과 석사과정 수료
현 일본 오사카 경제대학교 인간과학부 인간과학연구과 교수
아시아 심리치료연구소 소장

〈주요 저서〉
자기발견 워크북: 감추어진 나를 만나는 책(洋泉社, 1996)
치유의 숲: 심리치료와 종교(공저, 創元社, 1996)
일본의 심리치료: 그 특징과 실제(공편, 朱鷺書房, 1998)
자기다움을 찾는 심리학: 치료사와 함께 하는 여행(PHP研究所, 1998)
'기'의 심리임상입문(星和書店, 2006)
심리임상에서 신체: 심신일여의 관점(공편, 朱鷺書房, 2006)
위기의 세기와 융심리학: 목쿠센미유키目幸黙僊 논고집(공편, 創元社, 2015)

역자 소개

박성혜Park Sung Hye

영남대학교 의류학과 학 · 석사

한세대학교 미술학 석사

서울불교대학원대학교 상담심리학 박사

한국미술치료학회 임상미술심리 전문상담사(PATR 16-103)

서울불교대학원대학교 연구교수, 실습교수

현 한국융연구원 전문과정 상임연구원

미술심리상담연구소 마음으로 소장

수원지방경찰청 안양지청 법무부 범죄예방위원 예술치료사

안산 온마음센터 미술치료사

윤희조 Yoon Hee Jo

서울대학교 철학과 학 · 석사

서울불교대학원대학교 불교학과 석 · 박사

현 서울불교대학원대학교 불교학과 불교학, 불교상담학 전공 주임교수

불교와심리연구원 원장

불교상담개발원 이사

한국불교상담학회 부회장

〈주요 저서〉

불교의 언어관(씨아이알, 2012)

불교심리학 연구: 상담가를 위한 새로운 심리학(씨아이알, 2019)

〈주요 역서〉

불교상담학개론: 마음챙김에 기반한 치료(학지사, 2017)

불교심리학사전: 한 사람의 깨달음에서 모든 이의 알아차림으로(씨아이알, 2017)

붓다와 프로이트: 붓다의 가르침과 서구 심리치료의 인터페이스에 대한 통찰(공역, 운주사, 2017)

심리치료와 행복추구: 상담과 철학의 만남(공역, 씨아이알, 2017)

자비와 공: 아날라요 스님의 초기불교 명상 수업(공역, 민족사, 2018)

만다라 미술치료
- 밀교와 융심리학의 만남 -
MANDALA ART THERAPY

2020년 1월 10일 1판 1쇄 인쇄
2020년 1월 20일 1판 1쇄 발행

지은이 • 쿠로키 켄이치
옮긴이 • 박성혜 · 윤희조
펴낸이 • 김진환
펴낸곳 • (주) 학지사
04031 서울특별시 마포구 양화로 15길 20 마인드월드빌딩
대표전화 • 02)330-5114 팩스 • 02)324-2345
등록번호 • 제313-2006-000265호

홈페이지 • http://www.hakjisa.co.kr
페이스북 • https://www.facebook.com/hakjisabook

ISBN 978-89-997-1983-7 93180

정가 17,000원

이 도서의 국립중앙도서관 출판시도서목록(CIP)은 서지정보유통지원시스템 홈페이지(http://seoji.nl.go.kr)와 국가자료공동목록시스템(http://www.nl.go.kr/kolisnet)에서 이용하실 수 있습니다.
(CIP 제어번호: CIP2019046648)